本书系重庆市专业学位研究生教学案例库建设项目的成果

公益诉讼案例教程

Casebook on Public Interest Litigation

主　编　任世丹

副主编　颜　卉

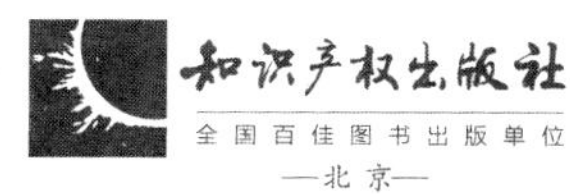

图书在版编目（CIP）数据

公益诉讼案例教程 / 任世丹主编. — 北京：知识产权出版社，2022.3
ISBN 978-7-5130-7965-5

Ⅰ. ①公… Ⅱ. ①任… Ⅲ. ①诉讼法—案例—中国—教材 Ⅳ. ①D925.05

中国版本图书馆CIP数据核字(2021)第263268号

责任编辑：李芸杰　　**责任校对：**王　岩
封面设计：乾达文化　　**责任印制：**刘译文

公益诉讼案例教程
任世丹　主编
颜　卉　副主编

出版发行：知识产权出版社有限责任公司　　**网　　址：**http：//www.ipph.cn
社　　址：北京市海淀区气象路 50 号院　　**邮　　编：**100081
责编电话：010-82000860 转 8739　　**责编邮箱：**liyunjie2015@126.com
发行电话：010-82000860 转 8101/8102　　**发行传真：**010-82000893/82005070/82000270
印　　刷：天津嘉恒印务有限公司　　**经　　销：**新华书店、各大网上书店及相关专业书店
开　　本：720mm × 1000mm　1/16　　**印　　张：**17.5
版　　次：2022 年 3 月第 1 版　　**印　　次：**2022 年 3 月第 1 次印刷
字　　数：324 千字　　**定　　价：**68.00 元

ISBN 978-7-5130-7965-5

序 一

近年来，理论界关于公益诉讼的著述较多，但公益诉讼教材甚为匮乏。近代教育家陆费逵先生有云：“国立根本，在乎教育，教育根本，实在教科书。”在当下暂且还在以著述论英雄的科研评价体系下，听闻我的两位学生愿意倾注大量的时间与精力撰写公益诉讼案例教材，并邀请我作序，甚是喜悦，欣然接受。

案例教材的主要功能是以案例带动教学，通过对相关案例汇集、评析，使研习者能够更加深入理解相关专业理论，熟悉并掌握法学相关专业的实践经验与技能。一部优秀的案例教材，不仅所选案例经典、知识体系完整，而且深入浅出，既立足司法实践又具有一定前瞻性。以此观之，本教材有三大亮点：一是吸收了能够反映公益诉讼基本理论与实际问题的典型案例，通过个案的切入和知识点的铺垫，启发研习者思考案件办理过程中会遇到的理论和实践问题；二是抓住、抓准了公益诉讼领域的重点和难点，构建了一个较完整的公益诉讼知识体系；三是实现了办案实务与理论知识的有机融合，并启发研习者对大数据时代下个人信息保护公益诉讼等前沿性问题展开深入思考。总体而言，本教材结构严谨、内容全面，兼顾知识与技能、基础与前沿，契合卓越法治人才培养目标，对司法实务工作者提升专业能力亦大有裨益，值得选用。

编写案例教材，需要理论与实务的双重功底，本书的两位编者一直倾心关注和从事公益诉讼理论与实务研究，有深厚的理论功底和丰富的实践经验，是本教材品质的保证。任世丹副教授是我指导的民事诉讼法学博士后，她的出站报告《民事公益案件审判特别规则研究》在答辩时获得评审专家们的一致认可，评定为“优秀”。实际上，她的博士学位专业是环境资源法学，毕业于武汉大学环境法研究所。实体法和程序法双重学科背景，令她对公益诉讼的理解更加深入和透彻。颜卉博士，硕士阶段就读于中国人民大学，博士阶段就读于西南政法大学民事诉讼法学专业，主持国家社科基金项目《消费者集体性损害赔偿诉讼制度研究》，十余年一直致力于公益诉讼理论与实务研究，同时还具有数年检察公益诉讼实务经验。她们在西南政法大学合作开设了一门“公益诉讼理论与实务”课程，深受学生好评，本教材中的“教学手册”都来自她们一线教学经验的点滴总结，具有极强的适用性。

本书作为一本通过案例映射公益诉讼相关理论知识点的教材，旨在为系统性掌握公益诉讼理论与实践知识要点的研习者提供参考和帮助，反映了两位作者深耕于公益诉讼教学与研究一线学者的教研实力与视野。相信本教材的出版，既能为在校学生系统地学习掌握公益诉讼理论与实务提供助益，也能为司法实践中从事公益诉讼案件办理的相关人员提供启发。

是为序。

中国法学会民事诉讼法学研究会副会长
西南政法大学法学院教授，博士生导师
唐力
2021年9月10日

序 二

公益诉讼作为公益司法救助的重要形式与必要方式，虽然日益受到国家与社会的关注，然而从目前理论与实务的有关研究，特别是全国各法学院校有关实践教学的角度上看，还缺乏公益诉讼基本理论与实际案例相结合的教材。

《公益诉讼案例教程》一书，从公益诉讼理论与实践案例解析相结合的角度，对公益诉讼的基本理论及其知识点，就实务案例的角度进行了深入的解析，其内容不仅涉及环境民事公益诉讼、消费民事公益诉讼、刑事附带民事公益诉讼，以及行政公益诉讼等诸多内容，而且该教材还在深入分析案例的基础上，从教学的角度对公益诉讼的知识点进行了较好的分析与归纳。

该教材在体例的编排、案例的选取、知识点的梳理以及问题的设置等方面，具有自己较为独特的思考，不仅有益于公益诉讼的教学，即有益于学生对公益诉讼基本理论以及知识点的掌握，而且对于目前我国公益诉讼的司法实践，也具有较大的启示意义与促进作用。

希望该教材的出版能够填补目前我国法学院校公益诉讼教学教材上的匮乏，为公益诉讼的教学提供有力的支撑，同时促进公益诉讼的司法实践。

西南政法大学法学院教授，博士生导师

廖中洪

2021年11月 21日

编写说明

近年来，我国公益诉讼的法治不断前行，案件逐年增多，制度价值日益凸显。对于法学学生而言，“公益诉讼”不再只是一个“小众”的理论热点，而是在今后相当长一段时间内亟须青年才俊们积极投身的司法实践“蓝海”。

与传统部门法教学相比，一方面，公益诉讼教学对教师的学科背景、学生综合运用知识的能力都有更高要求。以环境公益诉讼为例，不仅需要程序法（包括证据法）的知识，还需要实体法（环境法、民法、行政法、刑法等）的知识，甚至需要一定生态学等自然科学知识。另一方面，公益诉讼本土化理论不足，加上审判规则不完善，导致其教学难度更大。其一，基于公益诉讼与私益诉讼在诸多方面的性质差异，私益诉讼理论无法涵摄公益诉讼问题；其二，域外舶来的公益诉讼理论与实践亦无法完全契合我国实际；其三，尽管我国已先后制定《最高人民法院关于审理环境民事公益诉讼案件适用法律若干问题的解释》（法释〔2015〕1号）、《最高人民法院关于适用〈中华人民共和国民事诉讼法〉的解释》（法释〔2015〕5号）、《最高人民法院关于审理消费民事公益诉讼案件适用法律若干问题的解释》（法释〔2016〕10号）、《最高人民法院、最高人民检察院关于检察公益诉讼案件适用法律若干问题的解释》（法释〔2018〕6号）等司法解释，但这些司法解释相对简单，尚不足以应对现实中复杂的公益诉讼问题，甚至不少基本问题还需要通过司法裁判经验的累积逐步明晰。

由此，与各部门法教学相比，案例教学在公益诉讼教学中占比更重。如果说案例教学对于前者而言是“锦上添花”，那么对于后者而言可以说是“雪中送炭”。关于公益诉讼案例教材，目前已出版了不少以“公益诉讼案例”为主题的著作，但大多是为办案人员提供参考，对法学教学而言不具有针对性和适用性。有鉴于此，本教材旨在通过公益诉讼真实案例诠释理论知识点，进一步以典型案例的知识交叉性和复杂性训练学生掌握更趋近于公益诉讼实践的理论知识。此外，编写组也希望本教材能在一定程度上兼顾执法、司法等法律实务部门相关工作人员学习和职业培训的需求。

本教材的主要内容包括三编，涵盖了公益诉讼的各个领域：第一编为民事公益诉讼，主要介绍民事公益诉讼的基本理论、环境民事公益诉讼和消费民事公益诉讼中的主要知识点；第二编为刑事附带民事公益诉讼，主要介绍刑事附带民事公益诉讼的基本理论以及前沿问题，尤其针对大数据时代背景下个人信息保护公益诉讼等前沿问题进行了详细阐释；第三编为行政公益诉讼，主要介绍生态环境保护领域、消费领域及其他领域行政公益诉讼中的相关知识点。基于案例教学的基本思路和方法，本教材在编章下以专题为最小编写“单元”，每个专题下均设置“知识要点”“案例材料”和“教学手册”三部分。通过上述三编的学习，读者能够较为全面地掌握公益诉讼中的重点、难点问题，并通过典型案例研习加深并提升对相关法律规范的准确理解和灵活运用能力。

作为重庆市教育委员会专业学位研究生教学案例库建设项目“法律硕士（公益诉讼）”的成果，本教材由本人和颜卉博士合作完成。统稿及各章撰写分工如下：第一编第一章各专题、第二章各专题和第二编各专题，由本人完成；第一编第三章各专题、第二编第二章专题二之拓展案例和第三编各专题，由颜卉博士完成；全教材由本人统稿。

本教材从大纲的编写到文稿的最终确定，都得到了国内环境法学界、民事诉讼法学界和行政诉讼法学界师长、同仁的许多指点和帮助，不胜感激！本教材在介绍知识点中援引了部分著作、论文，特别感谢从事公益诉讼教学研究以及实务领域的所有专家，特别是本教材所援引大作的各位著者、编者！知识产权出版社的编辑老师，为本教材的出版倾注了大量的时间和精力，非常感谢他们的付出！

编写组为保证本教材的质量尽了最大的努力，但由于学识和能力所限，还有很多不足，敬请广大读者不吝指正！

任世丹

2021年8月8日于西南政法大学

目 录

第一编 /001
民事公益诉讼

第一章 民事公益诉讼概论 /003

专题一 民事公益诉讼的含义与性质 /003

典型案例一 /003
蓬莱 19-3 油田溢油事故损害修复民事公益诉讼案

专题二 民事检察公益诉讼的特点与范围 /016

典型案例二 /017
江苏省徐州市人民检察院诉徐州市鸿顺造纸有限公司环境污染案

典型案例三 /033
江苏省淮安市人民检察院诉曾某侵害英烈名誉案

第二章 环境民事公益诉讼 /044

专题三 环境民事公益诉讼的原告主体 /044

典型案例四 /044
腾格里沙漠环境污染民事公益诉讼案

专题四 环境民事公益诉讼的管辖 /055

典型案例五 /055
利川市五洲牧业有限责任公司环境污染公益诉讼案

专题五 环境民事公益诉讼的对象与请求 /066

典型案例六 /066
雅砻江流域水电开发有限公司预防性公益诉讼案

专题六 环境民事公益诉讼的责任认定 /076

典型案例七 /076
江苏常隆农化有限公司等六家公司环境污染公益诉讼案

专题七 环境民事公益诉讼裁判的执行 /093

典型案例八 /094
广东南岭国家级自然保护区环境民事公益诉讼案

专题八 环境民事公益诉讼与其他诉讼的衔接 /103

典型案例九 /103
重庆藏金阁生态环境损害赔偿、环境民事公益诉讼案

第三章 消费民事公益诉讼 /117

专题九 消费民事公益诉讼的基础理论 /117

典型案例十 /117
郭某良等人生产、销售硫磺熏制辣椒民事公益诉讼案

专题十 消费民事公益诉讼的争议性问题 /133

典型案例十一 /134
张某彬、吴某富生产、销售不符合食品安全标准猪肉民事公益诉讼案

第二编　/147
刑事附带民事公益诉讼

第四章　刑事附带民事公益诉讼概论　/149

专题十一　刑事附带民事公益诉讼概论及特殊规则　/149

典型案例十二　/149
跨省非法倾倒固体废物刑事附带民事公益诉讼案

第五章　刑事附带民事公益诉讼前沿问题　/163

专题十二　刑事附带民事公益诉讼"等外"案件审理难点　/163

典型案例十三　/163
侵犯个人信息刑事附带民事公益诉讼案

拓展案例　/172
个人信息保护公益诉讼之损害赔偿系列案例

第三编　/191
行政公益诉讼

第六章　生态环境保护领域行政公益诉讼　/193

专题十三　环境污染类行政公益诉讼　/193

典型案例十四　/194
贵州省黔东南苗族侗族自治州锦屏县人民检察院诉锦屏县环境保护局不作为公益诉讼案

专题十四　资源保护类行政公益诉讼　/204

典型案例十五　/204
铜仁市国土资源局、贵州梵净山国家级自然保护区管理局不依法履职公益诉讼案

第七章　消费领域行政公益诉讼　/230

专题十五　食品安全类行政公益诉讼　/230

典型案例十六　/231
北京市海淀区人民检察院督促海淀区食品药品监督管理局依法履职案

专题十六　药品安全类行政公益诉讼　/238

典型案例十七　/239
湖北省松滋市人民检察院督促保护零售药品安全行政公益诉讼案

第八章　其他领域行政公益诉讼　/247

专题十七　国有财产类行政公益诉讼　/247

典型案例十八　/248
福建省南平市光泽县人民检察院诉光泽县农业机械管理总站不依法履职公益诉讼案

专题十八　国有土地使用权类行政公益诉讼　/257

典型案例十九　/258
陕西省汉中市西乡县人民检察院诉西乡县国土资源局不作为公益诉讼案

第一编

民事公益诉讼

知识概论

公益诉讼起源于罗马法，但现代公益诉讼制度却是应生态环境危机、食品安全风险等公共性问题而得以建立的。囿于法治背景和司法实践传统，比较法上的现代公益诉讼制度表现形式不同、特点各异。我国公益诉讼制度虽然借鉴了域外发达国家的有益经验，但已然形成一个本土特色鲜明的制度体系。因此，我们不能停留在比较法的引介上，而需要立足本土进行研习。

我国民事公益诉讼旨在维护社会公共利益，与民事私益诉讼存在显著差异，突出表现在民事公益诉讼原告与案件不具有直接的利害关系。基于此，民事私益诉讼中的辩论原则、处分原则并不能完全适用于民事公益诉讼，要受到一定程度的限制。依据现行《中华人民共和国民事诉讼法》（以下简称《民事诉讼法》）第55条的规定，对污染环境、侵害众多消费者合法权益等损害社会公共利益的行为，法律规定的机关和有关组织可以向人民法院提起诉讼；在没有法律规定的机关和组织，或者法律规定的机关和组织不提起诉讼的情形下，检察机关可以“公益诉讼人”的身份向人民法院提起民事公益诉讼，后者被称为“民事检察公益诉讼”。

在规范层面，目前我国民事公益诉讼的受案范围主要包括生态环境和资源保护、食品药品安全、英雄烈士保护以及未成年人保护四大领域。其中，英雄烈士保护以及未成年人保护两大领域以民事检察公益诉讼为主。在实践层面，环境民事公益诉讼和消费民事公益诉讼案件数量最多，更具典型意义，适宜作为研习的重点领域。

第一章

民事公益诉讼概论

专题一 民事公益诉讼的含义与性质

知识要点（1）我国民事公益诉讼是指，法定的机关、社会团体为了维护社会公共利益，就与自己无直接利害关系的事项所提起的、追究他人民事责任的诉讼。（2）民事公益诉讼的目的并不在于救济个体的民事权益，而在于维护不特定的、为社会所共享的利益。（3）民事公益诉讼可以适用民事诉讼法中部分程序性规定，但民事私益诉讼中的辩论原则、处分原则并不能完全适用于民事公益诉讼，要受到一定的限制。（4）在我国，民事公益诉讼与民事私益诉讼有明确的界分，可以并行提起，同时亦有关联。

典型案例一
蓬莱19-3油田溢油事故损害修复民事公益诉讼案

一、案例材料

蓬莱19-3油田溢油事故，是指康菲石油中国有限公司（以下简称康菲公司）与中国海洋石油总公司（以下简称中海油）合作开发的渤海蓬莱19-3油田于2011年6月4日和17日先后发生的两起溢油事故，该事故导致较严重的海洋环境污染。2011年11月11日，蓬莱19-3油田溢油事故联合调查组向社会公布了调查结论，认定该事故是造成重大海洋溢油污染的责任事故，康菲公司作为该油田的作业者承担溢油事故的全部责任。[1] 此后数年间，围绕蓬莱19-3油田溢油事故的磋商与诉讼始终未曾间断，客观上对于我国环境公益诉讼制度的建立与发展起到了较大的推动作用。

（一）案件背景

依据《蓬莱19-3油田溢油事故联合调查组关于事故调查处理报告》，有关蓬莱19-3油田溢油事故的调查处理情况如下：[2]

1.蓬莱19-3油田与合作开发基本情况

蓬莱19-3油田位于渤海海域中南部的11/05合同区、渤南凸起带中段的东北端的郯庐断裂带，东经120°01′~120°08′，北纬38°17′~38°27′，油田范围内平均水深27~33米。油田分两期开发，一期A平台于2002年12月投产，二期B、C、D、E、F、M平台于2007年7月至2011年4月相继投产，其中B平台2008年5月投产，C平台2007年7月投产。油田至调查时有生产井193口、注水井53口、岩屑回注井6口，2010年石油产量778万吨，2011年5月日产原油2.3万吨。

按照合同约定，该油田以对外合作方式由中海油与康菲公司合作勘探开发，中海油拥有51%的权益，康菲公司拥有49%的权益。双方组成联合管理委员会，审查批准该油田开发中的重要事项。

2.溢油事故发生过程与应急处置

2011年6月4日19时许，国家海洋局北海分局接到蓬莱19-3油田作业者——康菲公司的电话报告，在该油田B平台东北方向海面发现少量不明来源油膜。北海分局立即要求康菲公司快速处置并开展自查，同时启动溢油情况应急监测。6月12日，油指纹鉴定结果显示，溢油来自蓬莱19-3油田，北海分局随即启动应急响应。康菲公司对B平台采取关闭注水井、实施回流泄压等措施，6月19日基本控制溢油。

6月17日11时，中国海监22船在蓬莱19-3油田进行应急巡视时，发现C平台及其附近海域有大量溢油，经核实确认蓬莱19-3油田C平台C20井发生井涌事故，导致原油和油基泥浆溢出入海。当日，国家海洋局紧急约见康菲公司及其合作方中海油主要负责人，要求康菲公司采取一切有效措施，尽快控制溢油源，抓紧回收海面溢油。康菲公司紧急对C20井实施水泥封井，同时组织大量应急处置人员和设备全面实施溢油回收清理，6月21日基本控制溢油。至6月22日，除B、C平台附近海域以外，其他海域海面漂油基本得到清理。

鉴于溢油事态并未得到完全控制，溢油源排查和封堵工作进展缓慢，国家海洋局于7月13日决定停止B、C平台油气生产作业，并于7月20日责成康菲公司在8月31日前完成“彻底排查溢油风险点、彻底封堵溢油源”（“两个彻底”）；此后，于8月18日牵头成立联合调查组。然而，截至8月31日，康菲公司未能按照主管部门的要求完成“两个彻底”；同时，鉴于该油田“带病”生产作业可能会继续造成新的地层破坏和溢油风险，根据联合调查组的意见，9月2日责令蓬莱19-3全油田实施“三停”（停注、停钻、停产）、“三继续”（继续排查溢油风险点、继续封堵溢油源、继续清理油污）、“两调整”（调整油田总体开发方案、调整海洋环境影响报告书）。

3.溢油事故原因、性质、责任及损害

（1）溢油事故原因。

①直接原因。

首先，关于B平台附近溢油。6月2日B23井出现注水量明显上升和注水压力明显下降的异常情况时，康菲公司没有及时采取停止注水并查找原因等措施，而是继续维持压力注水，导致一些注水油层产生高压、断层开裂，沿断层形成向上窜流，直至海底溢油。

其次，关于C平台溢油。C25井回注岩屑违反总体开发方案规定，未向上级及相关部门报告并进行风险提示，数次擅自上调回注岩屑层至接近油层，造成回注岩屑层临近油层底部并产生超高压，致使C20井钻井时遇到超高压，出现井涌，由于井筒表层套管鞋附近井段承压不足，产生侧漏，继而导致地层破裂，发生海底溢油事故。

②间接原因。

首先，关于B平台附近溢油。一是违反总体开发方案，B23井长期笼统注水，未实施分层注水；未考虑多套油层注水压力存在差异，只考虑欠压层的压力补给，从而存在个别油层因注水而产生高压的风险。二是注水井井口压力监控系统制度不完善，管理不到位，没有制定安全的注水井口压力上限。三是对油田存在的多条断层没有进行稳定性测压试验，特别是对接触多套油层的502通天断层（断层向上延至海床）没有进行风险提示，也未开展该断层承压开裂极限数值分析标定。

其次，关于C平台溢油。一是C20井遇高压层后应急处置不当。钻井过程中出现异常情况，未及时分析研究提高应急能力、采取下放技术套管等必要措施。钻至L100层遇到C25井回注岩屑层形成的超高压，至发生井涌，应急措施无力，导致井中压力不断增高，发生侧漏，造成海底溢油。二是C20井钻井设计部门没有执行环境影响评价报告书，按照表层套管深度进行设计，降低了应急处置事故能力。

（2）溢油事故性质与责任。

经联合调查组调查认定，康菲公司在作业过程中违反了油田总体开发方案，在制度和管理上存在缺失，对应当预见到的风险没有采取必要的防范措施，最终导致溢油；蓬莱19-3油田溢油事故是造成重大海洋溢油污染的责任事故。按照签订的对外合作合同，康菲公司作为该油田的作业者承担溢油事故的全部责任。

（3）溢油事故造成的损害。

①海水环境。

溢油事故造成蓬莱19-3油田周边及其西北部面积约6200平方千米的海域海水污染（超第一类海水水质标准），其中870平方千米海水受到严重污染（超第四类海水水质标准）。海水中石油类最高（站位）浓度出现在6月13日，超背景值53倍。2011年6月下旬污染面积达到3750平方千米，7月海水污染面积达到4900平方千米，8月海水污染面积下降为1350平方千米，9月蓬莱19-3油田周边海域海水石油类污染面积明显减小，至12月底，蓬莱19-3油田海域海面仍有零星油膜。

溢油事故造成蓬莱19-3油田周边海域中、底层海水石油类浓度（航次平均浓度），在2011年10月底之前始终高于表层，主要原因是由于海底沉积物中石油类的缓慢释放，使海水中、底层的石油类影响持续时间较长。

②沉积物。

溢油事故造成蓬莱19-3油田周边及其西北部海底沉积物受到污染。2011年6月下旬至7月底，沉积物污染面积为1600平方千米（超第一类海洋沉积物质量标准），其中严重污染面积为20平方千米（超第三类海洋沉积物质量标准）；至8月底仍有1200平方千米沉积物受到污染（超第一类海洋沉积物质量标准），其中11平方千米受到严重污染（超第三类海洋沉积物质量标准）。其间，沉积物中石油类含量最大值为7.10×10^{-3}，超背景值71倍。截至2011年12月底，除蓬莱19-3油田C平台周边海域仍有约0.153平方千米的海底沉积物被明显油污覆盖外，蓬莱19-3油田周边海域沉积物石油类含量达到第一类海洋沉积物质量标准，但仍有超背景值的站位，最大值超背景值3.9倍。

③岸滩。

2011年7月中下旬在辽宁绥中东戴河岸滩发现油污，呈不均匀带状分布，带长约4千米，宽度约0.5米；在河北唐山浅水湾岸滩发现油污，呈带状分布，高潮线附近油污带宽1~1.5米，带长约500米，低潮线附近油污带宽1.5~2米，带长约300米；在河北秦皇岛昌黎黄金海岸岸滩发现油污，在高潮线附近零星分布，长度约1.2千米。

④海洋生物。

溢油事故致使蓬莱19-3油田周边及其西北部受污染海域的海洋浮游生物种类和多样性明显降低，生物群落结构受到影响。浮游幼虫幼体密度在溢油后一个月内下降了69%，对浮游幼虫幼体的发育、成活与生长造成了严重损害。此次溢油造成污染海域鱼卵和仔鱼的种类及密度均较背景值大幅度下降，2011年6月和7月鱼卵平均密度较背景值分别下降了83%和45%，7月鱼卵畸形率达到92%，6月和7月仔鱼平均密度较背景值分别减少84%和90%。

（二）诉讼过程

围绕蓬莱19-3油田溢油事故造成的损害，自2011年8月以来从官方到民间的索赔诉讼纷纷提上日程。

1.国家海洋局提起的海洋生态环境损害赔偿

在此次溢油事故中，康菲公司作为项目作业方，未达到谨慎作业要求，造成如此严重的事故及环境损害，理应承担相应的法律责任。依据当时适用的相关法律和职责，国家海洋局所属中国海监北海总队于2011年6月14日对溢油事故涉嫌行政违法的行为进行立案调查。经查实，康菲公司在蓬莱19-3油田勘探开发作业过程中，违反了《中华人民共和国海洋环境保护法》（以下简称《海洋环境保护法》）第50条第2款的规定，进而根据《海洋环境保护法》第84条的规定，对康菲公司作出罚款20万元的行政处罚。

然而，20万元的行政处罚，无论是从修复已损害的海洋生态环境角度，抑或是从惩罚、威慑污染责任主体违法行为的角度，都是远远不够的。由此，国家海洋局自始就积极筹备、寻求通过司法途径进行索赔。2011年8月15日，国家海洋局北海分局发布公开选聘蓬莱19-3油田溢油索赔案件法律服务机构的消息；后经评选，委聘上海某律师事务所、北京某律师事务所、广东某律师事务所和山东某律师事务所共同组成律师团，展开索赔案件整体诉讼思路的制定、相关索赔材料的梳理及证据筛选、起诉状的起草及谈判等工作。[3]

在律师团律师做好了诉讼的一切准备工作之后，为免除讼累，尽快解决此次海洋生态索赔纠纷，国家海洋局北海分局与康菲公司展开了一系列的艰苦谈判。2012年4月27日，国家海洋局宣布蓬莱19-3油田溢油事故海洋生态损害索赔工作取得重大进展：康菲石油和中海油共计支付人民币16.83亿元，其中，康菲公司出资10.9亿元，赔偿此次溢油事故对海洋生态造成的损失；另外，康菲公司和中海油分别出资1.13亿元和4.8亿元，承担保护渤海环境的社会责任。[4]

2.受损养殖户提起的环境污染侵权损害赔偿

针对蓬莱19-3油田溢油事故造成的渤海渔业资源用益损失，主要是养殖户的财产损失及天然渔业资源的损失，农业部与康菲公司、中海油于2012年1月25日达成赔偿和补偿协议。根据此协议，康菲公司支付10亿元赔偿补偿款，其中7.315亿元用于补偿从河北省乐亭县至辽宁省绥中县连续岸段受污染的“四县三区”渔民的养殖损失。[5] 截至2012年年底，受污染影响的4500余户渔民接受了行政协调，并获得了养殖损失赔偿。[6]

当然，事故处理按照正常程序应该有两种选择：接受行政协调赔偿和通过司法途径索赔，而在此次溢油事故中，部分受损养殖户选择了后者。栾某海等21名养殖户不接受行政协调赔偿补偿，以溢油事故给其养殖海参造成重大损失为由，向天津海事法院提起诉讼。[7]

（1）一审。

天津海事法院一审判决认为，溢油事故对栾某海等21名养殖户的养殖海域造成了污染，其养殖权利应受到保护，康菲公司应当依法承担赔偿责任；中海油不是油田的作业者，也不控制污染源，不承担赔偿责任；栾某海等21名养殖户应当对损失程度和数额承担举证责任，由于栾某海等21名养殖户的举证未达到充分、确定的程度，天津海事法院结合相关证据及案件事实，对污染程度和数额进行了综合认定，参照行政赔偿补偿标准酌定栾某海等21名养殖户的损失数额为1 683 464.4元，并免除了栾某海等21名养殖户应承担的诉讼费用。

（2）二审。

栾某海等21名养殖户不服一审判决，提出上诉。天津市高级人民法院（以下简称天津高院）二审判决认为，栾某海等21名养殖户的养殖海域因蓬莱19-3油田溢油事故遭受污染，康菲公司应当依法承担赔偿责任。

对于案件的争议焦点，即栾某海等21名养殖户因溢油事故所遭受的污染程度及损失数额，天津高院认为，栾某海等21名养殖户应对污染程度和数额承担举证责任。栾某海等21名养殖户主张将河北某科技事务有限公司出具的《技术咨询报告》作为证明污染程度及损失数额的依据，但是该公司虽被列入人民法院鉴定人名册，登记的专业类别却为“科技咨询”，企业法人营业执照记载的经营范围包括养殖的技术开发、技术咨询、技术服务等事项，且特别注明“以上涉及资质管理的项目除外”。对栾某海等21名养殖户养殖的水生生物死亡原因的鉴定及渔业损失程度的评估属于渔业污染事故调查鉴定事项。农业部依据相关法律法规就渔业污染事故调查鉴定资格问题曾作出专门规定，明确要求承担渔业污染事故调查鉴定的单位必须取得《渔业污染事故调查鉴定资格证书》。该公司并未取得此证书，因而不具备渔业污染事故调查鉴定资格。同时，根据《技术咨询报告》的内容，该报告仅为理论性咨询意见，不具有鉴定意见的证明力。此外，由于海水样品及溢油样品在采集后未及时交由检验部门进行检验，取样和送检行为不具有连续性，故不能证明送检样品即为采集样品，综上，天津高院对该公司依据《检验报告》和《油指纹鉴定报告》所作出的《技术咨询报告》的证明力不予确认。

关于污染程度，国家海洋局北海监测中心出具的《蓬莱19-3油田溢油岸滩及近岸海域调查报告》（以下简称《近岸调查报告》）能够反映监测区域内的海洋环境情况，亦经当事人质证。栾某海等21名养殖户未能提供充分证据否定《近岸调查报告》的相关结论。因此，天津高院认为一审判决将《近岸调查报告》作为认定污染程度的依据符合法律规定。关于损失数额，鉴于栾某海等21名养殖户不能提供证据证明损失数额，天津高院认为，一审判决根据《近岸调查报告》并参照乐亭县人民政府确定的赔偿补偿标准，对污染程度进行综合认定，并酌情确定损失数额，并无不当。

3.环保社会组织提起的环境民事公益诉讼

尽管康菲公司和中海油向国家海洋局支付了赔偿金，但在环保社会组织看来，两家公司在溢油事故发生以后“一直未采取任何措施用于渤海海洋环境修复，生态污染仍在持续，导致溢油污染更加向海洋的深度、广度扩散，严重损害了社会公共利益”[8]。2015年7月7日，中国生物多样性保护与绿色发展基金会（以下简称绿发会）基于维护我国海洋环境公共利益的目的，依据《中华人民共和国侵权责任法》（以下简称《侵权责任法》）[9]、《中华人民共和国环境保护法》（以下简称《环境保护法》）、《民事诉讼法》、《中华人民共和国海事诉讼特别程序法》等法律法规及《最高人民法院关于审理环境民事公益诉讼案件适用法律若干问题的解释》（以下简称《环境民事公益诉讼解释》），以康菲公司和中海油为被告向青岛海事法院提起公益诉讼，要求被告立即对蓬莱19-3油田溢油事故所损害的渤海生态环境进行修复，以使渤海湾生态环境达到溢油事故发生之前的状态。2015年7月24日，绿发会接到青岛海事法院的立案通知。该案是我国第一个由环保社会组织提起并得到受理的海洋环境公益诉讼案件，具有较大的示范意义。

（三）典型意义

蓬莱19-3油田溢油事故及其相关诉讼反映出如下问题：其一，对环境破坏违法行为的行政处罚没有威慑力，最高20万元的行政罚款对于康菲公司而言显然不具有足够的威慑力，亟须通过修订相关法律提高违法成本；其二，生态环境损害救济制度滞后，海洋生态环境损害索赔仅有法律原则而无相应的配套规则、索赔程序，亦无明确、具体的法律规定可供适用。因此，蓬莱19-3油田溢油事故相关诉讼最大的启示是，如何开启我国生态环境损害赔偿及公益诉讼的篇章。总体而言，该事故相关诉讼对我国民事公益诉讼制度及此后生态环境损害赔偿制度改革起到了积极的推动作用：2012年修订的《民事诉讼法》正式确立了民事公益诉讼制度；2014年修订的《环境保护法》赋予环保社会组织公益诉讼的原告主体资格，并通过建立按日计罚等制度提高了违法成本；2015年年底我国启动了生态环境损害赔偿制度改革。

二、教学手册

（一）教学目标

本案例着重要求学生掌握以下五个方面的知识：（1）何谓民事公益诉讼；（2）为何建立民事公益诉讼制度；（3）如何理解民事公益诉讼的性质；（4）如何确定民事公益诉讼的对象，涵盖民事公益诉讼与民事私益诉讼、环境民事公益诉讼与生态环境损害赔偿诉讼的界分；（5）如何处理民事公益诉讼与民事私益诉讼的关系。

（二）教学内容

1.民事公益诉讼的含义

民事公益诉讼是相对于民事私益诉讼的一种诉讼模式，旨在维护社会公共利益。国内外学者对民事公益诉讼的界定，大致可划分为两类：一是“公共利益+诉讼”，着重强调民事公益诉讼的公共性特征，不强调原告与诉争案件之间是否具有利益关联，即含有“公共利益”内容的民事诉讼；[10] 二是诉讼法上的民事公益诉讼，不仅强调诉讼的公共性特征，而且特别强调原告与诉争案件之间不存在利益关联。例如，梁慧星教授曾指出：“何谓公益诉讼，按照我的理解，是指与自己没有直接的利害关系，就是诉讼针对的行为损害的是社会公共利益，而没有直接损害原告的利益。我们这里用了‘没有直接损害’一语，当然损害社会公共利益最终要损害个人利益，但这里要作狭义的理解，只是指没有‘直接损害’。”[11] 总体而言，上述两类界定的共有特征是诉讼中均需要涉及公共利益或具备公共因素，而区别则在于原告与案件是否具有直接的利害关系。

结合本案例的分析，后一类界定思路更具有实践意义。从侵害利益的角度，蓬莱19-3油田溢油事故所侵害的海洋环境权益客体主要是两类：一类是海洋环境污染所侵害的海洋资源用益利益，例如，海洋渔业资源开发利用用益利益；另一类是海洋环境污染所侵害的海洋水质、海洋环境质量及海洋生态功能健康。相应地，从损害救济的角度，蓬莱19-3油田溢油事故涉及的海洋权益的法律保护就包括对海洋资源用益损失的救济和对海洋生态损害的救济。[12] 对于前一类损害，虽然涉及公共利益，但是已有特定的权利主体，能够依照《民事诉讼法》第119条的规定提起民事诉讼获得救济，也就不需要纳入民事公益诉讼的范围；对于后一类损害，因权益主体具有不特定性，无法依照《民事诉讼法》第119条的规定提起民事诉讼，因而需要通过建立专门性诉讼制度予以救济。

综上，所谓民事公益诉讼，是指法定的机关、社会团体为了维护社会公共利益，就与自己无直接利害关系的事项所提起的、追究他人民事责任的诉讼。这类诉讼的目的并不在于救济个体的民事权益，而在于维护不特定的、为社会所共享的利益。

2.民事公益诉讼的目的

为了避免出现不公正或社会的不稳定，在私力救济被立法禁止的情势下，国家设立民事诉讼制度强制性地解决民事纠纷，此乃民事诉讼制度之传统定位。在简单商品经济和早期市场经济时期，由于商品生产和交换的规模相对较小，发生纠纷的规模也相对较小，需要保护的权益往往限于私人利益，而一般不涉及公共利益保护问题。但随着社会的发展，牵涉整个社会公众的、具有错综复杂利害关系的“现代型纠纷”大量涌现，并且有日益增多的趋势，由此带来的结果是民事诉讼机能的扩张，民事司法所承担的功能、解决的问题乃至运作方式等均发生了重大的变化和发展。

民事公益诉讼的裁判对象从形式上表现为社会公共利益与私主体权益之争，但由于私主体亦系不特定公众之一员，民事公益诉讼的裁判对象就其本质而言系“对某种公共政策的存在方式的不服”[13]。基于此判断，民事公益诉讼实际上是为公益与私益的对话与交涉提供场所，确保双方在司法程序的指引和框架内达成共识。双方达成的共识不仅在纠纷双方当事人之间有效，而且可以为社会其他成员的行为模式提供一定的指南，甚至影响相关政策的形成。[14] 由此，正如本案例所显示的那样，在普通民事诉讼中，法院以纠纷解决为主要目的之一；而在民事公益诉讼中，无论是支持还是驳回原告诉讼请求的判决，事实上，法院都不是以纠纷解决为己任的，而是与原告和被告协作形成诸如生态环境保护或涉及众多消费者权益保护之类的公共价值。

3.民事公益诉讼的性质

我国现行立法仅赋予法定的机关、社会组织和检察机关作为民事公益诉讼的原告主体资格。可见，民事公益诉讼的提起不是按照直接利害关系人的意愿，而是以抽象的利益关联为依据，使公益诉权的行使超越了纠纷具体的直接利害关联。[15] 这就意味着，民事公益诉讼不同于普通民事诉讼，突出表现为：普通民事诉讼中的辩论原则、处分原则并不能完全适用于民事公益诉讼，要受到诸多限制。例如，民事公益诉讼双方当事人之间和解、调解的达成均要受到一定条件的限制。以本案例为例，在栾某海等21名养殖户提起的环境污染侵权损害赔偿案件中，栾某海等21名养殖户都有权对诉讼请求进行处分，包括决定是否处分，以及如何处分；但在绿发会提起的海洋环境民事公益诉讼中，作为处分原则基石的“私权自治”和“两造诉讼”均遭到解构，[16] 处分原则的适用限制不可避免。例如，《环境民事公益诉讼解释》第25条规定，环境民事公益诉讼当事人达成调解协议或者自行达成和解协议后，人民法院应当将协议内容公告，公告期间不少于三十日。公告期满后，人民法院审查认为调解协议或者和解协议的内容不损害社会公共利益的，应当出具调解书。当事人以达成和解协议为由申请撤诉的，不予准许。

当然，虽然民事公益诉讼不同于普通民事诉讼，但是民事诉讼法中的部分程序性规定，民事公益诉讼是可以借用的。基于此，我国目前采取的是在民事诉讼立法中设立民事公益诉讼制度。然而，民事诉讼法主要是为解决私益纠纷设置的程序，势必无法完全满足民事公益案件审理的基本特点和要求。有鉴于此，不少学者主张建立专门的公益诉讼制度。如果不考虑立法资源，在条件适宜的时候，确实可以单独制定公益诉讼法，规定单独的公益诉讼程序。

4.民事公益诉讼的对象

民事公益诉讼的对象，指的是民事公益诉讼的客体或诉讼的客观范围。《民事诉讼法》第55条将民事公益诉讼的客体限定为“对污染环境、侵害众多消费者合法权益等损害社会公共利益的行为”。然而，无论是污染环境的事件，还是侵害消费者权益的事件，均既有可能侵害特定人的财产或其他权益，也可能侵害不特定人的利益或权益。因此，从制度运用和理论阐释的角度，民事公益诉讼和民事私益诉讼的界分，是需要解决的先决问题。针对这一问题，各国基于不同的法治环境对公益诉讼与私益诉讼关系的理解与表达并不相同；在我国民事诉讼法与制度语境下，若行为所侵害的民事权益有特定的归属主体则因该行为引起的纠纷就不是我国民事公益诉讼的客体：

其一，就生态环境领域而言，污染环境、破坏生态行为所侵害的环境利益，可能通过环境污染、生态破坏进而侵害特定人的财产或其他利益，例如蓬莱19-3油田溢油事故导致养殖户们所享有的财产利益遭受损害；也可能不涉及对特定人利益的直接侵害，例如蓬莱19-3油田溢油事故对渤海湾海洋生态功能的损害。对于前者，受损利益存在特定的归属主体，也就不存在由法定机关或社会组织代其提起诉讼的理论基础，因而不应被纳入民事公益诉讼的客观范围。

其二，就消费纠纷领域而言，尽管《民事诉讼法》第55条对消费者保护领域的公共利益有一个限定性表述，即"众多消费者权益"，但这并不等于说只要是众多消费者权益受到侵害的纠纷都是民事公益诉讼的客体，也完全有可能是民事私益诉讼。例如，在"三鹿奶粉"事件中，虽然众多消费者受到了有害奶粉的侵害，但其受害主体是特定的，因而提起民事私益诉讼即可；即便是因为大规模侵权而导致诉讼复杂，也可以通过代表人诉讼程序提起。当然，"三鹿奶粉"事件中也涉及不特定消费者的利益，在行政规制失灵的情形下，法律规定的机关和社会组织可以为了维护不特定消费者的利益提起民事公益诉讼，要求涉事企业停止生产、销售和销毁产品。

此外，在界定民事公益诉讼的客体时，还涉及国家利益和公共利益两者的关系问题。在法律上，国家利益有着明确的主体即国家，社会公共利益没有特定的主体；但在有些情形下，两者难以清晰划界。例如，环境利益的主体是否为国家。一方面，依照《中华人民共和国宪法》（以下简称《宪法》）第9条的规定，我国绝大多数自然资源属于国家所有，但以此笼统地将行政机关代表国家就环境污染提起的损害赔偿诉讼称为民事私益诉讼也未必妥当，毕竟环境和生态利益不能归属于任何特定的主体。另一方面，行政机关代表国家提起的生态环境损害赔偿诉讼是否就是民事公益诉讼，亦值得商榷。以本案例为例，国家海洋局依据《海洋环境保护法》第89条第2款的规定代表国家与康菲公司、中海油就海洋生态损害达成补偿协议之后，绿发会是否可以就此事故再次提起民事公益诉讼，如果可以，绿发会可以提起哪些诉讼请求？这一问题，目前已经得到初步解决。我国于2015年年底开始生态环境损害赔偿制度改革试点工作；2017年8月29日召开的中央全面深化改革领导小组第三十八次会议审议通过了《生态环境损害赔偿制度改革方案》，进一步明确生态环境损害赔偿范围、责任主体、索赔主体和损害赔偿解决途径等；《最高人民法院关于审理生态环境损害赔偿案件的若干规定（试行）》于2019年6月5日发布，其中，第16条、第17条、第18条对生态环境损害赔偿诉讼与环境民事公益诉讼的衔接予以明确规定。

5.民事公益诉讼与民事私益诉讼的关系

首先，人民法院受理民事公益诉讼案件，不影响同一侵权行为的受害人根据《民事诉讼法》第119条规定提起诉讼。实践中，同一侵权行为造成的损害，其受害人既可能是特定的，也可能是不特定的，各自都有自己的诉权和诉之利益。因此，在民事公益诉讼提起的情形下，自然也不能影响因为同一侵权事件所引发的民事私益诉讼的提起。

其次，民事公益诉讼生效裁判中认定的事实具有向私益诉讼原告单向扩张的效力。具体而言：（1）环境民事公益诉讼生效裁判就被告是否存在法律规定的不承担责任或者减轻责任的情形、行为与损害之间是否存在因果关系、被告承担责任的大小等所作的认定，因同一污染环境、破坏生态行为依据《民事诉讼法》第119条规定提起诉讼的原告可以主张适用；（2）消费民事公益诉讼生效裁判认定经营者存在不法行为，因同一侵权行为受到损害的消费者根据《民事诉讼法》第119条规定提起诉讼时，可以主张适用。

（三）问题与思考

（1）目前我国司法机关正在积极推进民事公益诉讼，但在传统行政法理论中，行政权是公共利益的主要代表，由此，民事公益诉讼能否达成维护社会公共利益的目的？原因是什么？

（2）如何界定民事公益诉讼的范围？存在什么困难？如何解决？

（3）如何协调同一侵权原因引发的民事公益诉讼与民事私益诉讼的关系？

（4）是否有必要为公益诉讼程序单独立法？原因是什么？

（四）法条链接

1.《中华人民共和国宪法》

第九条　矿藏、水流、森林、山岭、草原、荒地、滩涂等自然资源，都属于国家所有，即全民所有；由法律规定属于集体所有的森林和山岭、草原、荒地、滩涂除外。

国家保障自然资源的合理利用，保护珍贵的动物和植物。禁止任何组织或者个人用任何手段侵占或者破坏自然资源。

2.《中华人民共和国海洋环境保护法》

第五十条　海洋石油勘探开发及输油过程中，必须采取有效措施，避免溢油事故的发生。

第八十四条　违反本法规定进行海洋石油勘探开发活动，造成海洋环境污染的，由国家海洋行政主管部门予以警告，并处二万元以上二十万元以下的罚款。

第八十九条 对破坏海洋生态、海洋水产资源、海洋保护区，给国家造成重大损失的，由依照本法规定行使海洋环境监督管理权的部门代表国家对责任者提出损害赔偿要求。

3.《中华人民共和国民事诉讼法》

第五十五条 对污染环境、侵害众多消费者合法权益等损害社会公共利益的行为，法律规定的机关和有关组织可以向人民法院提起诉讼。

第一百一十九条 起诉必须符合下列条件：

（一）原告是与本案有直接利害关系的公民、法人和其他组织；

（二）有明确的被告；

（三）有具体的诉讼请求和事实、理由；

（四）属于人民法院受理民事诉讼的范围和受诉人民法院管辖。

4.《最高人民法院关于适用〈中华人民共和国民事诉讼法〉的解释》

第二百八十八条 人民法院受理公益诉讼案件，不影响同一侵权行为的受害人根据民事诉讼法第一百一十九条规定提起诉讼。

5.《最高人民法院关于审理环境民事公益诉讼案件适用法律若干问题的解释》

第二十九条 法律规定的机关和社会组织提起环境民事公益诉讼的，不影响因同一污染环境、破坏生态行为受到人身、财产损害的公民、法人和其他组织依据民事诉讼法第一百一十九条的规定提起诉讼。

第三十条 已为环境民事公益诉讼生效裁判认定的事实，因同一污染环境、破坏生态行为依据民事诉讼法第一百一十九条规定提起诉讼的原告、被告均无需举证证明，但原告对该事实有异议并有相反证据足以推翻的除外。

对于环境民事公益诉讼生效裁判就被告是否存在法律规定的不承担责任或者减轻责任的情形、行为与损害之间是否存在因果关系、被告承担责任的大小等所作的认定，因同一污染环境、破坏生态行为依据民事诉讼法第一百一十九条规定提起诉讼的原告主张适用的，人民法院应予支持，但被告有相反证据足以推翻的除外。被告主张直接适用对其有利的认定的，人民法院不予支持，被告仍应举证证明。

6.《最高人民法院关于审理消费民事公益诉讼案件适用法律若干问题的解释》

第九条 人民法院受理消费民事公益诉讼案件后，因同一侵权行为受到损害的消费者申请参加诉讼的，人民法院应当告知其根据民事诉讼法第一百一十九条规定主张权利。

第十六条 已为消费民事公益诉讼生效裁判认定的事实，因同一侵权行为受到损害的消费者根据民事诉讼法第一百一十九条规定提起的诉讼，原告、被告均无需举证证明，但当事人对该事实有异议并有相反证据足以推翻的除外。

消费民事公益诉讼生效裁判认定经营者存在不法行为，因同一侵权行为受到损害的消费者根据民事诉讼法第一百一十九条规定提起的诉讼，原告主张适用的，人民法院可予支持，但被告有相反证据足以推翻的除外。被告主张直接适用对其有利认定的，人民法院不予支持，被告仍应承担相应举证证明责任。

7.《最高人民法院关于审理生态环境损害赔偿案件的若干规定（试行）》

第十六条 在生态环境损害赔偿诉讼案件审理过程中，同一损害生态环境行为又被提起民事公益诉讼，符合起诉条件的，应当由受理生态环境损害赔偿诉讼案件的人民法院受理并由同一审判组织审理。

第十七条 人民法院受理因同一损害生态环境行为提起的生态环境损害赔偿诉讼案件和民事公益诉讼案件，应先中止民事公益诉讼案件的审理，待生态环境损害赔偿诉讼案件审理完毕后，就民事公益诉讼案件未被涵盖的诉讼请求依法作出裁判。

第十八条 生态环境损害赔偿诉讼案件的裁判生效后，有权提起民事公益诉讼的国家规定的机关或者法律规定的组织就同一损害生态环境行为有证据证明存在前案审理时未发现的损害，并提起民事公益诉讼的，人民法院应予受理。民事公益诉讼案件的裁判生效后，有权提起生态环境损害赔偿诉讼的主体就同一损害生态环境行为有证据证明存在前案审理时未发现的损害，并提起生态环境损害赔偿诉讼的，人民法院应予受理。

专题二 民事检察公益诉讼的特点与范围

知识要点（1）2017年修订的《民事诉讼法》增设民事检察公益诉讼制

度，赋予检察机关民事公益诉讼原告主体资格。（2）检察机关作为国家法律监督机关，在民事公益纠纷中必须坚持谦抑性和有限性原则，只有在没有法律规定的机关和社会组织或者法律规定的机关和社会组织不提起诉讼的情况下，才能以“公益诉讼人”身份向人民法院提起民事公益诉讼。（3）检察机关除了直接提起诉讼，还可以通过“支持起诉”的方式参与民事公益诉讼。（4）诉前公告程序是民事检察公益诉讼的必经程序。（5）目前已确定的民事检察公益诉讼案件范围主要包括生态环境和资源保护、食品药品安全、英雄烈士保护以及未成年人保护四大领域，并在不断拓展之中。

典型案例二
江苏省徐州市人民检察院诉徐州市鸿顺造纸有限公司环境污染案

一、案例材料

2013年至2015年，徐州市鸿顺造纸有限公司（以下简称鸿顺公司）连续三年被查获以私设暗管方式向连通京杭运河的苏北堤河排放生产废水，废水的化学需氧量、氨氮、总磷等污染物指标均超标，并多次受到徐州市铜山区环境保护局（以下简称铜山环保局）的行政处罚。徐州市人民检察院（以下简称徐州检察院）作为公益诉讼人，于2015年12月28日向徐州市中级人民法院（以下简称徐州中院）提起环境民事公益诉讼。该案是全国人大常委会授权检察机关试点提起公益诉讼以来人民法院依法受理的首批民事公益诉讼案件之一，也是人民法院审理的第一起检察机关试点提起公益诉讼的二审案件，提出了一些在程序上值得注意和研究的问题。

（一）案件背景

鸿顺公司于1990年8月30日在江苏省注册成立，地址位于徐州市铜山区柳新镇赵庄村，服务领域为纸业瓦楞纸，因违法排污行为曾多次受到行政处罚。[17]

2013年4月27日，铜山环保局柳新环境监察中队经现场监察发现，鸿顺公司年产6万吨高强瓦楞纸项目存在“厂区南侧有暗排口，直接排入砖厂废坑及周围沟渠，有废水排放的现象。污水处理设施不能正常运转，生产厂区环境混乱”等问题，并向鸿顺公司发出环境监察建议书，建议该公司立即停止违法排放行为、停产整改。2013年5月10日，铜山环保局再次现场监察，记录显示“该公司未生产，污水处理设施部分运行，暗管已封堵，无漏水现象”；现场环境监察意见为：“恢复生产时告知环保部门，加强管理，严禁超标污水进入苏北堤河。”

2014年4月5日至6日，鸿顺公司私设暗排管违法排放未经处理的生产废水600吨，污水汇入苏北堤河。铜山环保局于2014年4月18日作出铜环责改字〔2014〕21号责令改正环境违法行为决定书，责令该公司立即拆除暗管。2014年5月12日，铜山环保局向鸿顺公司发出铜环罚字〔2014〕25号行政处罚决定书，对鸿顺公司处以5万元的罚款。2014年8月14日，鸿顺公司缴纳5万元罚款。2014年8月18日，铜山环保局进行环境行政执法后督察现场检查，记录显示：“该公司已停止年产6万吨高强瓦楞纸技改项目的生产行为，暗管已拆除，罚款已缴清。”

2015年2月24日至25日，鸿顺公司临时处置直径20厘米铁质排放管，将未处理的生产废水经该公司污水处理厂南侧排入苏北堤河，排放量2000吨，污染周边环境。铜山区环境监测站于2015年2月25日对该公司外排废水进行采水样监测，数据显示“化学需氧量为1180mg/L、氨氮为28.2mg/L、总磷为1.60mg/L”，比《制浆造纸工业水污染物排放标准》（GB 3544—2008）表2标准分别超标12.1倍、2.5倍、1倍。2015年3月12日，铜山环保局作出铜环罚字〔2015〕6号行政处罚决定书，对鸿顺公司处以10万元的罚款。2015年3月12日，铜山环保局作出涉嫌环境违法适用行政拘留处罚移送书，将案件移送公安机关。2015年3月25日至4月4日，鸿顺公司经理王井奎被公安机关行政拘留10日。2015年4月27日，鸿顺公司缴纳罚款10万元。

2015年8月26日，徐州市铜山区人民检察院（以下简称铜山区检察院）在履行职责的过程中发现鸿顺公司存在环境违法行为，对生态环境造成污染损害，可能损害社会公共利益，根据《民事诉讼法》第55条、《全国人民代表大会常务委员会关于授权最高人民检察院在部分地区开展公益诉讼试点工作的决定》（以下简称《检察公益诉讼试点决定》）和《人民检察院提起公益诉讼试点工作实施办法》[18]的规定决定立案审查。[19]

（二）诉讼过程

1.诉前程序

本案中，鸿顺公司违法排污行为发生地为徐州市铜山区，排污所造成生态环境损害后果也主要在铜山区境内。根据《人民检察院提起公益诉讼试点工作实施办法》第2条第1款的规定，人民检察院提起民事公益诉讼的案件，一般由侵权行为地、损害结果地或者被告住所地的市（分、州）人民检察院管辖。因此，徐州检察院具有本案的管辖权。

在立案审查阶段，徐州检察院重点调查了以下问题：（1）鸿顺公司违法排污的数量，排放污染物的方式，排放污染物超标情况；（2）鸿顺公司依照环境影响评价批复的有关要求正常处理污染物的成本；（3）鸿顺公司违法排放污染物所造成的生态环境损害，使其恢复原状所需要的生态修复费用；（4）鸿顺公司水污染物排放总量控制及其财务情况；（5）鸿顺公司违法排放污染物所造成的服务功能损失。[20] 经调查，徐州检察院认为，鸿顺公司2013年、2014年、2015年连续三年违法排污受到环保部门查处，但每次被处理后仍不思悔改，继续加大排污量，有理由推定此三年间鸿顺公司的防止污染设备未能有效运行，应当承担恢复原状责任并赔偿苏北堤服务功能损失。[21]

根据最高人民检察院于2015年7月2日发布的《检察机关提起公益诉讼改革试点方案》的要求，检察机关在向法院提起公益诉讼之前，应当督促、支持符合法律规定的社会组织提起公益诉讼。2015年8月31日，铜山区检察院依法向徐州市符合提起民事公益诉讼条件的三家社会组织发出了督促起诉意见书，建议其向人民法院提起环境民事公益诉讼，但三家社会组织均复函称尚不具备开展公益诉讼的能力。

2.一审

2015年12月22日，经层报最高人民检察院批准，徐州检察院根据《民事诉讼法》《检察公益诉讼试点决定》，以公益诉讼人身份向具有管辖权的徐州中院提起民事公益诉讼。

徐州中院于2015年12月28日受理此案后，经案件受理公告、证据交换和庭前会议程序，于2016年4月11日公开开庭审理此案。在审理过程中，经公益诉讼人及被告当庭确认，主要围绕以下四大焦点问题展开审理：[22]

（1）关于被告鸿顺公司应否承担恢复原状民事责任的问题。

针对公益诉讼人请求法院判令被告将其污染损害的苏北堤河的环境恢复原状之请求与理由，被告主张从客观条件和必要性上其均不需承担恢复原状的责任，具体理由有：其一，虽然鸿顺公司南墙外水样监测结果显示的超标程度较高，但是苏北堤河取样监测显示的超标程度并不高，加之环境的自净能力，鸿顺公司排放污染物对灌溉影响不大；其二，鸿顺公司不具备将生态环境恢复原状的条件和能力。

徐州中院认为，首先，被告违反《中华人民共和国水污染防治法》等法律规定，先后于2013年、2014年和2015年连续三次违法排放废水，且2014年、2015年排放的废水直接汇入苏北堤河，造成环境污染，依据损害担责原则，应依法承担相应的法律责任；其次，虽然监测过程是分别取距离污染源远近不同的五个监测点进行监测后评价，但监测结论仍应以被告外排废水为准，外排废水经流后稀释、淡化是必然结果，不能以此认为未对环境造成损害或损害程度较小，因而被告关于环保部门监测数据显示苏北堤河水样超标程度不高，进而认为污染程度轻的主张不能成立；再次，污染源必然因河水流动而向下游扩散，倾倒处的水质即便好转也不意味着地区水生态环境已修复或好转，对于地区生态环境而言，依然有修复的必要，即便现在苏北河堤水质已达标不需要修复，依然需要用替代修复方案对地区生态环境进行修复；最后，无论客观上被告是否有能力将生态环境恢复原状或是否能够提出修复方案，都不能对抗其承担责任的事实和法律依据，不能成为其不承担恢复原状责任的理由。鉴于被告已明确表示没有能力将环境恢复原状，亦不能提出修复方案，为确保生态环境修复的实现，徐州中院可以依据《环境民事公益诉讼解释》第20条规定确定被告所应承担的生态环境修复费用来替代恢复原状的责任。

（2）关于非法排放2600吨废水产生的生态环境修复费用计算问题。

关于2600吨废水产生的修复费用，根据本案双方申请的技术专家的当庭陈述，均认为本案生态环境修复费用可按照《关于开展环境污染损害鉴定评估工作的若干意见》（环发〔2011〕60号）和《环境损害鉴定评估推荐方法（第Ⅱ版）》（以下简称《推荐办法》），采用“虚拟治理成本法”确定。所谓虚拟治理成本是指工业企业或污水处理厂治理等量地排放到环境中的污染物应该花费的成本，即污染物排放量与单位污染物虚拟治理成本的乘积。单位污染物虚拟治理成本是指突发环境事件发生地的工业企业或污水处理厂单位污染物治理平均成本，在量化生态环境损害时，可以根据受污染影响区域的环境敏感程度分别乘以一定的倍数作为环境损害数额的上下限值。

双方申请的技术专家均认为苏北堤河水质应执行《地表水环境质量标准》（GB 3838—2002）灌溉功能要求的Ⅴ类水质标准，生态环境损害数额倍数取值范围为1.5~3倍。同时，双方技术专家对鸿顺公司2014年及2015年两次违法排放共计2600吨污水、所排放生产污水每吨治理单价为50元亦无分歧。分歧仅在于倍数的确定，即公益诉讼人申请的技术专家提出2600吨均按2.07确定倍数，被告鸿顺公司申请的技术专家提出2015年的2000吨按2.0确定，2014年的600吨按1.9确定。对此，公益诉讼人主张，其申请出庭的三位技术专家采用加权平均法计算的倍数2.07，具有客观性、科学性；同时，被告未能举证证明2014年排放600吨污水的主要污染物浓度等信息，应推定该次污染情况与2015年相同，生态环境修复费用计算倍数亦应当取值2.07；被告认可本案生态环境修复费用按照“虚拟治理成本法”确定，亦认为可在虚拟治理成本的1.5~3倍取值计算，但提出其两次排污都存在排放时间短、有毒有害物质少的情况，所排放废水对环境造成的损害程度低，故主张应当以1.5作为计算倍数。

徐州中院认为，首先，根据双方意见并结合本案件的实际情况，可采用《推荐办法》中的“虚拟治理成本法”确定生态环境修复费用；其次，对于2015年排放的2000吨废水计算倍数的确定，双方申请出庭的技术专家意见并不存在较大差距，但被告提出取Ⅴ类地表水的下限值1.5倍缺乏合理性，考虑到污染物主要是有机废水且以耗氧物为主，其修复具有一定难度，可以采取双方申请的技术专家意见关于倍数数值的平均值，即2.035作为本案件中生态环境损害数额的倍数数值；最后，至于2014年被告违法排放生产污水600吨所造成的生态环境损害数额，环保部门在查处时未进行水质监测，被告亦称不能提供相应证据证实该次排放污染物的具体情况，鉴于被告生产工艺、受污染环境情况与2015年基本相同，虽被告申请的技术专家提出不同意见，但在被告没有其他相反证据证明的情况下，倍数取值应与2015年一致，即2.035。因此，徐州中院最终认定被告于2014年及2015年两次共计违法排放2600吨污水，按照“虚拟治理成本法”计算生态环境修复费用为2600×50×2.035=264 550（元）。

（3）关于本案件中损害赔偿数额认定问题。

公益诉讼人主张，被告实施污染行为主观过错明显，其污水设备不能正常运转，为了降低生产成本，多次私设暗管偷排生产废水，仅2014年、2015年被查处的四天就偷排2600吨废水，有理由认为被告违法排放量远超2600吨，且有较大的非法获利，造成了生态环境损害及服务功能损失，故应当以26.91万元为基数在3~5倍酌定其应当承担的赔偿责任。

被告主张，其排放污水时间短、排放量小，对生态环境破坏程度轻，不应承担较大的损害赔偿责任，且公益诉讼人提出的服务功能损失并无确切证据证实，不应得到支持，同时主张应考虑被告企业状况确定较低的赔偿数额。

对此，徐州中院认为，其一，环境侵权行为及后果的复杂性、长久性、隐蔽性、迁移性等特点导致其危害性强、损害范围广且难以及时固定证据，鉴于被告的实际排污量及对生态环境实际造成的损害大小难以准确确定，应根据《最高人民法院关于适用〈中华人民共和国民事诉讼法〉的解释》第108条、《环境民事公益诉讼解释》第23条的规定，不限于2600吨污水排放行为所造成的环境损害数额，而应酌情考虑相关因素予以合理确定；其二，恢复原状或赔偿生态环境修复费用只考虑了生态环境交换价值的恢复，没有考虑生态环境使用价值的损失，鉴于在本案例中此项损失的客观存在，在确定被告所应承担的赔偿数额时，应将生态环境受到损害至恢复原状期间服务功能损失作为酌定因素。

（4）关于被告接受行政处罚已缴纳的15万元罚款应否在本案赔偿数额中予以抵扣的问题。

针对被告提出以行政罚款直接抵扣赔偿数额的主张，公益诉讼人主张，根据侵权责任法相关规定，侵权人因同一行为应当承担行政责任或刑事责任的，不影响依法承担侵权责任，15万元罚款不应抵扣。对此，徐州中院认为，被告因行政违法而被行政机关处于行政处罚，并不影响其民事责任的承担，但在确定本案件中被告所应承担的环境污染责任时，因被行政机关处罚的情况也是一个酌定因素。

综上，徐州中院酌情确定被告应承担的生态环境修复费用及生态环境受到损害至恢复原状期间服务功能损失共计为105.82万元，并应承担公益诉讼人为本案件支付的专家费用3000元。此外，案件受理费14 324元，由被告负担。

3.二审

对徐州中院的一审判决，鸿顺公司不服并向江苏省高级人民法院（以下简称江苏高院）提起上诉。江苏高院于2016年11月7日立案后，依法组成合议庭，因各方当事人没有提出新的事实、证据或者理由，决定不开庭审理:[23]

鸿顺公司的上诉理由包括：（1）公益诉讼人关于判令鸿顺公司以26.91万元为基数的3~5倍承担赔偿责任的诉讼请求数额为约数，诉讼请求不明确，应当依法驳回起诉；原审判决赔偿生态环境修复费用，属于超诉讼请求判决，审判程序违法；（2）鸿顺公司虽违法排放废水，但所排放废水的成分以有机物、木质素、纤维素为主，重金属等有毒有害物质极少，由于水体的自我净化，苏北堤河水质未受影响，排放废水行为未造成生态破坏，不应当承担生态修复费用；（3）一审判决将2.035作为计算本案生态环境损害赔偿计算系数取值过高；（4）一审判决以26.455万元为基数，以其3~5倍计算生态环境修复费用和服务功能损失缺乏法律依据；（5）一审判决未将鸿顺公司已经缴纳的15万元罚款予以抵扣不当。

江苏高院认为，鸿顺公司上诉请求不能成立。理由如下：（1）徐州检察院的诉讼请求明确，符合《民事诉讼法》第119条的规定；由于鸿顺公司在一审审判过程中已明确表示没有能力将环境恢复原状，亦不能提出修复方案，一审法院依照《环境民事公益诉讼解释》第20条之规定直接确定以鸿顺公司所应承担的生态环境修复费用来替代恢复原状的责任，并未超出徐州检察院的请求范围；（2）污染物排放点的环境质量已经达标不能作为拒绝承担生态环境修复费用的理由；（3）一审法院确定2.035为系数计算鸿顺公司排放2600吨生产废水的生态环境修复费用，亦是考虑了鸿顺公司排放的废水成分为可降解的有机物这一因素，并未超出合理的选择区间，不存在计算系数偏高的情形；（4）一审法院以查获的排放废水量的4倍计算生态环境修复费用具有事实和法律依据；（5）徐州检察院要求鸿顺公司支付生态修复费用，系要求该公司承担对生态环境造成损害的修复责任，属于民事侵权责任。由于两项法律责任的功能完全不同，鸿顺公司要求将其缴纳的行政罚款在侵权赔偿费中予以抵扣的请求缺乏法律依据。

综上，江苏高院认为，鸿顺公司非法排放生产废水污染苏北堤河，应当承担生态环境修复责任；一审判决认定鸿顺公司非法排放生产废水的生态环境修复费用依据充分，计算方法合法适当；公益诉讼人的诉讼请求明确具体，一审审判程序合法。因此宣判，鸿顺公司的上诉请求不能成立，应予驳回；一审判决认定事实清楚，适用法律正确，应予维持。

（三）典型意义

本案是全国人大常委会授权检察机关试点提起公益诉讼以来人民法院依法受理的首批民事公益诉讼案件，也是人民法院审理的第一起检察机关试点提起公益诉讼的二审案件。一审法院注重司法公开，体现公众参与，合议庭由审判员和人民陪审员共同组成，庭审向社会公开并进行视频、文字同步直播。庭审时邀请专家辅助人就环境保护专业技术问题提出专家意见，较好地解决了环境资源案件科学性和公正性的衔接问题。本案尝试根据被告违法排污的主观过错程度、排污行为的隐蔽性以及环境损害后果等因素，合理确定带有一定惩罚性质的生态环境修复费用，加大污染企业违法成本，有助于从源头上遏制企业违法排污。二审法院依据《民事诉讼法》《检察公益诉讼试点决定》审理检察机关提起公益诉讼的二审案件，对于完善民事检察公益诉讼二审程序规则起到了示范作用。

二、教学手册

（一）教学目标

本案例着重要求学生掌握以下四个方面的知识：（1）如何理解民事检察公益诉讼制度的确立；（2）如何定位检察机关在民事公益诉讼中的法律地

位；（3）较一般民事公益诉讼，民事检察公益诉讼在程序上具有什么特殊之处；（4）在民事检察公益诉讼实施中存在哪些问题，例如，检察机关如何行使调查核实权，以及检察机关若对法院的终局裁判不服，可否提起抗诉等。

（二）教学内容

1.民事检察公益诉讼制度的确立

民事公益诉讼制度是2012年修订《民事诉讼法》时新增确立的，但当时并没有明确赋予检察机关民事公益诉讼原告主体资格。理论上说，主要原因在于学术界对于检察机关能否作为民事公益诉讼的原告主体存在不同认识：（1）肯定说，即检察机关作为宪法和法律所规定的法律监督机关，就其监督职能而言应当具有提起民事公益诉讼的权利，这是学术界较普遍的认识；[24]（2）折中说，主张检察机关通过督促起诉、支持起诉的方式推动民事公益诉讼的启动，在推动无效的情形下才能直接起诉；[25]（3）否定说，认为社会公共利益已经有其他国家机关行使职权加以维护，检察机关没有介入的必要。[26] 概言之，既然法律赋予了检察机关法律监督机关的地位，且公益诉讼具有法律监督的功能，检察机关参与公益诉讼是具有正当性基础的，但检察机关能否被赋予民事公益诉讼原告主体资格，则“涉及检察监督职能的深层问题”[27]。

实践中，2014年10月20日至23日举行的中国共产党第十八届中央委员会第四次全体会议，明确要求优化司法职权配置，探索建立检察机关提起公益诉讼制度。[28] 2015年7月1日，第十二届全国人民代表大会常务委员会第十五次会议表决通过《检察公益诉讼试点决定》，授权最高人民检察院在北京、内蒙古、吉林、江苏、安徽、福建、山东、湖北、广东、贵州、云南、陕西、甘肃共13个省、自治区、直辖市开展为期两年的公益诉讼试点工作；7月2日，最高人民检察院发布《检察机关提起公益诉讼改革试点方案》；12月16日，最高人民检察院第十二届检察委员会第四十五次会议通过《人民检察院提起公益诉讼试点工作实施办法》，对检察机关提起公益诉讼的具体程序问题作出了具体的规定。本案例就是在试点省份和试点期间发生的由检察机关提起的民事公益诉讼，从诉前程序、一审到二审，对民事检察公益诉讼的建立具有经验价值。

经过两年的试点，《民事诉讼法》于2017年再次修订，增设民事检察公益诉讼制度。具体而言，本次修订在《民事诉讼法》第55条中增加一款，规定：“人民检察院在履行职责中发现破坏生态环境和资源保护、食品药品安全领域侵害众多消费者合法权益等损害社会公共利益的行为，在没有前款规定的机关和组织或者前款规定的机关和组织不提起诉讼的情况下，可以向人民法院提起诉讼。前款规定的机关或者组织提起诉讼的，人民检察院可以支持起诉。”这一规定虽然是原则性规定，但为民事检察公益诉讼的具体实施提供了法律依据。此后，《最高人民法院、最高人民检察院关于检察公益诉讼适用法律若干问题的解释》（以下简称《检察公益诉讼解释》）于2018年3月2日正式施行，并于2020年年底修订，修订后的条款于2021年1月1日正式实施，作为民事检察公益诉讼制度运行的规范依据；2020年9月28日，最高人民检察院第十三届检察委员会第五十二次会议通过《人民检察院公益诉讼办案规则》，自2021年7月1日起施行。

2.检察机关在民事公益诉讼中的法律地位

检察机关在民事公益诉讼中的法律地位问题，自检察公益诉讼试点工作开展以来就备受关注和争议。首先，检察机关在何种情况下能够成为民事公益诉讼的原告；其次，检察机关在民事公益诉讼中的具体称谓问题。

（1）检察机关与其他原告的顺位关系。

检察机关代表国家或者社会公共利益提起民事公益诉讼既是其职责的必然要求，亦是由其实施能力所决定的：其一，较其他原告，检察机关作为国家法律监督机关，不牵涉地方和部门利益，适合代表国家和社会公共利益提起诉讼；其二，检察机关拥有法定的调查权，有利于调查取证和解决举证困难等问题；其三，检察机关具有专业法律监督队伍，能够高效、准确地配合人民法院进行诉讼，可以大幅度降低司法成本。[29]

然而，检察机关既然作为国家法律监督机关，在民事公益纠纷中必须坚持谦抑性和有限性原则，只能充当填补性角色。[30]《检察机关提起公益诉讼改革试点方案》就明确提出：“坚持检察机关职能定位，把握提起公益诉讼的条件、范围和程序，既强化对公共利益的保护，又严格规范行使检察权。”事实上，检察机关除了直接提起诉讼，还可以通过“支持起诉”的方式参与民事公益诉讼。因此，检察机关须灵活运用“直接起诉”和“支持起诉”两种方式，实现两者的协调对接，在主动干预和诉权节制之间寻求平衡。

基于上述理由，2017年修订的《民事诉讼法》第55条第2款虽赋予检察机关民事公益诉讼原告主体资格，但从顺位上位于法定机关和社会组织之后，从角色定位上具有填补性，只有在没有法律规定的机关和组织，或者法律规定的机关和组织不提起诉讼的情况下，才能向人民法院提起民事公益诉讼。

（2）检察机关在公益诉讼中的称谓。

在民事公益诉讼一审案件中，检察机关的具体称谓从试点期间的“公益诉讼人”转变为司法解释中的“公益诉讼起诉人”。《检察机关提起公益诉讼改革试点方案》将检察机关定位为“公益诉讼人”引发了学术界的争议：多数学者表示赞同，认为该称谓体现了检察机关在公益诉讼中的特殊地位；另有部分学者表示反对，认为该称谓不具有特殊性，从程序法视角，只要是提起公益诉讼，均可以称为“公益诉讼人”。[31] 基于上述争论，《检察公益诉讼解释》将检察机关的称谓变更为“公益诉讼起诉人”，既体现了检察机关在民事公益诉讼中的实际程序性地位，又表明了检察机关与其他适格主体的区别，更符合民事检察公益诉讼的特征。

在被告提起上诉的情况下，如何确定检察机关在民事公益诉讼第二审程序中的称谓？是继续称为“公益诉讼起诉人”，还是称为“被上诉人”？本案例是检察机关作为公益诉讼人提起诉讼且进入第二审程序的首例民事公益诉讼案件，发生在《检察公益诉讼解释》出台之前，但该案提供了一个非常智慧的做法，即将提起诉讼的徐州检察院列为“被上诉人（公益诉讼人）”，其思路值得借鉴。

依据《人民检察院公益诉讼办案规则》第59条的规定，检察机关在其提起上诉的民事公益诉讼二审案件中应称为“公益诉讼上诉人”；结合检察机关在一审中称谓的变迁以及本案例的思路，若民事公益诉讼一审被告提起上诉，检察机关可被称为“公益诉讼被上诉人”。

3.民事检察公益诉讼的程序特殊性

在民事公益诉讼中，检察机关扮演的只是一种支持者与补充者的角色。当发现国家和社会公共利益受到侵害，符合提起公益诉讼条件时，检察机关自己不首先提起诉讼，而是督促、建议、支持其他适格主体提起诉讼。为此，《检察机关提起公益诉讼改革试点方案》设置了诉前程序，明确要求“检察机关在提起民事公益诉讼之前，应当依法督促或者支持法律规定的机关或有关组织提起民事公益诉讼。法律规定的机关或者有关组织应当在收到督促或者支持起诉意见书后一个月内依法办理，并将办理情况及时书面回复检察机关”。此后，2015年12月16日最高人民检察院出台的《人民检察院提起公益诉讼试点工作实施办法》从以下两个方面将诉前程序进行细化：第一，根据起诉适格主体性质的不同而采取不同的督促方式，即“督促”法律规定的机关和“建议”符合法律规定条件的有关组织提起民事公益诉讼；第二，将建议有关组织提起诉讼的对象范围限定为“辖区内”，尽管本案例诉前程序的时间是在2015年8月，即《人民检察院提起公益诉讼试点工作实施办法》出台之前，但诉前程序的行使对象也仅针对“徐州市符合提起民事公益诉讼条件的三家社会组织”。

可见，从试点伊始，民事检察公益诉讼便确立了“发现线索—诉前程序—

诉讼程序”的制度设计逻辑。虽然诉前程序设置是理论与实务界的共识，但是是否应将诉前程序的行使对象限定在“辖区内”是存在争议的：从理论来看，民事公益诉讼本来就是突破了原有诉讼框架的新制度，不再要求起诉主体与诉讼标的之间具备直接利害关系，对于法律规定的社会组织，只要其符合条件，就有权提起民事公益诉讼，对其所属地域、体制归属等应在所不问；从试点实践情况来看，存在被督促、建议的组织不愿诉，而未被督促、建议的组织却要提起诉讼的情况。[32] 基于此，《检察公益诉讼解释》将诉前程序明确规定为诉前公告程序，对于“破坏生态环境和资源保护，食品药品安全领域侵害众多消费者合法权益，侵害英雄烈士等的姓名、肖像、名誉、荣誉等损害社会公共利益的行为，拟提起公益诉讼的”，应“依法公告，公告期间为三十日”，“公告期满，法律规定的机关和有关组织、英雄烈士等的近亲属不提起诉讼的，人民检察院可以向人民法院提起诉讼”。当然，从诉讼经济的角度，对于“侵害英雄烈士等的姓名、肖像、名誉、荣誉的民事公益诉讼案件，也可以直接征询英雄烈士等的近亲属的意见”。

诉前公告程序的确立，不仅解决了理论与试点实践中的难题，而且将诉前程序与法院公告加入程序更有效地衔接起来。《环境民事公益诉讼解释》第10条和《最高人民法院关于审理消费民事公益诉讼案件适用法律若干问题的解释》（以下简称《消费民事公益诉讼解释》）第6条均规定了公告程序，要求法院在受理相关公益诉讼案件后，公告受理情况，并在三十日内接受可以提起诉讼的其他机关或者有关社会组织申请参加诉讼。检察机关的诉前程序和法院的公告程序逻辑起点和初衷是相同的，因此，为了避免诉讼时间不必要的延长以及司法资源的浪费，《检察公益诉讼解释》对上述两个程序的衔接进行了规定，即“人民检察院已履行诉前公告程序的，人民法院立案后不再进行公告”。

综上，诉前公告程序是民事检察公益诉讼的必经程序。基于此，检察机关提起民事公益诉讼，除了与一般民事公益诉讼原告一样应当提交起诉书和被告行为已经损害社会公共利益的初步证明材料以外，还应当提交已经履行公告程序、征询英雄烈士等的近亲属意见的证明材料。

4.民事检察公益诉讼实施中的问题

本案例中涉及并引申出以下几个程序性问题，值得讨论。

（1）检察机关调查核实权的行使问题。

无论是立案审查阶段，还是诉讼程序中，均必然涉及案件事实真相的揭露。例如，在本案立案审查阶段，徐州检察院重点调查了五个方面的内容，涵盖排污行为、生态损害、生态功能损失、治理成本等。《人民检察院提起公益诉讼试点工作实施办法》第6条和《人民检察院公益诉讼办案规则》第32~43条对检察机关在民事公益诉讼中调查的方式、对象与限度予以规范。其一，在行使方式上，允许调阅、复制有关行政执法卷宗材料；询问违法行为人、证人等；收集书证、物证、视听资料等证据；咨询专业人员、相关部门或者行业协会等对专门问题的意见；委托鉴定、评估、审计；勘验物证、现场，及其他必要的调查方式；其二，在行使对象上，包括行政机关及其他有关单位和个人；其三，在行使限度上，禁止采取限制人身自由以及查封、扣押、冻结财产等强制性措施。民事检察公益诉讼正式建立后，《检察公益诉讼解释》第6条仅原则性地规定检察机关享有“调查收集证据材料”的权力，调查取证环节的强制性措施亦只能借助和利用民事诉讼法上证据保全。

（2）民事检察公益诉讼案件二审程序规范问题。

第一，本案例是人民法院审理的第一起检察机关试点提起公益诉讼的二审案件，在一审被告提起上诉的情况下，检察机关是否需要提交答辩状？在被上诉人未提交答辩状的情况下，程序该如何进行？刑事诉讼中被告提起上诉进入第二审程序，虽然根据刑事诉讼法的规定法院应把上诉状的副本交送同级人民检察院，但并未规定检察机关可以提交答辩状，事实上检察机关也不会提交答辩状。但是，依照民事诉讼法的规定，被上诉人是可以提交答辩状的。这也就意味着，提交答辩状是一项诉权，是可以放弃的，并不影响法院对案件的审理。本案中，作为被上诉人的徐州检察院就没有提交答辩状。

第二，民事检察公益诉讼案件二审程序要不要开庭审理？《民事诉讼法》第169条对二审案件规定了开庭审理和径行裁判两种审理方式，以开庭审理为原则，但经过阅卷、调查和询问当事人，对没有提出新的事实、证据或者理由，合议庭认为不需要开庭审理的，可以不开庭审理；而《检察公益诉讼解释》并未对此作出特别规定，由此，开庭审理和径行裁判两种审理方式也适用于民事检察公益诉讼案件二审程序。在本案中，由于上诉人在上诉时并未提出新的事实、证据或者理由，二审法院采用了径行裁判的方式进行审判。需要指出的是，依据《人民检察院公益诉讼办案规则》第63条的规定，人民法院决定开庭审理的上诉案件，提起诉讼的人民检察院和上一级人民检察院应当共同派员出席。

此外，《人民检察院公益诉讼办案规则》第七节就检察公益诉讼的上诉规则作出了较为细致的规定。

（3）检察机关不服法院裁判可否提起抗诉的问题。

从法律规定来看，检察机关具有双重身份，有权对法院的生效裁判提起抗诉。由此，若检察机关对法院裁判不服，能否提起抗诉？

首先，针对一审未生效判决、裁定，若检察机关认为存在错误，《人民检察院提起公益诉讼试点工作实施办法》第25条规定应以抗诉的方式提出；而《检察公益诉讼解释》第10条将检察机关不服一审裁判的方式由“抗诉”改为“上诉”，将检察机关在诉讼内的身份定位为原告。

其次，针对法院生效的判决、裁定，依据《人民检察院公益诉讼办案规则》第64条的规定，检察机关有权提起抗诉，对法院的审判活动实施法律监督。不过提起抗诉的主体限定为最高人民检察院或上级人民检察院，这在一定程度上缓和了检察机关既当“运动员”又当“裁判员”的紧张关系。

（三）问题与思考

（1）根据民事诉讼法及相关司法解释的规定，民事检察公益诉讼的起诉条件是什么？其与一般民事公益诉讼的区别是什么？

（2）谁是民事检察公益诉讼中适格的原告？原告起诉时应提供哪些材料？

（3）检察机关参与民事公益诉讼的方式有哪几种？如何协调这几种方式之间的关系？

（4）检察机关在民事公益诉讼中如何调查取证？与民事公益诉讼其他适格主体的调查取证方式和途径是否相同？

（5）检察机关具有“公益诉讼起诉人”和“法律监督人”双重身份，如何协调？

（6）民事检察公益诉讼中检察机关和被告“两造”失衡的诉讼构造如何平衡？

（四）法条链接

1.《中华人民共和国民事诉讼法》

第五十五条　人民检察院在履行职责中发现破坏生态环境和资源保护、食品药品安全领域侵害众多消费者合法权益等损害社会公共利益的行为，在没有前款规定的机关和组织或者前款规定的机关和组织不提起诉讼的情况下，可以向人民法院提起诉讼。前款规定的机关或者组织提起诉讼的，人民检察院可以支持起诉。

第一百六十七条　原审人民法院收到上诉状，应当在五日内将上诉状副本送达对方当事人，对方当事人在收到之日起十五日内提出答辩状。人民法院应当在收到答辩状之日起五日内将副本送达上诉人。对方当事人不提出答辩状的，不影响人民法院审理。

原审人民法院收到上诉状、答辩状，应当在五日内连同全部案卷和证据，报送第二审人民法院。

第一百六十九条 第二审人民法院对上诉案件，应当组成合议庭，开庭审理。经过阅卷、调查和询问当事人，对没有提出新的事实、证据或者理由，合议庭认为不需要开庭审理的，可以不开庭审理。

第二审人民法院审理上诉案件，可以在本院进行，也可以到案件发生地或者原审人民法院所在地进行。

第二百零八条 最高人民检察院对各级人民法院已经发生法律效力的判决、裁定，上级人民检察院对下级人民法院已经发生法律效力的判决、裁定，发现有本法第二百条规定情形之一的，或者发现调解书损害国家利益、社会公共利益的，应当提出抗诉。

地方各级人民检察院对同级人民法院已经发生法律效力的判决、裁定，发现有本法第二百条规定情形之一的，或者发现调解书损害国家利益、社会公共利益的，可以向同级人民法院提出检察建议，并报上级人民检察院备案；也可以提请上级人民检察院向同级人民法院提出抗诉。

各级人民检察院对审判监督程序以外的其他审判程序中审判人员的违法行为，有权向同级人民法院提出检察建议。

第二百一十条 人民检察院因履行法律监督职责提出检察建议或者抗诉的需要，可以向当事人或者案外人调查核实有关情况。

2.《最高人民法院、最高人民检察院关于检察公益诉讼案件适用法律若干问题的解释》

第四条 人民检察院以公益诉讼起诉人身份提起公益诉讼，依照民事诉讼法、行政诉讼法享有相应的诉讼权利，履行相应的诉讼义务，但法律、司法解释另有规定的除外。

第六条 人民检察院办理公益诉讼案件，可以向有关行政机关以及其他组织、公民调查收集证据材料；有关行政机关以及其他组织、公民应当配合；需要采取证据保全措施的，依照民事诉讼法、行政诉讼法相关规定办理。

第十条 人民检察院不服人民法院第一审判决、裁定的，可以向上一级人民法院提起上诉。

第十一条 人民法院审理第二审案件，由提起公益诉讼的人民检察院派员出庭，上一级人民检察院也可以派员参加。

第十四条 人民检察院提起民事公益诉讼应当提交下列材料：

（一）民事公益诉讼起诉书，并按照被告人数提出副本；

（二）被告的行为已经损害社会公共利益的初步证明材料；

（三）已经履行公告程序、征询英雄烈士等的近亲属意见的证明材料。

3.《人民检察院公益诉讼办案规则》

第四条 人民检察院通过提出检察建议、提起诉讼和支持起诉等方式履行公益诉讼检察职责。

第十四条 人民检察院办理民事公益诉讼案件，由违法行为发生地、损害结果地或者违法行为人住所地基层人民检察院立案管辖。

第十六条 人民检察院立案管辖与人民法院诉讼管辖级别、地域不对应的，具有管辖权的人民检察院可以立案，需要提起诉讼的，应当将案件移送有管辖权人民法院对应的同级人民检察院。

第三十五条 人民检察院办理公益诉讼案件，可以采取以下方式开展调查和收集证据：

（一）查阅、调取、复制有关执法、诉讼卷宗材料等；

（二）询问行政机关工作人员、违法行为人以及行政相对人、利害关系人、证人等；

（三）向有关单位和个人收集书证、物证、视听资料、电子数据等证据；

（四）咨询专业人员、相关部门或者行业协会等对专门问题的意见；

（五）委托鉴定、评估、审计、检验、检测、翻译；

（六）勘验物证、现场；

（七）其他必要的调查方式。

人民检察院开展调查和收集证据不得采取限制人身自由或者查封、扣押、冻结财产等强制性措施。

第四十条 人民检察院可以就专门性问题书面或者口头咨询有关专业人员、相关部门或者行业协会的意见。

口头咨询的，应当制作笔录，由接受咨询的专业人员签名或者盖章。书面咨询的，应当由出具咨询意见的专业人员或者单位签名、盖章。

第四十一条 人民检察院对专门性问题认为确有必要鉴定、评估、审计、检验、检测、翻译的，可以委托具备资格的机构进行鉴定、评估、审计、检验、检测、翻译，委托时应当制作《委托鉴定（评估、审计、检验、检测、翻译）函》。

第四十二条　人民检察院认为确有必要的，可以勘验物证或者现场。

勘验应当在检察官的主持下，由两名以上检察人员进行，可以邀请见证人参加。必要时，可以指派或者聘请有专门知识的人进行。勘验情况和结果应当制作笔录，由参加勘验的人员、见证人签名或者盖章。

检察技术人员可以依照相关规定在勘验过程中进行取样并进行快速检测。

第四十三条　人民检察院办理公益诉讼案件，需要异地调查收集证据的，可以自行调查或者委托当地同级人民检察院进行。委托时应当出具委托书，载明需要调查的对象、事项及要求。受委托人民检察院应当在收到委托书之日起三十日内完成调查，并将情况回复委托的人民检察院。

第五十八条　人民检察院应当在收到人民法院第一审公益诉讼判决书、裁定书后三日内报送上一级人民检察院备案。

人民检察院认为第一审公益诉讼判决、裁定确有错误的，应当提出上诉。

提出上诉的，由提起诉讼的人民检察院决定。上一级人民检察院应当同步审查进行指导。

第五十九条　人民检察院提出上诉的，应当制作公益诉讼上诉书。公益诉讼上诉书的主要内容包括：

（一）公益诉讼上诉人；

（二）被上诉人的基本情况；

（三）原审人民法院名称、案件编号和案由；

（四）上诉请求和事实理由。

第六十三条　人民法院决定开庭审理的上诉案件，提起诉讼的人民检察院和上一级人民检察院应当共同派员出席第二审法庭。

人民检察院应当在出席第二审法庭之前向人民法院提交《派员出庭通知书》，载明人民检察院出庭检察人员的姓名、法律职务以及出庭履行的职责等。

第六十四条　最高人民检察院发现各级人民法院、上级人民检察院发现下级人民法院已经发生法律效力的公益诉讼判决、裁定确有错误，损害国家利益或者社会公共利益的，应当依法提出抗诉。

第六十六条 人民检察院发现人民法院公益诉讼审判程序违反法律规定，或者审判人员有《中华人民共和国法官法》第四十六条规定的违法行为，可能影响案件公正审判、执行的，或者人民法院在公益诉讼案件判决生效后不依法移送执行或者执行活动违反法律规定的，应当依法向同级人民法院提出检察建议。

第一百条 下列案件，人民检察院可以支持起诉：

（一）生态环境损害赔偿权利人提起的生态环境损害赔偿诉讼案件；

（二）适格主体提起的民事公益诉讼案件；

（三）英雄烈士等的近亲属提起的维护英雄烈士等的姓名、肖像、名誉、荣誉的民事诉讼案件；

（四）军人和因公牺牲军人、病故军人遗属提起的侵害军人荣誉、名誉和其他相关合法权益的民事诉讼案件；

（五）其他依法可以支持起诉的公益诉讼案件。

典型案例三
江苏省淮安市人民检察院诉曾某侵害英烈名誉案

一、案例材料

自2017年《民事诉讼法》《中华人民共和国行政诉讼法》修订新增检察公益诉讼以来，我国检察机关积极开展公益诉讼实践，积极探索，取得了显著的成效，获得了国家以及社会各界的认可，拓展检察公益诉讼案件范围，已然成为社会各界的共同呼声。根据《中华人民共和国民法典》（以下简称《民法典》）、《中华人民共和国英雄烈士保护法》（以下简称《英烈保护法》）以及《检察公益诉讼解释》的规定，对侵害英雄烈士的行为，如果英雄烈士近亲属不提起民事诉讼，检察机关可以依法提起公益诉讼，要求侵权人担责。曾某侵害英烈名誉案是首例检察机关提起的英烈保护民事公益诉讼案例，为检察机关开展类似工作提供了实践依据，同时对拓展检察公益诉讼案件范围提供了思路。

（一）案件背景

英雄烈士用生命和鲜血捍卫祖国的领土，其名誉、荣誉不允许任何人予以诋毁。基于此，《民法典》《英烈保护法》中都予以明确规定，侵害英雄烈士等的姓名、肖像、名誉、荣誉，损害社会公共利益的，应当承担民事责任。本案正是在此背景下发生的首案。[33]

2018年5月12日下午，江苏省淮安市消防支队水上大队城南中队副班长谢勇在实施灭火救援行动中不幸牺牲。5月13日，公安部批准谢勇同志为烈士并颁发献身国防金质纪念章；5月14日，中共江苏省公安厅委员会追认谢勇同志为中国共产党党员，追记一等功；淮安市人民政府追授谢勇同志“灭火救援勇士”荣誉称号。

2018年5月14日，曾某因就职受挫、生活不顺等原因，饮酒后看到其他网友发表悼念谢勇烈士的消息，为发泄自己的不满，在微信群公开发表一系列侮辱性言论，歪曲谢勇烈士英勇牺牲的事实。该微信群共有成员131人，多人阅看了曾云的言论，有多人转发。曾某歪曲事实、侮辱英烈的行为，侵害了烈士的名誉，造成了较为恶劣的社会影响。

（二）诉讼过程

1.诉前程序

2018年5月17日，江苏省淮安市人民检察院（以下简称淮安检察院）以侵害英雄烈士名誉对曾某作出立案决定。

淮安检察院围绕曾某是否应当承担侵害英烈名誉的责任开展调查取证。经调查核实，曾某主观上明知其行为可能造成侵害烈士名誉的后果，客观上实施了侵害烈士名誉的违法行为，在社会上产生较大负面影响，损害了社会公共利益。

随后，淮安检察院依法履行民事公益诉讼诉前程序，指派检察官赴谢勇烈士家乡湖南衡阳，就是否对曾某侵害烈士名誉的行为提起民事诉讼当面征求了谢勇烈士父母、祖父母及其弟的意见（谢勇烈士的外祖父母均已去世）。谢勇烈士近亲属声明不提起民事诉讼，并签署支持检察机关追究曾某侵权责任的书面意见。

2.诉讼情况

2018年5月21日，淮安检察院就曾某侵害谢勇烈士名誉案向淮安市中级人民法院（以下简称淮安中院）提起民事公益诉讼。6月12日，淮安中院公开开庭审理本案。

淮安检察院派员以公益诉讼起诉人的身份出庭，并宣读起诉书，认为曾某发表的侮辱性语言和不实言论侵害了谢勇烈士的名誉，损害了社会公共利益。[34]

其一，公益诉讼起诉人发表如下出庭意见：（1）曾某公开发表侮辱性言论，歪曲英雄被追认为烈士的相关事实，侵害了谢勇烈士的名誉，有充分证据证明曾某发表的不当言论被众多网友知晓并转发，在社会上产生了负面影响，侵害了谢勇烈士的名誉。（2）曾某的行为损害了社会公共利益。英雄事迹是社会主义核心价值观和民族精神的体现，曾某的行为置社会主义核心价值观于不顾，严重损害了社会公共利益。（3）检察机关对侵害英烈名誉的行为提起公益诉讼，旨在对全社会起到警示教育作用，形成崇尚英雄、学习英雄、传承英雄精神的社会风尚。

其二，公益诉讼起诉人出示了相关证据材料：（1）批准谢勇同志烈士称号的批文、追授谢勇同志“灭火救援勇士”荣誉称号的文件等，证明谢勇同志被批准为英雄烈士和被授予荣誉称号；（2）曾某在微信群的聊天记录截图、证人证言等，证明曾某实施侵害谢勇烈士名誉的行为，损害社会公共利益；（3）淮安检察院向谢勇烈士近亲属发出的征求意见函、谢勇烈士近亲属出具的书面声明等，证明公益起诉人履行了诉前程序。

曾某表示对淮安检察院起诉书载明的事实和理由没有异议，承认在微信群发表不当言论对烈士亲属造成了伤害，愿意通过媒体公开赔礼道歉，并当庭宣读了道歉信。

2018年6月12日，淮安中院经审理，认定曾某的行为侵害了谢勇烈士名誉，并损害了社会公共利益，当庭作出判决，判令曾某在判决生效之日起七日内在淮安市级报纸上公开赔礼道歉。

一审宣判后，曾某当庭表示不上诉并愿意积极履行判决确定的义务。2018年6月16日，曾某在《淮安日报》公开刊登道歉信，消除因其不当言论造成的不良社会影响。

（三）典型意义

2018年4月27日通过的《英烈保护法》赋予检察机关可以对侵害英烈姓名、肖像、名誉、荣誉，以及损害社会公共利益的行为提起民事公益诉讼的职权。本案是人民检察院办理的全国首例英雄烈士保护民事公益诉讼案，取得了不错的社会效果，因而入选最高人民检察院第十三批指导性案例。概言之，本案例具有以下突出特点：其一，快速反应，有效把握诉讼时机。淮安检察院在履职过程中发现案件线索后，第一时间介入案件办理，并在五日内完成了立案、调查取证、征求英雄烈士近亲属意见、提起民事公益诉讼等所有工作。其二，由于英雄烈士保护公益诉讼保护对象特定，淮安检察院采取当面征询诉讼意见的形式履行诉前程序，为此类诉讼规则的构建提供了有益的经验。其三，检察院与公安机关、法院积极沟通，协同办案。在本案办理过程中，就被告人曾某的行为是否损害社会公共利益，淮安检察院多次与公安机关沟通联系，借力公安机关收集曾某发布不当言论时所在微信群成员人数、不当言论的阅读和转发量等证据；同时，就公益诉讼请求、法律适用等问题，反复与法院协调沟通，力求达成共识。

二、教学手册

（一）教学目标

本案例着重要求学生掌握以下三个方面的知识：（1）民事检察公益诉讼案件范围有哪些，如何确定；（2）民事检察公益诉讼案件范围是否需要拓展，如何拓展；（3）英雄烈士保护民事公益诉讼案件作为法律和司法解释已经确立的一类新的民事检察公益诉讼类型，还存在哪些值得研究的问题。

（二）教学内容

1.民事检察公益诉讼案件范围与条件

近年来，全国人民代表大会常务委员会在单行法修改中逐步拓展了公益诉讼案件的范围。根据《民法典》第185条、《英烈保护法》第25条第2款、《中华人民共和国未成年人保护法》（以下简称《未成年人保护法》）第106条、《中华人民共和国军人地位和权益保障法》（以下简称《军人地位和权益保障法》）第62条、《民事诉讼法》第55条、《检察公益诉讼解释》第13条的规定，目前已确定的民事检察公益诉讼案件范围主要包括四大领域：一是生态环境和资源保护领域；二是食品药品安全领域；三是英雄烈士保护领域；四是未成年人保护领域。

在生态环境、资源保护和食品药品安全领域，《中华人民共和国环境保护法》第58条和《中华人民共和国消费者权益保护法》第47条分别赋予了符合一定条件的环保社会组织和中国消费者协会以及在省、自治区、直辖市设立的消费者协会原告主体资格；根据《民事诉讼法》第55条第2款的规定，检察机关作为第二顺位的原告主体，仅在没有上述适格主体，或上述适格主体不提起诉讼的前提下才能提起诉讼。

与生态环境、资源保护和食品药品安全领域不同，《英烈保护法》《未成年人保护法》《军人地位和权益保障法》仅赋予检察机关民事公益诉讼原告主体资格。然而，这并不代表在英雄烈士保护、未成年人保护和军人权益保护领域，检察机关可以直接提起民事公益诉讼。原因在于，英雄烈士保护、未成年人保护和军人权益保护通常具有特定的保护对象。英雄烈士的近亲属是直接利害关系人，具有提起民事诉讼的原告主体资格；对于未成年人保护，需要分清楚是否涉及公共利益，若仅存在未成年人合法权益受到侵犯的，由相关组织和个人代为提起民事诉讼，检察机关可以督促、支持其提起诉讼，唯有涉及公共利益时，检察机关才有权提起公益诉讼；对于军人权益保护，若存在严重影响军人有效履行职责使命，致使社会公共利益受到损害的情形，检察机关方有权提起公益诉讼。

在该案中，谢勇烈士的近亲属具有直接送达的可能，淮安检察院采取直接送达的方式当面征询了其是否提起诉讼的意见。当然，对于无法获知英雄烈士有无近亲属或者英雄烈士近亲属下落不明，无法通过直接送达方式进行送达的，依然需要通过公告方式履行诉前程序。此外，检察机关办理该类案件，除围绕侵权责任构成要件收集、固定证据外，还要就侵权行为是否损害社会公共利益这一结果要件进行调查取证；亦应当考虑行为人的主观过错程度、社会公共利益受损程度等，充分履行职责，实现政治效果、社会效果和法律效果的有机统一。[35]

2.民事检察公益诉讼案件范围的拓展

随着改革试点的不断深入，中国共产党第十九届中央委员会第四次全体会议明确提出了“拓展公益诉讼案件范围”。[36] 在司法层面，最高人民检察院会同最高人民法院将《民事诉讼法》第55条第2款中的“等”外拓为“对人民群众反映强烈的安全生产、互联网、妇女儿童权益保护、扶贫以及国防、军事等领域公益损害问题，积极以对党和人民高度负责的态度慎重履职、担当作为”[37]。

目前，各地方人民代表大会常务委员会积极探索通过制定地方规范性文件来拓展检察公益诉讼的受案范围。例如，《河北省人民代表大会常务委员会关于加强检察公益诉讼工作的决定》拓展的范围涵盖“安全生产、防灾减灾、应急救援、文物和文化遗产保护、个人信息保护、大数据安全、互联网侵害公益、弘扬社会主义核心价值观”等领域；《广西壮族自治区人民代表大会常务委员会关于加强检察机关公益诉讼工作的决定》拓展的范围涵盖“安全生产、历史文化古迹和文物保护、互联网侵害公益、众多公民信息保护、大数据安全、损害国家尊严或者民族情感”等领域；《陕西省人民代表大会常务委员会关于加强检察公益诉讼工作的决定》拓展的范围涵盖“防灾减灾和应急救援、公共卫生安全、历史文化古迹和文物保护、危化品管理、个人信息安全、英烈纪念设施、野生动物保护”等领域；《上海市人民代表大会常务委员会关于加强检察公益诉讼工作的决定》拓展的范围涵盖“城市公共安全、金融秩序、知识产权、个人信息安全、历史风貌区和优秀历史建筑保护”等领域；《海南省人民代表大会常务委员会关于加强检察公益诉讼工作的决定》拓展的范围涵盖“旅游消费、公共卫生安全、金融安全、反不正当竞争、网络侵害、未成年人权益保护、妇女权益保护、知识产权保护、文物和文化遗产保护、扶贫、安全生产”等领域。

作为民事检察公益诉讼的实在法依据，《民事诉讼法》第55条第2款使用“等”作为连接词将民事检察公益诉讼的适用范围概括为损害社会公共利益的违法行为，亦严格限定民事检察公益诉讼的适用空间。由此可见，《民事诉讼法》通过“等外等”的立法技术表明民事检察公益诉讼规范是开放性和弹性化的法律条款，准许检察机关在法定案件范围之外开拓新领域，同时也未赋予其无限拓展的权限。就检察公益诉讼范围的拓展而言，既要抱持积极的态度，又要有步骤分阶段地进行。只有那些条件成熟的经济社会和对技术发展有强烈需求的新型案件才能逐步纳入检察公益诉讼的保护范围。

3.英雄烈士保护民事公益诉讼案件实践问题

《英烈保护法》实施时间较短，因缺少实践经验和理论研究，有关英雄烈士保护民事公益诉讼适用对象、责任承担方式等问题亟待进一步明确。

（1）适用对象问题。

“英雄烈士”的内涵和范围直接关系到民事检察公益诉讼的受案范围。目前，英雄烈士意指英雄和烈士，还是指能够被称为“英雄”的烈士，仍存在争议，一定程度上影响检察机关对英雄烈士保护公益诉讼受案范围的准确把握。[38]

（2）责任承担方式问题。

根据《民法典》第185条的规定，侵害英雄烈士等的姓名、肖像、名誉、荣誉，损害社会公共利益的，应当承担民事责任。因英雄烈士名誉系一种非财产性人格利益，其民事责任承担的方式通常表现为停止侵害、赔礼道歉、消除影响、恢复名誉等。由此，对于侵害英雄烈士名誉的行为，检察机关可主张何种诉讼请求，多种责任方式应如何选择适用，能否同时提起精神损害赔偿或惩罚性赔偿等实践问题，有待进一步研究。

（三）问题与思考

（1）2021年2月22日最高人民法院审判委员会第1832次会议、2021年2

月26日最高人民检察院第十三届检察委员会第六十三次会议通过的《最高人民法院、最高人民检察院关于执行〈中华人民共和国刑法〉确定罪名的补充规定（七）》明确了“侵害英雄烈士名誉、荣誉罪”这一新罪名。基于此，在何种情势下应追究行为人侵害英雄烈士名誉、荣誉行为的刑事责任，在何种情势下是否应提起民事检察公益诉讼、追究行为人侵害英雄烈士名誉、荣誉行为的民事责任？是否可以同时提起？如果可以同时提起，如何完善相关的诉讼规则？

（2）未成年人保护民事检察公益诉讼有什么特点？存在哪些理论及实践问题需要解决？

（3）民事检察公益诉讼案件范围宜拓展到哪些领域？理由是什么？

（4）民事检察公益诉讼案件范围拓展需遵循哪些原则，以及采取什么样的路径？

（四）法条链接

1.《中华人民共和国民法典》

第一百八十五条 侵害英雄烈士等的姓名、肖像、名誉、荣誉，损害社会公共利益的，应当承担民事责任。

2.《中华人民共和国英雄烈士保护法》

第二十五条 对侵害英雄烈士的姓名、肖像、名誉、荣誉的行为，英雄烈士的近亲属可以依法向人民法院提起诉讼。

英雄烈士没有近亲属或者近亲属不提起诉讼的，检察机关依法对侵害英雄烈士的姓名、肖像、名誉、荣誉，损害社会公共利益的行为向人民法院提起诉讼。

负责英雄烈士保护工作的部门和其他有关部门在履行职责过程中发现第一款规定的行为，需要检察机关提起诉讼的，应当向检察机关报告。

英雄烈士近亲属依照第一款规定提起诉讼的，法律援助机构应当依法提供法律援助服务。

3.《中华人民共和国未成年人保护法》

第一百零六条 未成年人合法权益受到侵犯，相关组织和个人未代为提起诉讼的，人民检察院可以督促、支持其提起诉讼；涉及公共利益的，人民检察院有权提起公益诉讼。

4.《中华人民共和国军人地位和权益保障法》

第六十二条 侵害军人荣誉、名誉和其他相关合法权益，严重影响军人有效履行职责使命，致使社会公共利益受到损害的，人民检察院可以根据民事诉讼法、行政诉讼法的相关规定提起公益诉讼。

5.《最高人民法院、最高人民检察院关于检察公益诉讼案件适用法律若干问题的解释》

第十三条　人民检察院在履行职责中发现破坏生态环境和资源保护，食品药品安全领域侵害众多消费者合法权益，侵害英雄烈士等的姓名、肖像、名誉、荣誉等损害社会公共利益的行为，拟提起公益诉讼的，应当依法公告，公告期间为三十日。

公告期满，法律规定的机关和有关组织、英雄烈士等的近亲属不提起诉讼的，人民检察院可以向人民法院提起诉讼。

人民检察院办理侵害英雄烈士等的姓名、肖像、名誉、荣誉的民事公益诉讼案件，也可以直接征询英雄烈士等的近亲属的意见。

注释

1.国家海洋局.蓬莱19-3油田溢油事故联合调查组关于事故调查处理报告[EB/OL].（2011-11-11）[2020-07-10].https：//yuqing.jxnews.com.cn/system/2012/07/03/012028400.shtml.

2.同注1。

3.山东文康律师事务所项目组.渤海溢油事故索赔案尘埃落定青岛律师全程参与索赔16亿元[J].中国律师，2012（7）：78.

4.同注3。

5.王宇，胡俊超.“蓬莱溢油”康菲掏10亿赔偿[N].北京晚报，2012-01-25（8）.

6.张晓敏.天津高院对栾树海等21名养殖户与康菲公司、中海油公司海上污染损害责任纠纷案作出终审判决[EB/OL].（2016-09-26）[2020-07-10]. http：//tjfy.chinacourt.gov.cn/article/detail/2016/09/id/2138840.shtml.

7.同注6。

8.焦莹，孙莹.“康菲溢油案”环境公益诉讼正式立案[EB/OL].（2015-07-27）[2020-07-10]. http：//china.cnr.cn/yaowen/20150727/t20150727_519316407.shtml.

9.《中华人民共和国侵权责任法》已被2021年1月1日实施的《中华人民共和国民法典》废止，但由于该法律是案例中法院作出判决时的重要依据，对于案例教学和研习必不可少，本教材予以保留，特此说明。

10.林莉红.公益诉讼的含义与范围[J].法学研究，2006（6）：148-150；Jona Razzaque. Public Interest Environmental Litigation in India. Pakistan and Bangladesh， Kluwer Law International，2004：35.

11.梁慧星，等.关于公益诉讼制度的对话[C]//吴汉东.私法研究（第1卷）北京：中国政法大学出版社，2002：15.

12.杜群.海洋资源用益损失和生态损害的赔偿和救济——以渤海溢油污染事故为案例[J].中国环境法治，2013（2）：11-12.

13.H·盖茨.扩散利益的保护——接近正义运动的第二波[C]//莫诺·卡佩莱蒂.福利国家与接近正义. 刘俊祥，等译.北京：法律出版社，2000：66.

14.刘荣军.民事诉讼的技能转变与判例[C]//章武生.司法现代化与民事诉讼制度的建构.北京：法律出版社，1998：296-297.

15.张卫平.民事诉讼法[M].北京：法律出版社，2019：359.

16.张陈果.论公益诉讼中处分原则的限制与修正——兼论《新民诉法解释》第289、290条的适用[J]. 中外法学，2016（4）：905.

17.江苏省徐州市中级人民法院民事判决书（〔2015〕徐环公民初字第6号）。

18.《人民检察院提起公益诉讼试点工作实施办法》已被2020年10月23日通过的《最高人民检察院关于废止部分司法解释和司法解释性质文件的决定》废止，但由于该司法解释明确根据全国人大常委会授权试点决定在13个公益诉讼试点省份地方检察机关适用，是试点期间检察公益诉讼工作开展的重要依据，同时也是案例中法院作出判决时的重要依据，对于案例教学和研习必不可少，本教材予以保留，特此说明。

19.徐州市铜山区人民检察院立案决定书（徐铜检民公诉〔2015〕1号）。

20.最高人民检察院第八检察厅.民事公益诉讼典型案例实务指引[M].北京：中国检察出版社，2019：66.

21.江苏省徐州市人民检察院民事公益诉讼起诉书（徐检民公诉〔2015〕1号）。

22.同注16。

23.江苏省高级人民法院民事判决书（〔2016〕苏民终1357号）。

24.齐树洁.环境公益诉讼原告资格的扩张[J].法学论坛，2007（3）：47–52；吕忠梅.环境公益诉讼辨析[J].法商研究，2008（6）：131–137.

25.韩波.公益诉讼制度的力量组合[J].当代法学，2013（1）：31–37.

26.章礼明.检察机关不宜作为环境公益诉讼的原告[J].法学，2011（6）：134–140.

27.张卫平.公益诉讼原则的制度化及实施研究[J].清华法学，2013（4）：15.

28.《中共中央关于全面推进依法治国若干重大问题的决定》，2014年10月23日。

29.徐日丹，贾阳.依法履职稳步推进公益诉讼试点工作——最高人民检察院相关负责人解读《检察机关提起公益诉讼试点方案》［EB /OL］.（2015–07–03）[2020–07–10]. http：//news. Jcrb.com /jxsw /201507 / t20150703_ 1522584. html.

30.李卓.公益诉讼与社会公正[M].北京：法律出版社，2010：244.

31.易萍.论检察机关提起民事公益诉讼的法律地位[J].政法学刊，2016（1）：126.

32.例如，扬州腾达化工厂、泰兴市康鹏专用化学品有限公司等污染环境案，盐城市人民检察院在诉前向有关机关、组织发送了督促起诉书，但这些机关和有关组织没有提起公益诉讼。在盐城市人民检察院提起诉讼以后，中国绿发会向法院申请加入诉讼。参见：陆军，杨学飞.检察机关民事公益诉讼诉前程序实践检视[J].国家检察官学院学报，2017（6）：67–82.

33.人民法院出版社.最高人民法院、最高人民检察院指导性案例（第五版）（下册）[M].北京：人民法院出版社，2020：732.

34.人民法院出版社. 最高人民法院、最高人民检察院指导性案例（第五版）（下册）[M].北京：人民法院出版社，2020：733.

35.人民法院出版社. 最高人民法院、最高人民检察院指导性案例（第五版）（下册）[M]. 北京：人民法院出版社，2020：734.

36.2019年10月31日中国共产党第十九届中央委员会第四次全体会议通过的《中共中央关于坚持和完善中国特色社会主义制度、推进国家治理体系和治理能力现代化若干重大问题的决定》明确要求拓展公益诉讼案件范围。

37.最高人民检察院张军检察长于2019年10月23日在第十三届全国人民代表大会常务委员会第十四次会议上所作的《最高人民检察院关于开展

公益诉讼检察工作情况的报告》。

38.唐昕，张莉红，王园园.江苏省淮安市人民检察院诉曾云侵害英雄烈士名誉案[J].中国检察官，2019（1）：21.

第二章
环境民事公益诉讼

专题三 环境民事公益诉讼的原告主体

知识要点（1）环境民事公益诉讼的原告，是指法律规定的有权对污染环境、破坏生态行为提起民事公益诉讼的主体，包括法律规定的机关、社会组织和检察机关。（2）环保社会组织的原告主体资格要求满足：其一，积极条件，即符合社会组织登记机构的级别要求及专门从事环境保护公益活动连续五年以上；其二，消极条件，即连续五年无违法记录。（3）环境民事公益诉讼的原告对诉讼标的的处分应受到一定程度的限制。

典型案例四
腾格里沙漠环境污染民事公益诉讼案

一、案例材料

2015年8月13日，中国生物多样性保护与绿色发展基金会（以下简称绿发会）就腾格里沙漠污染事件向宁夏回族自治区中卫市中级人民法院（以下简称中卫中院）提交起诉书，要求污染企业承担腾格里沙漠环境污染民事责任，从而维护社会公共利益。谁曾想，从事三十年（至起诉时）环境保护工作的绿发会却遭遇了“证明”尴尬，本案历经一审、二审和再审程序，2018年8月28日才尘埃落定。本案对于明确环境民事公益诉讼原告主体规则适用具有重要意义，被最高人民法院列为75号指导案例。本案是我国第一例环境民事公益诉讼指导性案例，法律意义重大。

（一）案件背景

腾格里沙漠位于内蒙古自治区、宁夏回族自治区和甘肃省交界处，是我国的第四大沙漠，曾被誉为“人类治沙史上的奇迹”，还被联合国授予“全球环保500佳”的荣誉。2005年，腾格里沙漠只是以小灌木为主的荒漠草原，地表有诸多国家级重点保护植物，是当地农牧民的主要聚居地；2007年，当地卓越的自然环境吸引了不少企业前来投资，经济成绩突飞猛进，生态环境却每况愈下。

早在2010年，就有媒体曝光宁夏回族自治区中卫市多家企业将工业污水直接排放至沙漠中，对生态环境造成严重污染；2013年，中央电视台介入腾格里沙漠污染调查，国家环保部门也将腾格里沙漠污染列入“重点环境案件”；2014年，多家媒体再次相继曝光，在阿拉善左旗格里斯镇的沙漠中隐藏着数个足球场大小的长方形排污池，充满着刺鼻的气味，不少企业数年来将未经处理的工业污水排入此处，从而导致严重环境污染。[1] 腾格里沙漠环境污染问题引起党中央的高度重视，中央主要领导作出重要批示，要求彻查问题产生的原因并拿出有效的整改措施。

2014年6月，内蒙古自治区阿拉善盟、阿拉善左旗、开发区管委会已成立联合调查组，对污染事件进行调查和整改；2014年9月26日，因腾格里沙漠环境污染问题，内蒙古阿拉善左旗旗长被行政警告，分管环保工作的副旗长被行政记过，阿拉善盟环境保护局局长被停职检查，分管副局长被行政警告，环境监察支队长被停职检查。[2]

概言之，腾格里沙漠污染事件引发社会关注后，相关责任人陆续被问责，涉案企业也被责令停产治理，但腾格里沙漠受污染地的修复工作进展较为缓慢，部分整改工作甚至出现停滞。鉴于此，如何追究涉事企业损害环境公共利益的民事责任，成为环保社会组织的关注重点。

（二）诉讼过程

1.一审

2015年8月13日，绿发会向中卫中院提起诉讼称，宁夏瑞泰科技股份有限公司（以下简称瑞泰公司）在生产过程中违规将超标废水直接排入蒸发池，造成腾格里沙漠严重污染，截至起诉时仍然没有整改完毕，因而请求判令瑞泰公司：（1）停止非法污染环境行为；（2）对造成环境污染的危险予以消除；（3）恢复生态环境或者成立沙漠环境修复专项基金并委托具有资质的第三方进行修复；（4）针对第（2）项和第（3）项诉讼请求，由法院组织原告、技术专家、法律专家、人大代表、政协委员共同验收；（5）赔偿环境修复前生态功能损失；（6）在全国性媒体上公开赔礼道歉等。[3]

绿发会向法院提交了以下证明材料：（1）基金会法人登记证书，显示绿发会是在中华人民共和国民政部登记的基金会法人；（2）2010年至2014年度检查证明材料，显示其在提起本案公益诉讼前五年年检合格；（3）五年内未因从事业务活动违反法律、法规的规定而受到行政、刑事处罚的无违法记录声明；（4）绿发会章程，其中规定该会的宗旨为“广泛动员全社会关心和支持生物多样性保护和绿色发展事业，保护国家战略资源，促进生态文明建设和人与自然和谐，构建人类美好家园”；（5）自1985年成立至起诉时，一直实际从事包括举办环境保护研讨会、组织生态考察、开展环境保护宣传教育、提起环境民事公益诉讼等活动的相关证明材料。[4]

中卫中院于2015年8月19日根据《中华人民共和国环境保护法》（以下简称《环境保护法》）第58条以及《最高人民法院关于审理环境民事公益诉讼案件适用法律若干问题的解释》（以下简称《环境民事公益诉讼解释》）第4条的规定裁定，绿发会的宗旨与业务范围虽然是维护社会公共利益，但其章程中并未确定该基金会同时具备前述司法解释第4条规定的“从事环境保护公益活动”，且该基金会的登记证书确定的业务范围也没有“从事环境保护”的业务，由此认定绿发会主体资格不适格，对绿发会的起诉不予受理。[5]

2.二审

对于一审裁定，绿发会表示不服，于2015年8月27日分别向宁夏回族自治区高级人民法院（以下简称宁夏高院）和中卫中院寄送了上诉状，正式提起上诉。绿发会在上诉状中强调，生物多样性保护属于环境保护的一部分，而且从其实际从事的公益活动内容来看，也能够印证绿发会是从事“环境保护公益活动”的社会组织，因此，法院应依法受理；此外，绿发会还在上诉状中表示，鉴于一审法院中卫中院没有审理环境诉讼的经验，且表现出拒绝受理环境公益诉讼的态度，希望宁夏高院能直接受理，或指定具有环境案件审理经验的其他中级人民法院受理。

宁夏高院认为，绿发会的上诉不符合《环境保护法》第58条和《环境民事公益诉讼解释》第4条、第5条的规定，上诉理由不能成立。据此，宁夏高院于2015年11月6日依照《中华人民共和国民事诉讼法》（以下简称《民事诉讼法》）第170条第1款第（一）项、第171条、第175条的规定，裁定驳回绿发会的上诉，维持一审法院的裁定。[6]

3.再审

对于二审裁定，绿发会认为一审法院未正确理解“环境”及“环境保护”的概念。于是，绿发会于2015年11月24日向最高人民法院（以下简称最高法）提出再审申请。绿发会在再审申请中称：（1）二审裁定没有写明事实和理由，也没有对上诉意见进行法律分析，就认定绿发会上诉理由不符合《环境保护法》第58条和《环境民事公益诉讼解释》第4条、第5条的规定，不符合民事裁定应有的内容要求，不利于环境民事公益诉讼制度的有效实施；（2）一审裁定未能正确理解“环境”以及“环境保护”的概念，错误得出绿发会宗旨和业务范围没有“从事环境保护公益活动”的结论。绿发会章程中的“生物多样性保护”“绿色发展事业”“生态文明建设”“人与自然和谐”“美好家园”等表述均属于环境保护的范畴。一审裁定单纯以没有“环境保护公益活动”的文字表述为由，认定绿发会未从事环境保护公益活动，属于对法律条文的机械理解，应予纠正；（3）绿发会实际从事环境保护公益活动的情况，也印证了其章程所确定的“环境保护公益活动”的宗旨和业务范围。《环境民事公益诉讼解释》第4条放宽了对于社会组织专门从事环境保护公益活动的审查标准，体现了鼓励社会组织依法提起环境民事公益诉讼的司法导向。绿发会自成立以来，一直从事环境保护相关公益活动。二审裁定也错误理解了司法解释的上述规定，适用法律错误。由此，绿发会请求：（1）撤销一审裁定和二审裁定；（2）依法受理绿发会的起诉。

2015年12月2日，最高法正式立案受理绿发会的再审申请；2016年1月22日，最高法作出〔2015〕民申字第3377号民事裁定，裁定提审本案，并于2016年1月28日作出〔2016〕最高法民再47号民事裁定，裁定本案件由中卫中院立案受理。

最高法生效裁判认为，有关绿发会是否可以作为“专门从事环境保护公益活动”的社会组织提起本案诉讼，应重点从其宗旨和业务范围是否包含维护环境公共利益，是否实际从事环境保护公益活动，以及所维护的环境公共利益是否与其宗旨和业务范围具有关联性等三个方面进行审查。[7]

第一，关于绿发会章程规定的宗旨和业务范围是否包含维护环境公共利益的问题。对于社会组织的宗旨和业务范围是否包含维护环境公共利益，应根据其内涵而非简单依据文字表述作出判断。社会组织章程即使未写明维护环境公共利益，但若其工作内容属于保护各种影响人类生存和发展的天然的和经过人工改造的自然因素的范畴，均可以认定为其宗旨和业务范围包含维护环境公共利益。绿发会章程中的宗旨为“广泛动员全社会关心和支持生物多样性保护和绿色发展事业，保护国家战略资源，促进生态文明建设和人与自然和谐，构建人类美好家园”，符合《生物多样性公约》《环境保护法》中关于保护生物多样性的要求。同时，“促进生态文明建设”“人与自然和谐”“构建人类美好家园”等内容契合绿色发展理念，亦与环境保护密切相关，属于维护环境公共利益的范畴。故应认定绿发会的宗旨和业务范围包含维护环境公共利益内容。

第二，关于绿发会是否实际从事环境保护公益活动的问题。环境保护公益活动，不仅包括直接改善生态环境的行为，还包括与环境保护有关的完善环境治理体系、提高环境治理能力、促进全社会形成环境保护广泛共识的活动。绿发会在本案一审、二审及再审期间提交的历史沿革、公益活动照片、环境公益诉讼立案受理通知书等相关证据材料，虽未经质证，但在立案审查阶段，足以显示绿发会自1985年成立以来长期实际从事各类环境保护活动，符合《环境保护法》和《环境民事公益诉讼解释》的规定。同时，上述证据亦能证明绿发会从事环境保护公益活动的时间已满五年，符合《环境保护法》第58条关于社会组织应从事环境保护公益活动五年以上的规定。

第三，关于本案所涉及的社会公共利益与绿发会宗旨和业务范围是否具有关联性的问题。依据《环境民事公益诉讼解释》第4条的规定，社会组织提起的公益诉讼涉及的环境公共利益，应与社会组织的宗旨和业务范围具有一定关联。此项规定旨在促使社会组织所起诉的环境公共利益保护事项与其宗旨和业务范围具有对应或者关联关系，以保证社会组织具有相应的诉讼能力。因此，即使社会组织起诉事项与其宗旨和业务范围不具有对应关系，但若与其所保护的环境要素或者生态系统具有一定的联系，亦应基于关联性标准确认其主体资格。本案系针对腾格里沙漠污染提起，沙漠生物群落及其环境相互作用所形成的复杂而脆弱的沙漠生态系统，更加需要人类的珍惜利用和悉心呵护。绿发会起诉认为瑞泰公司严重破坏了腾格里沙漠本已脆弱的生态系统，所涉及的环境公共利益维护属于绿发会宗旨和业务范围。

此外，根据绿发会提交的基金会法人登记证书显示，该社会组织是在中华人民共和国民政部登记的基金会法人；绿发会提交的2010年至2014年检查证明材料，显示其在提起本案公益诉讼前五年年检合格；绿发会还按照《环境民事公益诉讼解释》第5条的规定提交了其五年内未因从事业务活动违反法律、法规的规定而受到行政、刑事处罚的无违法记录声明。据此，绿发会亦符合《环境保护法》第58条，以及《环境民事公益诉讼解释》第2条、第3条、第5条对提起环境公益诉讼社会组织的其他要求，具备提起环境民事公益诉讼的主体资格。

4.结案

2016年2月3日，中卫中院立案受理腾格里沙漠环境污染公益诉讼系列案。绿发会诉称，宁夏明盛染化有限公司、宁夏蓝丰精细化工有限公司等八家公司为中卫地区所属的化工企业，其为了节约处理废水的费用，将生产过程中超标废水直接排入蒸发池，其行为严重违法，并造成周边地区环境严重污染。提出判令八家公司停止非法污染环境的行为、消除造成的环境污染的危险、恢复生态环境或成立沙漠环境修复专项基金并委托具有资质的第三方进行修复等诉请。案件审理过程中，中卫中院先后于2017年3月3日、6月23日、8月28日召开庭前会议并进行了调解，调解过程中，八家企业积极投入治理整改，几经努力环境污染治理工作通过验收。后原被告达成协议，八家企业共承担5.69亿元用于环境服务功能修复，并因其环境污染行为向社会公众公开赔礼道歉。中卫中院将调解协议在该院公告栏、《人民法院报》进行了为期三十日的公告。公告期满后未收到任何意见或建议。该院于2017年8月28日公开开庭进行了调解确认。

（三）典型意义

腾格里沙漠环境污染民事公益诉讼案背后的司法意义在于环境民事公益诉讼主体资格的认定、调解结案的方式及诉讼的警示作用。从2015年8月绿发会被中卫中院以主体不适格为由驳回起诉，到2015年11月宁夏高院裁定驳回上诉、维持原裁定，再到2015年12月向最高法提出再审申请，腾格里沙漠环境污染民事公益诉讼案终结，其给众多符合条件的环保社会组织开展环境民事公益诉讼树立了标杆，司法机关也从这起案件中确定了原告主体资格的判定标准。现在，几乎没有法院再以不属于《环境保护法》中规定的“专门从事环境保护公益活动”的社会组织、不具有提起环境公益诉讼的主体资格为由，不予受理环境民事公益诉讼了，大部分环保社会组织提起的环境民事公益诉讼已经突破了“立案难”这一诉讼“门槛”。

二、教学手册

（一）教学目标

本案例着重要求学生掌握以下三个方面的知识：（1）哪些主体可以成为环境民事公益诉讼的原告，如何理解这些原告主体之间的顺位关系；（2）如何理解《环境保护法》第58条和《环境民事公益诉讼解释》第2条、第3条、第4条、第5条关于环保社会组织原告主体资格的规定；（3）与环境民事私益诉讼相比较，环境民事公益诉讼当事人处分原则是否应受到限制，以及受到了哪些限制。

（二）教学内容

1.环境民事公益诉讼原告及其顺位

在传统民事诉讼理论中，只有公民、法人和其他组织因自己的民事权益受到侵犯，或者与他人发生民事权益的争议，方具备原告主体资格并有权向法院提起诉讼，以保护其合法权益。易言之，与系争利益没有直接利害关系的主体，无权向法院提起民事诉讼。从哲学层面说，利益具有主体性，即归属于某一主体并满足主体的需要。但从法律层面说，并非所有的利益均有明确的主体，实体法只能对某些特定的利益设定归属主体，不能也不可能事无巨细地对所有利益均作出明确规定，故在法律上存在无归属主体的利益。[8] 由此，面对环境污染等现代性危机，有必要对传统民事诉讼法中的正当当事人理论予以突破，赋予特定非直接利害关系人原告主体资格。

依据《民事诉讼法》第55条的规定，法律规定的机关、社会组织和检察机关可以成为民事公益诉讼的原告。在环境资源保护立法中，迄今只有《环境保护法》第58条和《中华人民共和国海洋环境保护法》（以下简称《海洋环境保护法》）第89条第2款作出了相关的规定。前者赋予符合一定条件的环保社会组织提起环境民事公益诉讼的原告主体资格；后者赋予“行使海洋环境监督管理权的部门”就海洋环境污染，可“代表国家”提起诉讼的原告主体资格。需要指出的是，实务界和学术界对于《海洋环境保护法》第89条第2款规定的诉讼是否是民事公益诉讼仍然存在争议。

关于环境民事公益诉讼原告的顺位关系，依据《民事诉讼法》第55条第2款的规定，优先由社会组织提起诉讼，仅在没有适格的社会组织或者适格的社会组织不起诉的情形下，检察机关方可提起环境民事公益诉讼。立法上关于环境民事公益诉讼原告顺位之规定，并非立法者恣意地强行指定，而有其合理性依据。从关联性上，检察机关为法律监督机关，对环境公共利益保护具有一定关联性。但由于检察机关此种关联性，较以环境保护为宗旨并长期从事环境保护公益活动的社会组织而言，具有间接性和抽象性，因此，在原告顺位上后于环保社会组织。

2.环保社会组织的原告主体资格

根据《环境保护法》第58条和《环境民事公益诉讼解释》第2条、第3条、第4条、第5条的规定，满足以下条件的社会组织方有资格提起环境民事公益诉讼。

（1）积极条件。

第一，登记机构的级别要求。《环境保护法》第58条第1款第（一）项对社会组织登记机构的级别要求是“设区的市级以上人民政府民政部门”。此后，针对实践中出现的问题，《环境民事公益诉讼解释》第3条明确将“设区的市，自治州、盟、地区，不设区的地级市，直辖市的区以上人民政府民政部门”认定为《环境保护法》第58条规定的“设区的市级以上人民政府民政部门”。

第二，业务活动及时限要求。《环境保护法》第58条第1款第（二）项要求，适格主体应是“专门从事环境保护公益活动连续五年以上”的社会组织，具体而言：

①如何理解“专门从事环境保护公益活动”。《环境民事公益诉讼解释》第4条将“专门从事环境保护公益活动”解释为“社会组织章程确定的宗旨和主要业务范围是维护社会公共利益，且从事环境保护公益活动”；并进一步要求“社会组织提起的诉讼所涉及的社会公共利益，应与其宗旨和业务范围具有关联性”。再结合本案，可作如下理解以指导今后的相关司法裁判：其一，社会组织的宗旨和业务范围是否涵盖“维护环境公共利益”，不能简单依据文字表述，而应依据其内涵予以判断；其二，环境保护公益活动，不仅包括植树造林、濒危物种保护、环境修复等直接改善生态环境的行为，还包括与环境保护有关的宣传教育、研究培训、学术交流、法律援助、公益诉讼等有利于完善环境法治体系、提高环境治理能力、促进全社会形成环境保护广泛共识的活动；其三，关于“关联性”的认定，并非要求社会组织的起诉事项及其宗旨和业务范围具有完全对应关系，只要起诉事项与该社会组织所保护的环境要素或生态系统具有一定联系，即可认定两者之间具有关联性。

②如何确定“专门从事环境保护公益活动连续五年以上”的起算点。究竟是从社会组织登记时起算，还是从其开始从事环境保护公益活动时起算？从文义解释和体系解释的角度，应以社会组织开始从事环境保护活动时起算。具体而言，依据《环境保护法》第58条的规定，“连续五年以上”仅出现在第（二）项中，应仅被视为对第（二）项条件的限定，而与第（一）项登记要件无关。例如，在北京市朝阳区自然之友环境研究所、福建省绿家园环境友好中心诉谢某锦等四人破坏林地民事公益诉讼案中，福建省南平市中级人民法院和福建省高级人民法院均支持“专门从事环境保护公益活动连续五年以上”的起算点应为实际开始从事环保活动之时。[9]

（2）消极条件。

《环境保护法》第58条第1款第（二）项要求，适格主体应是“专门从事环境保护公益活动连续五年以上且无违法记录”的社会组织。如何理解“五年以上”“无违法记录”呢？对此，依据《环境民事公益诉讼解释》第5条的规定，“五年以上”指的是“提起诉讼前五年内”；“无违法记录”指的是“未因从事业务活动违反法律、法规的规定受过行政、刑事处罚”。

3.环境民事公益诉讼当事人处分原则的限制

在单个、具体的两造民事诉讼中，当事人有权处分其“请求”，即原告享有可以要求审判、特定并限定审判对象的权能以及当事人可以按照自己意思不经判决终结诉讼的权能。[10] 就内容而言，当事人处分原则实际上赋予了当事人放弃或自认请求，以及进行诉讼上调解、和解等权能。然而，无论在理论学说、司法裁判规则，还是在司法实践中，处分原则在民事公益诉讼中要受到限制，已成共识。

首先，当事人处分原则为何受到限制？民事诉讼中当事人处分原则的基础理念在于，有关私益事项的处理应当委诸于当事人的自由。据此，按照处分原则的要求：（1）在诉讼启动阶段，原则上只有请求权人才能提起诉讼并成为当事人；（2）在诉讼进行阶段，两造平等对抗，当事人有权放弃某一部分诉讼请求，也可以接受对方当事人的认诺；（3）在诉讼结束阶段，当事人可以决定是否撤诉，是否以及如何调解，是否上诉。相比之下，在民事公益诉讼中，“私法自治”以及在此基础上形成的“两造对抗”均遭到解构，原告并非实体请求权人，只是作为公共利益的代表启动诉讼程序，因此，民事公益诉讼的原告对诉讼标的的处分权能应当受到一定程度的限制。[11]

其次，环境民事公益诉讼当事人处分原则受到哪些限制？依据《环境民事公益诉讼解释》的规定，当事人处分原则主要在以下六个方面受到限制：（1）第9条关于法院对原告释明并变更诉讼请求的规定；（2）第10条关于环境民事公益诉讼的受理公告和主观合并制度；（3）第16条关于原告自认的限制；（4）第17条关于反诉禁止的规定；（5）第25条关于调解协议公告和法院审查的规定；（6）第27条关于撤诉的限制。需要指出的是，现行相关司法解释中关于撤诉的限制并不完全一致。《环境民事公益诉讼解释》第27条规定，在法庭辩论终结后，原则上不准许原告撤诉，除非负有环境资源保护监督管理职责的部门依法履行监管职责而使原告诉讼请求全部实现；但《最高人民法院、最高人民检察院关于检察公益诉讼案件适用法律若干问题的解释》（以下简称《检察公益诉讼解释》）第19条规定，民事公益诉讼案件审理过程中，人民检察院诉讼请求全部实现而撤回起诉的，人民法院应予准许。可见，民事检察公益诉讼的撤诉并不受“辩论终结”这一时间点的限制。

（三）问题与思考

（1）结合民事公益诉讼的性质与目的，思考环保社会组织能够成为环境民事公益诉讼原告的理论原理。

（2）经调查，不少符合条件的环保社会组织没有提起环境民事公益诉讼的意愿，思考导致这一情况发生的原因及其对策。

（3）思考《海洋环境保护法》第89条第2款规定的由行使海洋环境监督管理权的部门提起的诉讼是不是环境民事公益诉讼，并阐释理由。

（4）思考现行司法解释对环境民事公益诉讼当事人处分权限制规定的正当性及完善对策。

（5）思考《环境民事公益诉讼解释》第27条与《检察公益诉讼解释》第19条规定存在差异的原理。

（四）法条链接

1.《中华人民共和国民事诉讼法》

第五十五条　对污染环境、侵害众多消费者合法权益等损害社会公共利益的行为，法律规定的机关和有关组织可以向人民法院提起诉讼。

人民检察院在履行职责中发现破坏生态环境和资源保护、食品药品安全领域侵害众多消费者合法权益等损害社会公共利益的行为，在没有前款规定的机关和组织或者前款规定的机关和组织不提起诉讼的情况下，可以向人民法院提起诉讼。前款规定的机关或者组织提起诉讼的，人民检察院可以支持起诉。

第一百一十九条　起诉必须符合下列条件：

（一）原告是与本案有直接利害关系的公民、法人和其他组织；

（二）有明确的被告；

（三）有具体的诉讼请求和事实、理由；

（四）属于人民法院受理民事诉讼的范围和受诉人民法院管辖。

2.《中华人民共和国环境保护法》

第五十八条　对污染环境、破坏生态，损害社会公共利益的行为，符合下列条件的社会组织可以向人民法院提起诉讼：

（一）依法在设区的市级以上人民政府民政部门登记；

（二）专门从事环境保护公益活动连续五年以上且无违法记录。

符合前款规定的社会组织向人民法院提起诉讼，人民法院应当依法受理。

提起诉讼的社会组织不得通过诉讼牟取经济利益。

3.《中华人民共和国海洋环境保护法》

第八十九条 对破坏海洋生态、海洋水产资源、海洋保护区，给国家造成重大损失的，由依照本法规定行使海洋环境监督管理权的部门代表国家对责任者提出损害赔偿要求。

4.《最高人民法院关于适用〈中华人民共和国民事诉讼法〉的解释》

第二百八十九条 对公益诉讼案件，当事人可以和解，人民法院可以调解。

当事人达成和解或者调解协议后，人民法院应当将和解或者调解协议进行公告。公告期间不得少于三十日。

公告期满后，人民法院经审查，和解或者调解协议不违反社会公共利益的，应当出具调解书；和解或者调解协议违反社会公共利益的，不予出具调解书，继续对案件进行审理并依法作出裁判。

第二百九十条 公益诉讼案件的原告在法庭辩论终结后申请撤诉的，人民法院不予准许。

5.《最高人民法院关于审理环境民事公益诉讼案件适用法律若干问题的解释》

第九条 人民法院认为原告提出的诉讼请求不足以保护社会公共利益的，可以向其释明变更或者增加停止侵害、修复生态环境等诉讼请求。

第十条 有权提起诉讼的其他机关和社会组织在公告之日起三十日内申请参加诉讼，经审查符合法定条件的，人民法院应当将其列为共同原告；逾期申请的，不予准许。

第十六条 原告在诉讼过程中承认的对己方不利的事实和认可的证据，人民法院认为损害社会公共利益的，应当不予确认。

第十七条 环境民事公益诉讼案件审理过程中，被告以反诉方式提出诉讼请求的，人民法院不予受理。

第二十五条 环境民事公益诉讼当事人达成调解协议或者自行达成和解协议后，人民法院应当将协议内容公告，公告期间不少于三十日。

公告期满后，人民法院审查认为调解协议或者和解协议的内容不损害社会公共利益的，应当出具调解书。当事人以达成和解协议为由申请撤诉的，不予准许。

调解书应当写明诉讼请求、案件的基本事实和协议内容，并应当公开。

第二十六条 负有环境资源保护监督管理职责的部门依法履行监管职责而使原告诉讼请求全部实现，原告申请撤诉的，人民法院应予准许。

第二十七条 法庭辩论终结后，原告申请撤诉的，人民法院不予准许，但本解释第二十六条规定的情形除外。

6.《最高人民法院、最高人民检察院关于检察公益诉讼案件适用法律若干问题的解释》

第十六条 人民检察院提起的民事公益诉讼案件中，被告以反诉方式提出诉讼请求的，人民法院不予受理。

第十八条 人民法院认为人民检察院提出的诉讼请求不足以保护社会公共利益的，可以向其释明变更或者增加停止侵害、恢复原状等诉讼请求。

第十九条 民事公益诉讼案件审理过程中，人民检察院诉讼请求全部实现而撤回起诉的，人民法院应予准许。

专题四 环境民事公益诉讼的管辖

知识要点（1）环境民事公益诉讼一审案件由污染环境、破坏生态行为发生地、损害结果地或者被告住所地的中级人民法院管辖。（2）在确有必要的情况下，中级人民法院可以在报请高级人民法院批准的前提下，将本应由其管辖的环境民事公益诉讼一审案件交由基层人民法院审理。（3）就同一污染环境、破坏生态行为提起的多起环境民事公益诉讼，由最先立案的法院管辖，或者在必要时由共同上级法院指定管辖。（4）高级人民法院在经最高人民法院批准的前提下，可以确定辖区内的部分中级人民法院受理第一审环境民事公益诉讼案件。

典型案例五

利川市五洲牧业有限责任公司环境污染公益诉讼案

一、案例材料

2013年12月至2016年2月间，利川市五洲牧业有限责任公司（以下简称五洲牧业公司）将养殖废水通过埋设管道排入未做防渗处理的人工池塘，导致地下水污染，损害社会公共利益。2016年3月，湖北省恩施土家族苗族自治州人民检察院（以下简称恩施检察院）在履职过程中发现本案件线索，并根据《全国人民代表大会常务委员会关于授权最高人民检察院在部分地区开展公益诉讼试点工作的决定》《检察机关提起公益诉讼试点方案》《人民检察院提起民事公益诉讼试点工作实施办法》的规定提起环境民事公益诉讼。这是全国人民代表大会常务委员会授权检察机关提起公益诉讼试点工作后，湖北省检察机关提起的首例民事公益诉讼。

（一）案件背景

五洲牧业公司成立于2008年9月，是一家集生猪养殖、生物饲料及有机肥生产于一体的企业。该公司于2011年通过签订土地使用权转让合同，取得利川市汪营镇白泥塘村21.33亩（1亩≈666.67平方米）农用地50年的土地使用权，并在该农用地上挖掘池塘；2012年申请年出栏量生猪5万头的扩建项目，获得恩施土家族苗族自治州环境保护局（以下简称恩施环保局）批复同意。上述改扩建项目于2013年12月未经环境影响评价验收即投入生产，其中污水处理系统未建成使用。

2013年12月至2016年2月，五洲牧业公司生猪出栏量合计57 322头。在此期间，该公司将其中部分养殖废水通过外运供他人作有机肥使用，共计19 580立方米，其余养殖废水均通过埋设管道，排入未做防渗处理的人工池塘。五洲牧业公司厂区及蓄污池塘所在地属于利中盆地喀斯特地貌，基岩地层属区域含水透水岩组，废水极易渗入地下，污染地下水，并最终汇入相邻的清江水系。该公司的违法排污行为，多次受到恩施环保局的处罚。[12]

（1）2014年4月3日，恩施环保局对五洲牧业公司改扩建项目进行现场调查，并对其排放的废水进行采样送恩施环境监测站进行监测。经监测，该公司排放的废水中化学需氧量超《畜禽养殖业污染物排放标准》17.9倍，总磷超标8.56倍，氨氮超标4.3倍。2014年4月18日，恩施环保局作出恩州环改字〔2014〕1号责令改正违法行为决定书，责令五洲牧业公司于2014年9月30日前按照环境影响评价文件及批复要求落实污染防治措施，拆除非法排污口和排污管道，废水不得外排；在废水处理设施建成前，对排入人工池塘内的废水按要求进行处理，不得造成二次环境污染。

（2）2014年10月16日，恩施环保局对五洲牧业公司的改正情况进行督察，发现该公司暗管未拆除，仍在通过暗管向人工池塘排污。2015年1月7

日，恩施环保局作出恩州环罚字〔2015〕1号行政处罚决定书，对该公司逾期未拆除的排污暗管强制拆除，所需费用由该公司承担，并处罚款10万元。

（3）2015年4月25日，恩施环境监测站接受恩施环保局委托再次对五洲牧业公司排放的废水和利川市汪营镇苏家桥村9组饮用水井中的地表水进行检测，结论为：该公司排放的废水中化学需氧量超《畜禽养殖业污染物排放标准》38.3倍，悬浮物超标0.9倍，总磷超标23.4倍，氨氮超标18.6倍；利川市汪营镇苏家桥村9组地表水中化学需氧量超《地表水环境质量标准》14倍，总磷超标5.2倍，氨氮超标93.2倍。2015年6月1日，五洲牧业公司人工池塘发生垮塌，对利川市新都生态农业综合开发有限公司葡萄园产生影响。2015年6月8日，利川市环境保护局（以下简称利川环保局）向五洲牧业公司下达责令改正违法行为决定书，责令其立即采取一切措施消除污染，同时向恩施环保局报告有关情况。2015年7月17日，恩施环保局作出恩州环改字〔2015〕7号责令改正违法行为决定书，责令五洲牧业公司自收到通知之日起停止5万头生猪标准化规模养殖场改扩建项目的生产活动，直至环境影响评价文件及批复要求建设的环保"三同时"验收合格。同月28日，恩施环保局作出恩州环罚字〔2015〕4号行政处罚决定书，对五洲牧业公司处罚款30万元。2015年8月11日，五洲牧业公司缴纳罚款30万元。2016年3月7日，五洲牧业公司在利川环保局的强制要求下堵塞了排污管道。2016年4月19日，利川市环境监测站对五洲牧业公司人工池塘的水质进行检测，结果显示其化学需氧量、氨氮等指标均超过《畜禽养殖业污染物排放标准》规定限值。

2016年3月，恩施检察院侦查监督部利用"两法衔接"平台开展立法监督时发现该案，并将该案线索移送该院民事行政检察部门。[13] 民事行政检察部门审查后，发现五洲牧业公司污染环境且损害社会公共利益，符合提起民事公益诉讼的情形，经呈报检察长批准决定立案。[14]

（二）诉讼过程

1.诉前程序

恩施检察院立案后对以下问题展开重点调查：[15]

（1）辖区内是否有符合条件的公益诉讼组织。经查询及恩施土家族苗族自治州民政局出具的证明文件证实，恩施州辖区内无专门从事环境保护公益活动连续五年以上且无违法记录的社会组织。

（2）侵权主体的基本情况及诉讼主体资格。对此，恩施检察院在恩施土家族苗族自治州利川市工商行政管理局查询了五洲牧业公司的企业登记信息。

（3）污染事实、损害后果及因果关系。围绕上述内容，恩施检察院通过查看现场、拍照、摄像、走访周边居民，调查了解五洲牧业公司实施污染行为及未进行任何生态修复治理的情况；通过走访环境监管部门利川环保局、恩施环保局和五洲牧业公司管理人员，调查该公司生产主体工程和环保工程建设、验收、投入使用的情况，调查收集环保部门多次查实的该公司违法排放养殖废水并予以行政处罚的证据，调查该公司生产及污染物处置情况；就该公司厂区及蓄污池塘所在地的地质构造走访了湖北省地质局第二大队，取得了证明该公司对存放废水的人工池塘未做防渗处理、极易污染地下水的相关证据；委托环保局推荐名录上的评估机构湖北省环境科学研究院对该公司造成的环境损害后果进行评估。

湖北省是试行公益诉讼案件审判跨区域集中管辖的省份。由此，湖北省高级人民法院经报最高人民法院批准，湖北省境内的环境民事公益诉讼案件由湖北省汉江中级人民法院（以下简称汉江中院）和武汉海事法院两家法院集中管辖。湖北省高级人民法院和湖北省人民检察院就检察机关提起公益诉讼案件的管辖经协商后确定，对湖北省境内长江、长江支流水域以外的污染环境损害社会公共利益的行为提起民事公益诉讼的，由被告所在地或者侵权行为地的人民检察院收集提起公益诉讼的初步证据后，将相关证据材料移送至湖北省人民检察院汉江分院（以下简称汉江分检），由汉江分检向汉江中院提起民事诉讼。[16] 因此，本案的立案、诉前程序由恩施检察院管辖，最终由湖北省人民检察院指定汉江分检提起民事公益诉讼。

2.诉讼情况

2016年6月15日，汉江分检向汉江中院提起诉讼，请求：（1）判令五洲牧业公司停止对环境的侵害；（2）判令五洲牧业公司赔偿因其违法排放养殖废水造成的生态环境受到损害至恢复原状期间服务功能损失（以评估报告为准）；（3）判令五洲牧业公司承担本案件的评估费6万元。同日，汉江中院受理本案。

汉江中院确定本案案由为水污染责任环境公益诉讼，并于2016年7月1日公告案件受理情况。2016年11月15日，汉江中院公开开庭审理本案，汉江分检派员出席法庭参加诉讼。本案双方争议焦点有以下两大方面: [17]

（1）五洲牧业公司违法事实及责任认定问题。

首先，五洲牧业公司是否实施了水污染行为？在本案中，汉江分检列举了恩施环境监测站的监测报告和恩施环保局的行政处罚决定书等大量证据证实，五洲牧业公司在对5万头生猪标准化规模养殖改扩建项目过程中，应认真执行项目主体工程和环境保护工程同时设计、同时施工、同时投产的“三同时”制度，按要求废水必须全部综合利用，不得外排，但该公司在没有建成污水处理设施的情况下违法生产，未经环保部门批准或环境影响评价，埋设管道排放养殖废水至人工池塘，且排放污水各项指标明显超标，其行为违反了《环境保护法》《中华人民共和国水污染防治法》《建设项目环境保护管理条例》的相关规定。五洲牧业公司在法院组织的庭前会议和开庭审理中对违法排放废水、污染环境的行为予以认可。因此，五洲牧业公司违反“三同时”制度和环境影响评价的要求，违法生产；埋设管道，开挖人工池塘，非法排污；养殖废水未经处理，超标排放，造成周边水环境损害的事实清楚，有证据证实和法律明确规定，汉江中院予以认定，五洲牧业公司应承担相应的民事责任。

其次，五洲牧业公司的侵权行为是否仍在持续？五洲牧业公司在诉讼中提供的恩施环保局出具的改扩建项目环境保护验收函并不包括人工池塘及所储存的污水环保达标验收，相反该验收函中明确要求该公司下一步加强和完善原排入场外环境污水的治理和生态修复。虽然五洲牧业公司厂区污水口已封堵，但其人工池塘没有经过环境影响评价和采取环保部门认可的防渗等措施，其中尚有大量污水，其污水中大肠菌群、化学需氧量、总磷、氨氮等各项指标经检测明显超过《畜禽养殖业污染物排放标准》规定的限值，结合当地的地质条件，对周边水环境仍有可能造成现实损害，其侵害行为仍处于持续状态。因此，五洲牧业公司认为其侵权行为没有持续，与事实不符，其辩称理由不成立，不予支持；汉江分检请求停止侵害，有事实和法律依据，应予以支持。

（2）五洲牧业公司水污染行为造成的损失认定问题。

湖北省环境科学院是环境保护部（现生态环境部）于2016年2月向社会公布的具有环境损害鉴定评估资质的机构，检察机关委托评估程序合法，且评估的相关材料如生猪存栏量、改扩建项目环境影响评价报告书、外运沼液记录等均来源于五洲牧业公司，具有客观真实性。在确定五洲牧业公司猪舍冲洗用水系数时，根据该公司申报的环境影响评价报告和恩施环保局的批复，将一年不同季节用水量通过加权平均的方法确定用水量及养殖废水量，具有客观性。在确定虚拟治理成本时，依据《地下水质量标准》，考虑当地地下水水质和地表水水质，综合确定损害评估的虚拟倍数值为6具有科学性和合理性。参与评估的评估人在庭审时接受了双方当事人质询，回答了各方的提问，作出了合理说明。因此，湖北省环境科学院出具的环境损害评估内容具有客观性，使用的方法科学合理，结论明确，汉江中院依法予以采信，其确定五洲牧业公司排放污水造成生态环境损害数额2 203 649.46元可以作为认定损失的依据。五洲牧业公司认为损害评估报告确定用水系数不科学、不客观，应以实际用水量和排污量为依据的主张，缺乏充分的依据，理由不成立，汉江中院未予采信。

2016年12月30日，汉江中院作出〔2016〕鄂96民初18号民事判决书，判决：（1）被告五洲牧业公司停止侵害，在判决生效之日起三十日内对其人工池塘污水予以清除或采取其他治理修复措施，达到环保要求。如被告五洲牧业公司不履行，法院将委托有关单位或其他人完成，代为履行费用由被告五洲牧业公司承担。（2）被告五洲牧业公司于判决生效之日起十日内赔偿因生态环境受到损害至恢复原状期间服务功能损失2 203 649.46元，赔偿款付至利川市财政局环保专用账户，用于修复被告五洲牧业公司所在地受到损害的生态环境。（3）被告五洲牧业公司于判决生效之日起十日内给付公益诉讼人汉江分检环境损害评估费6万元。

一审宣判后，五洲牧业公司未上诉，判决已发生法律效力。

（三）典型意义

本案为湖北省检察机关在检察公益诉讼试点期间办理的环境污染案件，根据《全国人民代表大会常务委员会关于授权最高人民检察院在部分地区开展公益诉讼试点工作的决定》《检察机关提起公益诉讼试点方案》和《人民检察院提起公益诉讼试点工作实施办法》的规定，该案属于全国人大常委会授权的试点领域和检察机关提起民事公益诉讼的案件范围。由于湖北省是试行公益诉讼案件审判跨区域集中管辖的省份，因此，本案在审判管辖上具有一定的特殊性，对于学习、研究环境民事公益诉讼案件集中管辖相关知识具有典型意义。

二、教学手册

（一）教学目标

本案例着重要求学生掌握以下三个方面的知识：（1）与普通民事诉讼相比较，民事公益诉讼具有哪些特殊的管辖规则；（2）如何确定环境民事公益诉讼案件的管辖，环境民事公益诉讼的管辖有哪些特殊规则；（3）什么是环境民事公益诉讼集中管辖，以及为何要集中管辖。

（二）教学内容

1.民事公益诉讼的管辖规则

按照不同依据来对数量众多的应接受裁判案件予以区分，并由各个法院来分担处理，这种有关各个法院之间案件分担之规定，就被称为管辖。[18] 管辖可被视为“诉讼之入口”：对于当事人而言，须向有管辖权的法院起诉方可启动诉讼程序；对于法院而言，管辖规则决定了某一特定法院是否有权启动案件的司法程序。

从“静态”层面而言，确定某一民商事案件由哪一特定法院受理及审理，需要首先考虑级别管辖问题，即该案件应由哪个层级的法院管辖；然后再考虑地域管辖问题，即在同一层级的众多法院中究竟由位于哪个特定地域的法院予以管辖。关于级别管辖，就普通民事诉讼一审案件来说，根据《民事诉讼法》及其司法解释的规定，由基层人民法院管辖为原则，中级人民法院和高级人民法院管辖为例外，最高人民法院仅管辖“在全国有重大影响”及“认定应当由本院审理”的案件；就民事公益诉讼一审案件来说，由于涉及不特定多数人利益，一般覆盖面广、影响较大，远超于普通民事案件，为保证案件审理效果，原则上应由中级人民法院受理。关于地域管辖，就普通民事诉讼一审案件来说，一般采取的是“原告就被告”原则，与此相对的是“特殊地域管辖”，即法律规定可既不按照“原告就被告”的原则，又不依其相反并作为例外的“被告就原告”而允许其他辖区法院管辖，并除“专属管辖”和“协议管辖”以外的特殊地域管辖，具体来说以合同和侵权两大类案件为主要适用对象；[19] 就民事公益诉讼一审案件来说，应从方便法律规定的机关和社会组织提起诉讼、方便法院审理、有利于执行中对公益的保护等方面考虑确定管辖法院。[20]

从“动态”层面而言，当事人和法院可以在管辖制度框架内或按照法律的规定，通过选择和指定等方式具体地确定管辖，或对以确定的管辖作出一定的调整。具体表现为：（1）选择管辖，在存在“共同管辖”的情形下，即两个或更多的法院同时都对案件拥有管辖权，原告当事人有权进行选择并向特定法院提起诉讼；（2）移送管辖，法院受理立案后才发现无管辖权，应当把案件移交给有管辖权的法院处理；（3）指定管辖或裁定管辖，在出现管辖不清的情形下，由相关法院最直接的共同上级法院以裁判来确定管辖；（4）管辖权的转移，系法院内部对管辖的调整，包括上级法院决定把本来由下级法院管辖的案件提到本院进行审理，以及下级法院报请把自己对特定案件的管辖权转移到上级法院，但是可否转移仍然由上级法院决定。无论是在普通民事诉讼中，还是在民事公益诉讼中，现实的诉讼过程都不可避免地存在管辖权的“动态”调整。

2.环境民事公益诉讼的管辖规则

《环境民事公益诉讼解释》第6条确定了环境民事公益诉讼案件在“静态”和“动态”层面的管辖规则。

（1）“静态”层面的管辖规则。

环境民事公益诉讼具有不同于普通民事诉讼案件的级别管辖和地域管辖规则：

第一，级别管辖。《民事诉讼法》第18条规定，最高人民法院确定由中级人民法院管辖的案件由中级人民法院管辖。相形之下，依据《环境民事公益诉讼解释》第6条第1款的规定，环境民事公益诉讼一审案件的管辖法院为中级以上人民法院。

第二，地域管辖。《民事诉讼法》第28条规定，侵权行为诉讼案件由侵权行为地或被告住所地法院管辖。《最高人民法院关于适用〈中华人民共和国民事诉讼法〉的司法解释》第285条第1款同样将侵权行为地或者被告住所地作为确定管辖法院的依据，但同时规定“法律、司法解释另有规定的除外”。由此，具体到环境民事公益诉讼领域，《环境民事公益诉讼解释》第6条第1款规定一审案件由“污染环境、破坏生态行为发生地、损害结果地或者被告住所地”的中级以上人民法院管辖。

需要指出的是，对于检察机关提起的环境民事公益诉讼，依据《检察公益诉讼解释》第5条第1款的规定，由侵权行为地或者被告住所地中级人民法院管辖。由于上述司法解释第26条仅规定对于“本解释未规定的其他事项”，方可“适用民事诉讼法、行政诉讼法以及相关司法解释的规定”，在确定管辖时应优先适用《检察公益诉讼解释》的管辖规则。

（2）“动态”层面的管辖规则。

第一，管辖权的转移。依据《环境民事公益诉讼解释》第6条第2款的规定，在确有必要的情况下，中级人民法院可以在报请高级人民法院批准的前提下，将本应由其管辖的第一审案件交由基层人民法院审理。从现实层面，由于我国不少基层人民法院设立了环保法庭，积累了一定审判经验，因此可以交由这些基层人民法院的环保法庭审理。但同时也应看到，基层人民法院审理当地环境污染案件的压力和困难较大，不能仅因为不少基层人民法院设立了环保法庭或个别基层人民法院审理效果较好，就允许中级人民法院将环境民事公益诉讼案件指定其审理，仍应主要由中级人民法院管辖为宜。[21]

第二，管辖权的冲突。依据《环境民事公益诉讼解释》第6条第3款的规定，就同一污染环境、破坏生态行为提起的多起环境民事公益诉讼，由最先立案的法院管辖，或者在必要时由共同上级法院指定管辖。对此，法院在案件受理后的公告程序能在一定程度上起到减少或避免出现管辖权冲突情形、提高诉讼效率的作用，既保障了公众的知情权，又便于具有原告主体资格的其他主体作为共同原告参加诉讼。

3.环境民事公益诉讼集中管辖

《环境民事公益诉讼解释》第7条系结合环境民事公益诉讼案件的特殊性对地域管辖规则作出的变通性规定，即高级人民法院在经最高人民法院批准的前提下，可以确定辖区内的部分中级人民法院受理第一审环境民事公益诉讼案件。

以本案为例，五洲牧业公司位于湖北省恩施土家族苗族自治州利川市，其排放养殖废水行为地、污染后果发生地，均在利川市境内，根据《人民检察院提起公益诉讼试点工作实施办法》第2条的规定，应由湖北省恩施土家族苗族自治州检察院管辖。但由于湖北省是试行公益诉讼案件审判跨区域集中管辖的省份，因此，本案由湖北省人民检察院指定汉江分检提起、汉江中院管辖。

为何环境民事公益诉讼案件要开展集中管辖呢？这与环境民事公益诉讼案件的特点息息相关。现实生活中，许多环境资源类案件具有跨行政区域的特点。若依照普通民事诉讼案件的管辖规则对跨行政区域环境资源类案件进行管辖，往往不利于纠纷的解决和生态环境的保护。因此，对于此类环境资源类案件，有必要探索一套新的与行政区划适当分离的司法管辖制度。早在2014年最高人民法院就提出“探索设立与行政区划适当分离的环境资源案件管辖制度”。[22] 此后，我国大力推动环境司法专门化的系列探索与实践。因此，建立环境民事公益诉讼案件跨行政区划集中管辖制度，融合了专属管辖和指定管辖的优点，契合环境资源类案件的特点，具有必要性。

（三）问题与思考

（1）结合法学理论知识分析，确定环境民事公益诉讼案件的管辖法院需要考虑哪些因素？为什么需要考虑这些因素？

（2）关于是否可以将环境民事公益诉讼案件的管辖权交给基层人民法院管辖的问题，查找肯定论和否定论两方面资料，在此基础上提出自己的观点并进行论证。

（3）查找其他适用集中管辖规则的环境民事公益诉讼典型案例，进行分析，并在此基础上就环境司法专门化的必要性、可行性、规则设计等问题展开思考与讨论。

（四）法条链接

1.《中华人民共和国民法典》

第一千二百二十九条　因污染环境、破坏生态造成他人损害的，侵权人应当承担侵权责任。

2.《中华人民共和国环境保护法》

第六条　企业事业单位和其他生产经营者应当防止、减少环境污染和生态破坏，对所造成的损害依法承担责任。

第四十一条　建设项目中防治污染的设施，应当与主体工程同时设计、同时施工、同时投产使用。防治污染的设施应当符合经批准的环境影响评价文件的要求，不得擅自拆除或者闲置。

第六十四条　因污染环境和破坏生态造成损害的，应当依照《中华人民共和国侵权责任法》的有关规定承担侵权责任。

3.《中华人民共和国水污染防治法》

第三十九条　禁止利用渗井、渗坑、裂隙、溶洞，私设暗管，篡改、伪造监测数据，或者不正常运行水污染防治设施等逃避监管的方式排放水污染物。

第五十六条　国家支持畜禽养殖场、养殖小区建设畜禽粪便、废水的综合利用或者无害化处理设施。

畜禽养殖场、养殖小区应当保证其畜禽粪便、废水的综合利用或者无害化处理设施正常运转，保证污水达标排放，防止污染水环境。

畜禽散养密集区所在地县、乡级人民政府应当组织对畜禽粪便污水进行分户收集、集中处理利用。

4.《建设项目环境保护管理条例》

第五条　改建、扩建项目和技术改造项目必须采取措施，治理与该项目有关的原有环境污染和生态破坏。

第十五条　建设项目需要配套建设的环境保护设施，必须与主体工程同时设计、同时施工、同时投产使用。

5.《最高人民法院关于适用〈中华人民共和国民事诉讼法〉的司法解释》

第二百八十五条　公益诉讼案件由侵权行为地或者被告住所地中级人民法院管辖，但法律、司法解释另有规定的除外。

因污染海洋环境提起的公益诉讼，由污染发生地、损害结果地或者采取预防污染措施地海事法院管辖。

对同一侵权行为分别向两个以上人民法院提起公益诉讼的，由最先立案的人民法院管辖，必要时由它们的共同上级人民法院指定管辖。

6.《最高人民法院关于审理环境民事公益诉讼案件适用法律若干问题的解释》

第六条 第一审环境民事公益诉讼案件由污染环境、破坏生态行为发生地、损害结果地或者被告住所地的中级以上人民法院管辖。

中级人民法院认为确有必要的，可以在报请高级人民法院批准后，裁定将本院管辖的第一审环境民事公益诉讼案件交由基层人民法院审理。

同一原告或者不同原告对同一污染环境、破坏生态行为分别向两个以上有管辖权的人民法院提起环境民事公益诉讼的，由最先立案的人民法院管辖，必要时由共同上级人民法院指定管辖。

第七条 经最高人民法院批准，高级人民法院可以根据本辖区环境和生态保护的实际情况，在辖区内确定部分中级人民法院受理第一审环境民事公益诉讼案件。

中级人民法院管辖环境民事公益诉讼案件的区域由高级人民法院确定。

第十条 人民法院受理环境民事公益诉讼后，应当在立案之日起五日内将起诉状副本发送被告，并公告案件受理情况。

有权提起诉讼的其他机关和社会组织在公告之日起三十日内申请参加诉讼，经审查符合法定条件的，人民法院应当将其列为共同原告；逾期申请的，不予准许。

公民、法人和其他组织以人身、财产受到损害为由申请参加诉讼的，告知其另行起诉。

7.《最高人民法院、最高人民检察院关于检察公益诉讼案件适用法律若干问题的解释》

第五条 市（分、州）人民检察院提起的第一审民事公益诉讼案件，由侵权行为地或者被告住所地中级人民法院管辖。

第六条 人民检察院办理公益诉讼案件，可以向有关行政机关以及其他组织、公民调查收集证据材料；有关行政机关以及其他组织、公民应当配合；需要采取证据保全措施的，依照民事诉讼法、行政诉讼法相关规定办理。

第八条 人民法院开庭审理人民检察院提起的公益诉讼案件，应当在开庭三日前向人民检察院送达出庭通知书。

人民检察院应当派员出庭，并应当自收到人民法院出庭通知书之日起三日内向人民法院提交派员出庭通知书。派员出庭通知书应当写明出庭人员的姓名、法律职务以及出庭履行的具体职责。

专题五 环境民事公益诉讼的对象与请求

知识要点（1）环境民事公益诉讼的对象，指的是环境民事公益诉讼的适格主体可以针对哪些行为或损害提起诉讼，包括损害社会公共利益的污染环境、破坏生态的行为，以及具有损害社会公共利益重大风险的污染环境、破坏生态的行为。（2）《环境民事公益诉讼解释》第1条确立了预防性环境民事公益诉讼类型，“重大风险”的司法认定是裁判的核心问题之一。（3）环境民事公益诉讼的诉讼请求包括停止侵害、排除妨碍、消除危险、生态修复、赔偿损失、赔礼道歉等。（4）环境民事公益诉讼的原告是否享有惩罚性赔偿请求权，学术界存在不同观点，大致可被概括为主体限定论和主体扩张论。

典型案例六
雅砻江流域水电开发有限公司预防性公益诉讼案

一、案例材料

两座待修的水电站，可能会影响到周边生长的濒危植物“五小叶槭”的生存，中国生物多样性保护与绿色发展基金会（以下简称绿发会）将水电站建设方告上了法庭，并获得人民法院的支持，堪称中国版“小鱼vs大坝”的诉讼[23]，彰显了我国生态文明建设的决心和努力，同时将理论中的预防性原则付诸司法实践，值得深入研究。

（一）案件背景

五小叶槭是我国四川省特有物种，因其独特的叶型和绚丽的色彩，被誉为世界上最具观赏价值的两种槭树之一，在西方园艺界与著名观赏树种中国鸽子树——珙桐齐名。按照世界自然保护联盟（IUCN）濒危等级标准，五小叶槭属“极危物种”，处于灭绝的边缘，堪称植物中的“大熊猫”。目前全球仅存500余株，而国外的极少量五小叶槭都是第一次引种后存留在美国的母树繁衍的，但这株母树也于1991年死去。

位于四川省雅江县某村附近的五小叶槭种群是当今世界上残存的最大的一个野生种群，它们分布区海拔范围介于2520~3000米，现存五小叶槭大树262株，该种群是具有自然繁殖能力的唯一五小叶槭种群。这些五小叶槭均处在人为干扰较剧烈的地段，牲畜啃食、人为砍伐以及道路、水电站的修建，均影响着五小叶槭的生存。特别是雅江县雅砻江上的牙根电站的修建规划，使得这一濒危物种面临严重威胁。

根据《四川省雅砻江两河口–牙根段水电开发方案研究报告》显示，雅砻江流域水电开发有限公司（以下简称雅砻江开发公司）将在雅江县雅砻江上修建两座水电站；该段梯级电站中两座电站建成后，两河口电站正常蓄水位是2860米，牙根一级电站正常蓄水位是2602米，牙根二级电站正常蓄水位是2560米。根据五小叶槭雅江种群的分布区海拔高度和水电站蓄水水位高度对比数值，可以预见，水电站水库正常蓄水后，将淹没雅江县五小叶槭的绝大部分分布区，对五小叶槭的生存构成严重威胁。

（二）诉讼过程

2015年9月17日，绿发会向四川省甘孜藏族自治州中级人民法院（以下简称甘孜中院）递交诉状，对雅砻江开发公司提起公益诉讼，这成为我国首例保护濒危植物的预防性环境公益诉讼。同年12月21日，甘孜中院正式受理此案。然而，直至2019年10月30日，甘孜中院才开庭审理本案。[24]

绿发会是中国科学技术协会主管的一家公益公募基金会。庭审中，绿发会的代理律师提出三点诉讼请求：（1）要求法院依法判令雅砻江开发公司立即采取适当措施，确保不因水电开发计划的实施，而破坏珍贵濒危野生植物五小叶槭的生存；（2）在雅砻江开发公司不足以消除对五小叶槭生存威胁之前，暂停水电站及其附属配套公路的建设工程；（3）判处雅砻江开发公司依法承担因诉讼所产生的差旅费和调查费、案件受理费及律师费等。

雅砻江开发公司成立于1995年，注册资本为323亿元，属于在四川省的央企。雅砻江开发公司并不认可绿发会的诉讼请求，希望法院依法予以驳回。该公司认为，涉事水电站的设计、审批等工作尚未确定，前期批准手续尚需较长时间，短期内不会开工建设，目前现场寸土未动，也没有任何损害需要预防；同时，对五小叶槭预期影响评估还缺乏足够依据，因此待建水电站对五小叶槭生存构成严重威胁的观点并不成立。此外，该公司还举证表示，公司曾多次因环境保护受社会各界好评，诉讼时并没有任何的违法行为，也没有破坏生态，因而请求法院驳回。

本案中双方争论焦点在于，雅砻江开发公司是否会作出或可能作出危害五小叶槭生存的行为，其行为是否对五小叶槭的生存环境产生危害，从而损害社会公共利益。在法庭辩论环节，绿发会列举了大量新闻报道、专家文献等资料，说明濒危稀有植物五小叶槭的生存现状及如不提前暂停水电站开发，五小叶槭的生存将受影响。雅砻江开发公司则认为，目前其还没作出任何有可能危害五小叶槭生存的行为，原告提起的诉讼过于超前。水电站是否可以建设，其审批权并非在该公司，而是在职能部门。至于水电站开发后是否对当地的气候、土壤及植物产生影响，还需要专家论证等，诉讼时就认为会造成影响，缺乏依据。该公司同时举证认为，五小叶槭的人工繁育已经很成熟，市场上已有售卖，且植物不等同于动物，不存在水电站开发后会影响到五小叶槭的生存。

对于这起“预防性诉讼案”，甘孜中院审理后认为，五小叶槭在《生物多样性红色名录》中等级非常高，案涉牙根梯级水电站建成后，可能存在对案涉地五小叶槭原生存环境造成破坏，影响其生存的潜在风险，从而可能损害社会公共利益。根据我国水电项目核准流程的规定，水电项目分为项目规划、项目预可研、项目可研、项目核准四个阶段，考虑到案涉牙根梯级水电站在诉讼时处在项目预可研阶段，因此责令被告在项目可研阶段，加强对案涉五小叶槭的环境影响评价并履行法定审批手续后，才能进行下一步的工作，尽可能避免出现危及野生五小叶槭生存的风险，是必要和合理的。[25]

甘孜中院表示，绿发会作为符合条件的社会组织，在牙根梯级电站建设可能存在损害环境公共利益重大风险的情况下，提出“依法判令被告立即采取适当措施，确保不因雅砻江水电梯级开发计划的实施而破坏珍贵濒危野生植物五小叶槭的生存”的诉讼请求应予以支持；但牙根水电站尚未开工建设，绿发会提出“暂停牙根水电站及其辅助设施的一切建设工程”的诉讼请求，无事实基础不予支持。有鉴于此，甘孜中院一审判决：雅砻江开发公司应当将五小叶槭的生存作为牙根水电站环境评价工作的重要内容，环境影响报告书经环境保护行政主管部门审批通过后，才能继续开展下一步的工作。[26]

对于甘孜中院的判决，原、被告双方均无异议。目前，该判决已经发生法律效力。

（三）典型意义

本案例是我国首例针对珍稀野生植物的预防性公益诉讼，对于理解何谓“预防性公益诉讼”，如何判断“重大风险”，预防性公益诉讼如何裁判等均具有重要意义。同时，长江上游是我国水能资源蕴藏丰富的地区，也是自然环境良好、生物物种丰富、地质条件脆弱的生态功能区。本案中，甘孜中院将预防优先、生态优先原则贯穿到长江上游水电规划开发的全过程，在进行项目可行性研究时充分尊重五小叶槭的生存环境，依法处理好生态环境保护与经济发展的关系，成功避免了环境安全与效益价值的冲突，符合长江流域“共抓大保护，不搞大开发”的发展要求。此外，五小叶槭虽未被列入我国《国家重点保护野生植物名录》，但世界自然保护同盟已将其评估为“极度濒危”的植物物种，列入红色名录。因此，甘孜中院判令雅砻江开发公司采取预防性措施保护五小叶槭生存环境，充分体现了我国作为《生物多样性公约》缔约国的责任和担当。

二、教学手册

（一）教学目标

本案例着重要求学生掌握以下三个方面的知识：（1）预防性环境公益诉讼的理论依据是什么，如何认定“具有损害社会公共利益重大风险”；（2）依据相关法律的规定，环境民事公益诉讼的诉讼请求有哪些；（3）环境民事公益诉讼原告是否有权提出生态环境惩罚性赔偿请求。

（二）教学内容

1.环境民事公益诉讼的对象

所谓环境民事公益诉讼的对象，指的是民事公益诉讼的适格主体可以针对哪些行为或损害提起环境民事公益诉讼。大体而言，我国环境民事公益诉讼救济的损害范围正逐步扩大。

首先，从污染环境导致的社会公共利益损害扩大到破坏生态行为导致的社会公共利益损害。《民事诉讼法》第55条第1款仅规定“对污染环境……等损害社会公共利益的行为”可提起民事公益诉讼；《中华人民共和国侵权责任法》（以下简称《侵权责任法》）所规定的承担环境侵权责任的原因行为亦仅包括污染环境的行为。2014年修订的《环境保护法》第64条首次通过立法对我国环境侵权责任的原因行为进行了拓展，规定破坏生态的造成损害可参照适用《侵权责任法》承担侵权责任。2020年颁布的《民法典》第七编第七章的标题为"环境污染和生态破坏责任"，其中第1229条明确将破坏生态造成损害行为纳入侵权责任的原因行为范畴。社会公共利益的具体载体是特定的环境要素或环境介质。基于此，依据具体行为中损害的环境要素或环境介质的不同，污染环境包括水体、大气、土壤、固体废物及放射性物质、噪声等污染，而破坏生态包括对森林、草原、海洋、湿地等生态系统的破坏。

其次，从生态环境利益的实然损害扩大到对生态环境利益的重大破坏风险。针对生态环境损害难以修复的特点，《环境民事公益诉讼解释》第1条对环境民事公益诉讼的诉讼对象进一步拓展，将"具有损害社会公共利益重大风险的污染环境、破坏生态的行为"也纳入救济的范围。

综上，依据危害结果是否已经实际发生，环境民事公益诉讼的对象可以分为损害社会公共利益的污染环境、破坏生态的行为，以及具有损害社会公共利益重大风险的污染环境、破坏生态的行为。需要特别强调以下两个问题：（1）污染环境损害的社会公共利益，指的是社会全体成员为实现人类的可持续发展而对整体环境质量产生的客观需求，以个体环境权益为基础，但有别于个体环境利益及个体环境利益简单相加形成的群体环境利益；[27]（2）有别于环境污染，生态损害指的是"人为的活动已经造成或者可能造成人类生存和发展所必须依赖的生态（环境）的任何组成部分或者其任何多个部分相互作用而构成的整体的物理、化学、生物性能的任何重大退化"。[28]

2.预防性环境民事公益诉讼

（1）预防性环境民事公益诉讼的理论依据。

预防性公益诉讼是环境资源审判落实预防为主原则的重要体现，它突破了有损害才有救济的传统理念，将生态环境保护的司法救济介入时间点提前至事中甚至事前，有助于加大生态环境保护力度，避免生态环境遭受损害或者避免生态环境损害的进一步扩大。

环境污染和破坏具有不可逆性，事后的补救往往耗资巨大甚至不可挽救。[29] 基于此认识，在实体法层面，《环境保护法》第5条将"预防为主"确定为环境保护法的基本原则之一；在司法政策层面，《最高人民法院关于全面加强环境资源审判工作为推进生态文明建设提供有力司法保障的意见》将"促进完善最严格的源头保护制度"作为环境资源审判工作的指导思想，将"坚持注重预防"确立为环境资源审判工作的基本原则，要求各级法院"在案件审理过程中积极采取司法措施预防、减少环境损害和资源破坏，通过事前预防措施降低环境风险发生的可能性及损害程度”；[30] 在程序法层面，《环境民事公益诉讼解释》第1条确立了预防性环境民事公益诉讼类型。此外，《最高人民法院、最高人民检察院关于检察公益诉讼案件适用法律若干问题的解释》中并没有规定预防性环境民事公益诉讼类型，因此，有学者指出，预防性环境公益诉讼应是检察公益诉讼案件范围拓展的重要方向。[31]

（2）生态环境“重大风险”的司法认定。

学理上，依照环境损害发生的可能性程度，分为危险、风险和剩余风险。危险的发生具有明显的预知可能性，风险则具有发生的不确定性，因此，两者的主要区别在于发生的盖然性上，风险低于危险。[32]

关于如何认定“重大风险”的问题，《环境民事公益诉讼解释》没有进一步释明，但可以从法定的责任承担方式上一窥究竟。由于《环境民事公益诉讼解释》第19条规定原告可提出“消除危险”的诉讼请求，而非“消除风险”的诉讼请求，结合第1条关于预防性环境民事公益诉讼的规定进行体系解释，此处的“危险”应被适当扩大理解为“可能的生态环境损害”，但不应包括完全无法确定具体环境损害及其可能性的情形。

关于“重大风险”认定主体的问题，《环境民事公益诉讼解释》第8条要求提起预防性环境民事公益诉讼时，原告须提交被告的行为具有损害社会公共利益重大风险的初步证明材料，但法院是唯一决定性认定主体，行政机关和专家可辅助认定。[33]

本案中，为了更准确地了解五小叶槭的生存特性、生长范围等相关问题，合议庭多次到案涉地点对该物种的生存环境进行实地考察，对相关证据进行固定，并经庭审认定：牙根水电站建成后可能存在对案涉地五小叶槭原生存环境造成破坏、影响其生存的潜在风险，从而可能损害社会公共利益。易言之，水电站的建设对五小叶槭存在较大可能性的具体危害，而非抽象的、模糊的盖然性危害。

3.环境民事公益诉讼的诉讼请求

依据《环境民事公益诉讼解释》第18条的规定，环境民事公益诉讼的原告可以请求被告承担的民事责任包括停止侵害、排除妨碍、消除危险、修复生态环境、赔偿损失等。然而，学术界一直主张环境民事公益诉讼与普通环境侵权诉讼在诉讼目的、功能等方面存在较大差异，这些差异导致了环境民事公益诉讼的诉讼请求不能直接套用普通环境侵权诉讼的规定，而应当设计出符合其自身性质的诉讼请求。[34]

对此，在学术界和实务界的共同努力下，《民法典》第1234条明确规定环境民事公益诉讼原告可以请求被告承担生态修复责任。若被告被判决承担生态修复责任，但在期限内未修复生态的，可以由国家规定的机关或法律规定的组织自行或委托他人代履行，修复所需费用由被告承担。此外，《民法典》第1235条亦规定环境民事公益诉讼原告有权请求被告承担以下损失和费用：（1）生态环境受到损害至修复完成期间服务功能丧失导致的损失；（2）生态环境功能永久性损害造成的损失；（3）生态环境损害调查、鉴定评估等费用；（4）清除污染、修复生态环境费用；（5）防止损害的发生和扩大所支出的合理费用。

对于上述有关诉讼请求的规定，2015年发布的《环境民事公益诉讼解释》均有所涉及，但2020年《民法典》通过之后，最高人民法院依据《民法典》对2015年的司法解释进行了修订，并于2021年1月1日开始实施：（1）新司法解释第9条将原司法解释中的“恢复原状”替换为“修复生态环境”，这点与《民法典》规定保持一致，强调“修复”；（2）第15条也与第9条的修改相同，将“以及生态环境受到损害至恢复原状期间服务功能的损失等专门性问题提出意见的”改为“以及生态环境受到损害至修复完成期间服务功能丧失导致的损失等专门性问题提出意见的”；（3）第18条、第20条的“恢复原状”也都改成了“修复生态环境”；（4）第20条第2款增加了修复生态环境的一些费用，包括“修复期间的监测、监管费用，以及修复完成后的验收费用、修复效果后评估费用等”；（5）第22条关于其他费用请求的规定也进一步明确，即原告可以主张“检验、鉴定费用以及合理律师费和诉讼支出其他合理费用”。

最后，需要说明的是，环境民事公益诉讼原告有权在以下情势下请求被告赔礼道歉：其一，被告须有过错，在道德上具有可谴责性；其二，须涉及社会公众精神利益的损失，否则也不构成该责任。[35]

4.生态环境惩罚性赔偿的适用问题

《民法典》第1232条增加规定生态环境惩罚性赔偿制度，是贯彻落实习近平生态文明思想的重要举措，意义重大。根据《民法典》第1232条的规定，普通环境侵权诉讼的原告享有惩罚性赔偿请求权。对此，学者们几乎没有异议。然而，环境民事公益诉讼的原告是否享有惩罚性赔偿请求权，学术界存在不同观点，大致可被概括为主体限定论和主体扩张论。

（1）主体限定论及其理由。目前主张将惩罚性赔偿请求权主体限定为生态环境侵权中的特定民事主体，主要基于以下理由：其一，由于惩罚性赔偿制度设立的目的是“救济个体受害者”，如果法定机关和社会组织有权要求惩罚性赔偿，那么此惩罚性赔偿在性质上就“近似于行政罚款”，系“公法上的责任”而“缺少实质上的私法属性”，不宜重叠和混同；[36] 其二，我国司法实务中所采取的以虚拟治理成本的3~5倍计算生态修复费用或生态损害赔偿数额，已经具有一定的惩罚性，不宜一事再罚。[37]

（2）主体扩张论及其理由。目前持主体扩张论的学者无一例外地从惩罚性赔偿的制度功能出发，认为在环境民事公益诉讼中适用惩罚性赔偿有利于补强现有威慑力度和强度之不足、提升威慑水平，从而抑制潜在的生态环境损害行为，促进对环境公共利益的保护。[38]

尽管学术界存在争议，但司法实务中已经出现适用生态环境惩罚性赔偿的环境民事公益诉讼案例。例如，青岛市人民检察院起诉崂山区某中心非法收购、出售珍贵、濒危野生动物民事公益诉讼一案，就是全国首例生态环境损害惩罚性赔偿适用劳务代偿公益诉讼案。此外，最高人民检察院于2021年6月29日公布的《人民检察院公益诉讼办案规则》中也明确规定，在环境检察民事公益诉讼中可提出惩罚性赔偿等诉讼请求。因此，环境民事公益诉讼中是否适用，以及如何适用惩罚性赔偿制度，亟待法律及司法解释的进一步明确。

（三）问题与思考

（1）预防性环境民事公益诉讼中的“重大风险”应如何认定？存在哪些问题？如何完善？

（2）如何设计出更符合环境民事公益诉讼特质的诉讼请求？

（3）如何理解生态修复和赔偿损失两种诉讼请求之间的关系？它们分别适用于什么情形？

（4）请从环境民事公益诉讼的价值和目的出发，阐释生态修复诉讼请求的重要性。

（5）环境民事公益诉讼原告是否有权提出惩罚性赔偿请求？为什么？

（四）法条链接

1.《中华人民共和国民法典》

第一千一百六十七条 侵权行为危及他人人身、财产安全的，被侵权人有权请求侵权人承担停止侵害、排除妨碍、消除危险等侵权责任。

第一千二百二十九条 因污染环境、破坏生态造成他人损害的，侵权人应当承担侵权责任。

第一千二百三十二条 侵权人违反法律规定故意污染环境、破坏生态造成严重后果的，被侵权人有权请求相应的惩罚性赔偿。

第一千二百三十四条　违反国家规定造成生态环境损害，生态环境能够修复的，国家规定的机关或者法律规定的组织有权请求侵权人在合理期限内承担修复责任。侵权人在期限内未修复的，国家规定的机关或者法律规定的组织可以自行或者委托他人进行修复，所需费用由侵权人负担。

第一千二百三十五条　违反国家规定造成生态环境损害的，国家规定的机关或者法律规定的组织有权请求侵权人赔偿下列损失和费用：

（一）生态环境受到损害至修复完成期间服务功能丧失导致的损失；

（二）生态环境功能永久性损害造成的损失；

（三）生态环境损害调查、鉴定评估等费用；

（四）清除污染、修复生态环境费用；

（五）防止损害的发生和扩大所支出的合理费用。

2.《中华人民共和国环境保护法》

第六十四条　因污染环境和破坏生态造成损害的，应当依照《中华人民共和国侵权责任法》的有关规定承担侵权责任。

3.《最高人民法院关于审理环境民事公益诉讼案件适用法律若干问题的解释》

第一条　法律规定的机关和有关组织依据民事诉讼法第五十五条、环境保护法第五十八条等法律的规定，对已经损害社会公共利益或者具有损害社会公共利益重大风险的污染环境、破坏生态的行为提起诉讼，符合民事诉讼法第一百一十九条第二项、第三项、第四项规定的，人民法院应予受理。

第八条　提起环境民事公益诉讼应当提交下列材料：

（一）符合民事诉讼法第一百二十一条规定的起诉状，并按照被告人数提出副本；

（二）被告的行为已经损害社会公共利益或者具有损害社会公共利益重大风险的初步证明材料；

（三）社会组织提起诉讼的，应当提交社会组织登记证书、章程、起诉前连续五年的年度工作报告书或者年检报告书，以及由其法定代表人或者负责人签字并加盖公章的无违法记录的声明。

第十八条　对污染环境、破坏生态，已经损害社会公共利益或者具有损害社会公共利益重大风险的行为，原告可以请求被告承担停止侵害、排除妨碍、消除危险、修复生态环境、赔偿损失、赔礼道歉等民事责任。

第十九条 原告为防止生态环境损害的发生和扩大，请求被告停止侵害、排除妨碍、消除危险的，人民法院可以依法予以支持。

原告为停止侵害、排除妨碍、消除危险采取合理预防、处置措施而发生的费用，请求被告承担的，人民法院可以依法予以支持。

第二十条 原告请求修复生态环境的，人民法院可以依法判决被告将生态环境修复到损害发生之前的状态和功能。无法完全修复的，可以准许采用替代性修复方式。

人民法院可以在判决被告修复生态环境的同时，确定被告不履行修复义务时应承担的生态环境修复费用；也可以直接判决被告承担生态环境修复费用。

生态环境修复费用包括制定、实施修复方案的费用，修复期间的监测、监管费用，以及修复完成后的验收费用、修复效果后评估费用等。

第二十一条 原告请求被告赔偿生态环境受到损害至修复完成期间服务功能丧失导致的损失、生态环境功能永久性损害造成的损失的，人民法院可以依法予以支持。

第二十二条 原告请求被告承担以下费用的，人民法院可以依法予以支持：

（一）生态环境损害调查、鉴定评估等费用；

（二）清除污染以及防止损害的发生和扩大所支出的合理费用；

（三）合理的律师费以及为诉讼支出的其他合理费用。

4.《人民检察院公益诉讼办案规则》

第九十八条 人民检察院可以向人民法院提出要求被告停止侵害、排除妨碍、消除危险、恢复原状、赔偿损失等诉讼请求。

针对不同领域案件，还可以提出以下诉讼请求：

（一）破坏生态环境和资源保护领域案件，可以提出要求被告以补植复绿、增殖放流、土地复垦等方式修复生态环境的诉讼请求，或者支付生态环境修复费用，赔偿生态环境受到损害至修复完成期间服务功能丧失造成的损失、生态环境功能永久性损害造成的损失等诉讼请求，被告违反法律规定故意污染环境、破坏生态造成严重后果的，可以提出惩罚性赔偿等诉讼请求；

（二）食品药品安全领域案件，可以提出要求被告召回并依法处置相关食品药品以及承担相关费用和惩罚性赔偿等诉讼请求；

（三）英雄烈士等的姓名、肖像、名誉、荣誉保护案件，可以提出要求被告消除影响、恢复名誉、赔礼道歉等诉讼请求。

人民检察院为诉讼支出的鉴定评估、专家咨询等费用，可以在起诉时一并提出由被告承担的诉讼请求。

专题六 环境民事公益诉讼的责任认定

知识要点（1）在环境民事公益诉讼中，生态环境损害事实与责任因涉及较强的科学性和技术性，需要鉴定人及专家的辅助。（2）污染修复费用以实际修复工程费用为准，但如果无法得到实际修复工程费用，推荐采用虚拟治理成本法和/或修复费用法计算，并根据受污染影响区域的环境功能敏感程度分别乘以1.5~10以及1.0~2.5的倍数作为这部分费用的上、下限制。（3）在环境民事公益案件中宜适度扩张法院调取证据的权力。（4）在环境民事公益诉讼中适用举证责任倒置规则，但客观举证责任倒置并不意味着原告无须承担任何主观举证责任。

典型案例七
江苏常隆农化有限公司等六家公司环境污染公益诉讼案

一、案例材料

谁曾想到一次群众的举报和媒体的曝光，竟然引发了一起“天价”环境公益诉讼案。2012年的冬天，江苏卫视新闻中心收到泰兴群众的举报，经过调查采访后，于2012年12月19日播出《泰兴疯狂槽罐车工业废酸偷排长江连续多年》的新闻。报道迅速被多家媒体转载，也引起了泰州市有关机关和环保社会组织的关注，随着调查的深入，一个惊人内幕被揭开了。2014年8月4日，泰州市环保联合会向法院起诉六家化工公司污染水体，历经一审、二审和再审程序，2016年2月5日该起环境公益诉讼案才尘埃落定，最终被告被判赔1.6亿余元的环境修复费用，从而被贴上了“天价环境公益诉讼案”的标签。[39]

（一）案件背景

本案件始于2011年，江苏省泰兴市有六家化工企业将生产过程中产生的副产盐酸、硫酸以每吨1元的价格“出售”给泰州市江中化工有限公司（以下简称江中公司）等四家单位，同时又给江中公司以每吨20~100元不等的运输费补贴。没有危险废物处理资质的江中公司用槽罐车将废酸从企业运到码头后，用管子将酸液注入停泊在河边的危险品运输船里，再经由改装的运输船将废酸偷排到如泰运河、古马干河中，然后流入长江，从而导致水体严重污染。偷排行为十分隐蔽，很长时间都没被发现，直到2012年冬季罪行被曝光后，泰兴市环境监察人员顺藤摸瓜，深入调查，会同当地公安部门抓获了14名犯罪嫌疑人，通过审讯和进一步调查，六家涉事企业与江中公司违法处置副产酸的猫腻浮出水面。

2013年春节后，泰州市人民检察院到泰兴办理此案，针对环境类案件往往牵涉刑事、民事、渎职等情况，办案组确定了“三检合一”的办案思路，一是监督泰兴市公安部门严格依法办案；二是查清案件中是否存在行政机关人员渎职行为；三是除了追究十四名直接倾倒者的刑事责任，还要追究提供酸源的六家化工企业的民事赔偿责任。前两项进展较顺利，2014年8月13日，泰兴市人民法院以污染环境罪一审判决戴某国、姚某元等十四人处有期徒刑两年三个月至五年六个月，并处罚金16万~41万元，追缴非法所得1 009 041.9万元上缴国库，没收涉事的五辆危险品运输车和一艘危险品运输船上缴国库。此外，根据相关法律规定，认定泰兴市地方海事处泰兴海事所副所长程某、副所长周某在工作上存在失职，泰兴市人民法院一审认定二人犯环境监管失职罪，均被判处有期徒刑一年。对于第三项的实施，即民事赔偿部分，最初拟定的方案是与企业谈判，而非诉讼索赔。

但如何才能让企业履行赔偿责任？泰兴市人民检察院之前没处理过类似情况，因此便向泰州市人民检察院请示。而后者同样也没这方面的经验，便与泰州市环保局进行商量。而泰州市环保局同样也没经验，于是大家只能一起“摸着石头过河”。此案刑事部分在办理过程中，具有专门司法鉴定资质的江苏省环境科学学会鉴定评估认为，正常处理这些倾倒的废酸需要3660余万元。泰州市环保局便拟以此数额为基础与涉案企业谈判。既然是谈判，就必然有博弈与妥协。泰州市环保局与检察院负责人经过反复权衡，认为在当时法律依据尚且不足的情况下，谈判索赔反而会陷入被动局面。经反复考虑权衡，泰州市环保局和检察院最终决定不与企业谈判，而是提起诉讼走司法途径，决定由泰州市环保联合会担任原告起诉六家化工公司。

（二）诉讼过程

1.一审

2014年8月4日，泰州市环保联合会以公益组织身份，向江苏省泰州市中级人民法院（以下简称泰州中院）提起公益诉讼，8月8日顺利立案。在本案审理过程中，泰州市人民检察院作为支持起诉方，出庭发表意见。本案基本案情如下。[40]

（1）原告泰州市环保联合会的诉称。

2012年1月至2013年2月间，江苏常隆农化有限公司（以下简称常隆公司）、泰兴锦汇化工有限公司（以下简称锦汇公司）、江苏施美康药业股份有限公司（以下简称施美康公司）、泰兴市申龙化工有限公司（以下简称申龙公司）、泰兴市富安化工有限公司（以下简称富安公司）、泰兴市臻庆化工有限公司（以下简称臻庆公司）违反国家环境保护法律和危险废物管理规定，将其生产过程中所产生的废盐酸、废硫酸等危险废物总计约25 934.79吨（其中常隆公司废盐酸12 561.785吨、锦汇公司废盐酸5673.339吨、施美康公司废盐酸2686.68吨、申龙公司废盐酸4746.99吨、富安公司废硫酸216吨、臻庆公司废硫酸50吨），以支付每吨20~100元不等的价格，交给无危险废物处理资质的江中公司等主体偷排进泰兴市的如泰运河、古马干河，导致水体严重污染，造成重大环境损害，需要进行污染修复。该污染事故经环保部门调查后，十四名企业责任人被抓获，后以环境污染罪处二至五年徒刑，并处罚金16万~41万元。根据江苏省环境科学学会〔2014〕苏环学鉴字第140401号《泰兴市12.19废酸倾倒事件环境污染损害评估技术报告》（以下简称《评估技术报告》）鉴定意见，常隆公司等六家公司在该污染事件中违法处置的危险废物在合法处置时应花费的成本（虚拟治理成本）合计36 620 644元，其中常隆公司18 939 279元、锦汇公司9 470 108元、施美康公司1 880 676元、申龙公司5 878 957元、富安公司378 931元、臻庆公司72 693元。根据环境保护部《关于开展环境污染损害鉴定评估工作的若干意见》（环发〔2011〕60号）的附件《环境污染损害数额计算推荐方法（第Ⅰ版）》［以下简称《推荐方法（第Ⅰ版）》］第4.5条的规定，应当以虚拟治理成本为基数，按照4.5倍计算污染修复费用。上述虚拟治理成本按4.5倍计算后的污染修复费用分别为：常隆公司85 226 755.5元、锦汇公司42 615 486元、施美康公司8 463 042元、申龙公司26 455 306.5元、富安公司1 705 189.5元、臻庆公司327 118.5元。因此，请求判令常隆公司、锦汇公司、施美康公司、申龙公司、富安公司、臻庆公司赔偿上述费用用于环境修复，并承担鉴定评估费用（10万元）和诉讼费。

（2）泰州市人民检察院支持起诉的意见。

考虑到此案中被告企业有六家，开庭时六家企业及其诉讼代理人共同出庭，阵容强大，而原告只有一个，原告负责人及代理人加在一起只有三人。为了宣示检察机关大力支持以司法手段保护生态环境的鲜明态度，便创设了检察官作为支持起诉方出庭发表意见的办法，以加大起诉的力度。这不仅在泰州中院是第一次，当时在全国也是创举。一审时，泰州市人民检察院时任副检察长陈学东等三名检察官出庭支持起诉，并发表了出庭意见。检察院依职权发现，2012年1月至2013年2月间，常隆公司、锦汇公司、施美康公司、申龙公司、富安公司、臻庆公司违反法律规定，以每吨补贴20~100元不等的费用提供副产酸给无危险废物处理资质的主体偷排于如泰运河、古马干河，导致水体严重污染，损害社会公共利益。根据《环境保护法》《中华人民共和国固体废物污染环境防治法》（以下简称《固体废物污染环境防治法》）等法律的规定，常隆公司等六家公司应当承担水污染损害赔偿责任。泰州市环保联合会对常隆公司等六家公司提起民事公益诉讼请求赔偿损失，符合法律规定。

（3）被告企业的辩称。

①泰州市环保联合会不具有诉讼主体资格。2014年修订的《环境保护法》第58条规定，只有专门从事环境保护公益活动连续五年以上且无违法记录的社会组织才可以向法院提起诉讼。泰州市环保联合会成立尚不满一年，不具有诉讼主体资格。

②常隆公司等六家公司生产的副产酸并非危险废物，而是依法生产经营的产品。江中公司、泰兴市祥峰化工贸易有限公司（以下简称祥峰公司）、泰兴市鑫源化工贸易有限公司（以下简称鑫源公司）、泰兴市全慧化工贸易有限公司（以下简称全慧公司）等四家公司具备购买副产酸的资格，购买前均经过公安部门备案。常隆公司等六家公司的生产销售行为合法，且对江中公司等单位倾倒副产酸之事并不知情，故环境污染与常隆公司等六家公司无法律上的因果关系。

③江苏省环境科学学会出具的《评估技术报告》无鉴定人签名，未见其鉴定资质，没有严格执行国标GB2085系列标准，将案涉副产酸鉴定为废物的程序不合法。

④如泰运河、古马干河水质已经恢复，无须再通过人工干预措施进行修复，泰州市环保联合会根据虚拟治理成本计算损失没有事实依据。

⑤泰州市环保联合会起诉的常隆公司、锦汇公司、施美康公司、申龙公司、富安公司被倾倒的副产酸数量与证据明显不符。富安公司还辩称该公司已

经改进工艺，以树脂代替原工艺中的浓硫酸作为催化剂，生产中已无废硫酸产生。常隆公司等六家公司请求驳回泰州市环保联合会的诉讼请求。

（4）一审判决结果。

一审法院经审理查明：常隆公司、锦汇公司、富安公司、施美康公司、申龙公司、臻庆公司系在泰兴市经济开发区内从事化工产品生产的企业，在化工产品生产过程中产生副产盐酸、对羟基苯甲醚催化剂废硫酸、丁酸、二氧化硫、氯乙酰氯、氨基油尾气吸收液（以下简称副产酸）。

江中公司、祥峰公司、鑫源公司、全慧公司分别设立于2004年至2011年期间，经营范围分别包括危险化学品、化工原料批发、零售等，均领取《危险化学品经营许可证》，但没有固定组织机构和人员，没有处理废酸等危险废物的经营许可证。

常隆公司分别于2012年6月20日、2013年1月1日与江中公司签订两份工业品买卖合同，约定常隆公司以每吨1元的价格向江中公司出售2万吨副产酸，买受方承担运输费。锦汇公司于2011年1月1日与江中公司签订工矿产品购销合同，约定每月向江中公司提供副产酸800吨，价格随行就市。2012年6月至2013年3月，江中公司法定代表人戴某国等人至常隆公司提取副产酸17 598.92吨，常隆公司每吨补贴给江中公司45元。2011年12月至2013年3月，江中公司戴某国等人至锦汇公司提取副产酸8224.57吨，锦汇公司每吨补贴给江中公司20元。江中公司戴某国等人将上述副产酸中的17 143.86吨倾倒至如泰运河、古马干河。常隆公司、锦汇公司按照各自销售数额的比例分摊被倾倒数分别为11 683.68吨、5460.18吨。

常隆公司于2012年9月15日与祥峰公司签订工业品买卖合同，约定常隆公司以每吨1元的价格向祥峰公司出售2万吨副产酸，买受方承担运输费。后祥峰公司法定代表人丁某光等人至常隆公司提取副产酸505.94吨，常隆公司每吨补贴给祥峰公司40元。丁某光等人将上述副产酸倾倒至如泰运河。

施美康公司于2012年10月至2013年2月期间以每吨补贴100元的价格将2686.68吨副产酸交鑫源公司处置，鑫源公司法定代表人蒋某红又将副产酸交江中公司戴某国、姚某元运输处置。戴某国、姚某元等人将上述副产酸倾倒至如泰运河、古马干河。

申龙公司于2012年年初起，分别以每吨补贴20元、30元、50元的价格将691.64吨、3755.35吨、300吨副产酸交给曹某锋、全慧公司王某明及丁某光处置。曹某锋、王某明、丁某光等人将上述4746.99吨副产酸倾倒至如泰运河。

富安公司于2012年8月、9月以每车补贴1500~2000元的价格将18车副产酸（216吨）交给江中公司戴某国、姚某元处置。戴某国、姚某元等人将上述副产酸倾倒至如泰运河、古马干河。

臻庆公司于2012年8月以每吨补贴20元的价格将50吨副产酸交给全慧公司王某明处置。王某明等人将上述副产酸倾倒至如泰运河。

2010年、2011年泰州市环境保护局环境质量年报载明：如泰运河、古马干河水质均为Ⅲ类。泰兴市环境监测站2013年1月14日对如泰运河水质采样监测结果为：如泰运河瑞和码头高锰酸盐指数、化学需氧量、氨氮、总磷监测结果分别超标0.57倍、0.65倍、6.93倍、17.4倍；瑞和码头向西300米化学需氧量、氨氮、总磷监测结果分别超标0.05倍、0.19倍、2.11倍；新浦大桥前码头高锰酸盐指数、化学需氧量、氨氮监测结果分别超标0.02倍、0.55倍、1.68倍；三星化工码头高锰酸盐指数、化学需氧量、氨氮、总磷监测结果分别超标0.05倍、0.45倍、0.98倍、3.42倍；全慧化工码头高锰酸盐指数、化学需氧量、氨氮、总磷监测结果分别超标0.05倍、0.45倍、3.12倍、9.85倍。泰兴市环境监测站2013年2月22日对古马干河水质采样监测结果为：古马干河永兴港务码头西侧第一塔吊下向西500米永安大桥下pH=4.31，偏酸性，氨氮、挥发酚、化学需氧量监测结果分别超标1.74倍、4.94倍、2.65倍；古马干河永兴港务码头西侧第一塔吊下向东2000米马甸闸西氨氮、化学需氧量监测结果分别超标0.90倍、0.85倍。江苏省环境保护厅于2013年9月10日向泰兴市环境保护局出具《关于对泰兴市环境监测数据认可的函》，认可泰兴市环境监测站出具的相关监测数据符合国家和省环境监测质量管理体系及相关技术规范要求。

受泰州市人民检察院、泰州市环境保护局委托，江苏省环境科学学会于2014年4月出具《评估技术报告》，载明消减倾倒危险废物中酸性物质对水体造成的损害需要花费2541.205万元；正常处理倾倒危险废物中的废酸需要花费3662.0644万元，根据常隆公司等六家公司副产酸的不同浓度，常隆公司每吨需花费1507.69元、锦汇公司每吨需花费1669.23元、施美康公司每吨需花费700元、申龙公司每吨需花费1238.46元、富安公司每吨需花费1754.31元、臻庆公司每吨需花费1453.85元。专家辅助人某大学能源与环境学院吕教授在庭审中发表意见认为，向水体倾倒危险废物的行为直接造成了区域生态环境功能和自然资源的破坏，无论是对长江内河水生态环境资源造成的损害进行修复，还是将污染引发的风险降至可接受水平的人工干预措施所需费用，均将远远超过直接处理污染物的费用；由于河水的流动和自我净化，即使倾倒点水质得到恢复，也不能因此否认对水生态环境曾经造成的损害。

一审法院另查明，泰州市环保联合会于2014年2月25日经泰州市民政局批准设立，系接受泰州市环境保护局指导的非营利性社团组织，其业务范围包括提供环境决策建议、维护公众环境权益、开展环境宣传教育、政策技术咨询服务等。

2014年9月10日，在经过整整10个小时的审理之后，泰州中院当庭宣判了审理结果。依照《侵权责任法》第15条第1款第（六）项、第65条和《固体废物污染环境防治法》第85条的规定，判决：（1）常隆公司、锦汇公司、施美康公司、申龙公司、富安公司、臻庆公司在判决生效后九个月内分别赔偿环境修复费用人民币82 701 756.8元、41 014 333.18元、8 463 042元、26 455 307.56元、1 705 189.32元、327 116.25元，合计160 666 745.11元，用于泰兴地区的环境修复；（2）常隆公司等六家公司在判决生效后十日内给付泰州市环保联合会已支付的鉴定评估费用10万元，其中常隆公司给付51 473.5元，锦汇公司给付25 527.5元，施美康公司给付5267.5元，申龙公司给付16 466元，富安公司给付1061.5元，臻庆公司给付204元。案件受理费50元，由常隆公司等六家公司负担。

2.二审

对泰州中院的一审判决结果，六家被告公司的看法并不一致。常隆公司等两家公司当庭表示不服，确定上诉；富安公司、臻庆公司两家公司表示服从判决，不上诉；还有两家公司当庭未作决定，表示待商量后再作决定。后来，常隆公司、锦汇公司、施美康公司、申龙公司向江苏省高级人民法院（以下简称江苏高院）提起了上诉。二审审理情况如下。[41]

（1）上诉公司的上诉理由。

①泰州市环保联合会提起环境公益诉讼不符合《民事诉讼法》第55条、《环境保护法》第58条规定的条件，也与司法实践相悖。

②一审程序违法，本案不符合共同诉讼的条件，一审法院将本案作为共同诉讼不当；一审法院漏列直接实施倾倒行为的江中公司等单位以及副产酸同样被江中公司倾倒的其他公司为共同被告；一审法院同意泰州市环保联合会当庭增加关于鉴定费用的诉讼请求却拒绝给上诉人举证期和答辩期。

③各上诉人未抛弃副产酸，更无非法倾倒的主观故意，上诉人的合法销售行为和江中公司等单位实施的倾倒行为之间没有因果关系。

④江苏省环境科学学会出具的《技术评估意见》和《技术评估报告》无鉴定人签字盖章，出庭证人既是《技术评估报告》的鉴定人，又是《专家论证意见》的专家组组长，未对副产酸是否系固体废物进行鉴定便直接确认系危险废物，程序不合法。

⑤根据《推荐方法（第Ⅰ版）》规定，水体修复是在采取应急措施后污染依然无法消除情况下采取的人工干预措施。由于长江的流量、流速、自净能力，倾倒行为造成的损害属于期间损害，水体已经恢复到以往的水质标准，客观上已不再需要进行人工干预，判决各上诉人承担环境修复费用不符合规定。长江流域属于国家自然资源，《推荐方法（第Ⅰ版）》第3.2条规定，生态环境资源的损害评估不适用《推荐方法（第Ⅰ版）》，财产损害也不包括国家和集体所有的自然资源，一审法院将被污染河流的环境修复与地区生态环境修复错误混同。本案即使需要承担赔偿责任，也应以《评估技术报告》推荐的试验值法即2541.205万元作为依据。

四家上诉公司请求撤销一审判决，驳回被上诉人诉讼请求。

（2）泰州市环保联合会的答辩。

①泰州市环保联合会具备提起环境公益诉讼的原告主体资格。泰州市环保联合会是经民政部门依法登记设立的非营利性环保组织，其业务范围包含维护公众环境权益，符合《民事诉讼法》第55条提起环境公益诉讼条件，提起环境公益诉讼符合机构设立宗旨和设立环境公益诉讼制度的立法目的。修订后的《环境保护法》自2015年1月1日开始施行，不适用于本案。

②上诉人和原审被告与江中公司等单位之间买卖行为不符合买卖合同的基本特征，其实质系以买卖合同形式掩盖非法处置危险废物目的。上诉人与原审被告以补贴方式将其生产产品过程中所附带产生的、对其无利益价值的副产酸“出售”给江中公司等单位处理，抛弃、放弃这些物质的主观意图十分明显。其处置行为与环境污染之间存在着因果关系。上诉人和原审被告与江中公司等单位是否具备生产、销售危险化学品资质与其处置行为是否合法不具备关联性。

③上诉人和原审被告非法处置的酸性物质属于危险废物。上诉人和原审被告生产过程中产生的副产酸经检测pH值均小于1，根据《危险废物鉴别标准—腐蚀性鉴别》，pH≤2.0即具有危险废物的腐蚀性特征。

④一审认定被倾倒的副产酸数量正确。一审判决综合销售发票、戴某平的记账本、曹某峰的记账本、磅码单、刑事上诉人的供述、上诉人和原审被告工作人员的证言等证据，认定上诉人和原审被告各自被倾倒副产酸数量，依据充分。案涉的刑事判决尚未生效，不能作为认定倾倒数量的依据。戴某平的记账本记载的是戴某国等人自2012年10月至2013年2月间五个月运输倾倒数量，不能说明其2012年1月至2013年2月间的倾倒量。锦汇公司以报销戴某国、姚某元等人运费票据和油票两种方式进行补贴，锦汇公司仅凭运费票据不能证明其被倾倒副产酸数量只有1702.27吨。在无法分清同一行为人倾倒的副产酸中常

隆公司或锦汇公司的数量，两公司也无法举证证明各自被倾倒数量的情况下，一审判决按照常隆公司和锦汇公司各自交付给江中公司副产酸数量比例来确定各自被江中公司倾倒副产酸数量，认定方法合理。申龙公司认为曹某峰的记账单与申龙公司的磅码单重复计算，但记账单与磅码单的运输时间并不重合。结合其他犯罪嫌疑人的供述，认定其被倾倒数量为4746.99吨正确。

（3）江苏省人民检察院出庭意见。

①检察机关支持泰州市环保联合会对上诉人和原审被告提起本案诉讼于法有据。根据《民事诉讼法》第15条的规定，检察机关有权对涉及环境污染行为侵害环境公共利益的民事案件，依法支持或者督促有关单位、公民起诉。本案上诉人和原审被告由于违反规定处置副产酸，导致两万多吨副产酸被倾倒进如泰运河和古马干河，造成水体严重污染，生态环境受到严重损害。检察机关依法支持泰州市环保联合会提起环境公益民事诉讼，追究侵权人的法律责任，是切实维护社会公众的环境权益、促进生态文明建设的体现。

②泰州市环保联合会具备提起环境公益民事诉讼的原告资格。根据现行《环境保护法》第6条、《民事诉讼法》第55条的规定，环境公益民事诉讼是一种允许与案件无直接利害关系的民事主体出于保护环境公益的目的，以环境侵权人为被告向法院提起民事诉讼的制度。该制度的本意是鼓励广大民事主体维护公共利益。对严重污染环境的行为，如果无人提起诉讼，使得环境污染者逃避应当承担的法律责任，则将纵容更多的侵权人继续破坏本已非常脆弱的生态环境。泰州市环保联合会作为在民政部门依法登记成立的环保组织，业务范围包括维护环境公共利益，与本案所涉的环境保护事业具有关联性，有权作为原告依法提起环境公益民事诉讼。

③上诉人和原审被告的非法处置行为与本案环境污染损害后果之间具有因果关系，且主观上存在过错，应当依法承担赔偿责任。

④一审判决认定事实清楚，适用法律正确，审理程序合法。泰州市环保联合会提起本案诉讼具有事实和法律依据，上诉人和原审被告应当依法承担相应的赔偿责任。

（4）二审判决结果。

江苏高院于2014年11月20日受理上诉，2014年12月4日、12月16日两次开庭审理。2014年12月30日对备受关注的环保公益诉讼案件作出二审判决，认定一审事实清楚，适用法律基本正确，维持泰州中院关于六家企业赔偿数额的判决，判令六家企业赔偿160 666 745.11元用于环境修复，承担环境损害鉴定评估费用和案件受理费，但对赔偿费用的支付方式作出了调整。如果当事人提出申请，且能够在该判决生效之日起三十日内提供有效担保的，上述款项的40%可以延期至该判决生效之日起一年内支付；该判决生效之日起一年内，如常隆公司等六家公司能够通过技术改造对副产酸进行循环利用，明显降低环境风险，且一年内没有因环境违法行为受到处罚的，可对其已支付的技术改造费用凭有关部门提供以上相关证明向泰州市中级人民法院申请在延期支付的40%额度内抵扣。

此外，二审判决书将一审对被倾倒污染物的认定由危险废物改成了副产酸，这意味着副产酸可继续作为化工原料进入流通领域。二审还对一审案件受理费的缴纳与支付作出调整。一审时，泰州中院按行政案件仅收取了50元受理费，由六家涉案企业负担。二审时，江苏高院对四家企业按民事案件收取受理费947 298.28元，并判决一审案件受理费973 651.72元由六家企业按比例分担。

3.再审

二审判决生效后，三家企业积极履行了全部判决内容。被判赔偿额最高的常隆公司认为，从保护环境、维护社会公共利益角度出发，二审判决与企业自身发展目标是一致的。为此，常隆公司从源头上解决企业在环境保护方面存在的问题，投入4700余万元用于副产酸循环利用等环境项目建设，现已通过验收并投入运行。

2015年5月8日，被告之一锦汇公司突然不服二审判决，把二审这一判决视为“干预了企业自主经营权”，向最高人民法院（以下简称最高法）申请进行再审。其主要理由为：（1）二审法院关于锦汇公司倾倒副产酸的数量认定有误；（2）二审判决认定锦汇公司承担环境修复费用无事实依据，适用法律错误；（3）泰州市环保联合会不具有提起本案诉讼的主体资格，二审判决认定其具有本案原告主体资格错误；（4）锦汇公司不是本案适格责任承担主体；（5）二审判决引用《民事诉讼法》第170第1款第（一）项关于维持原判的规定，但作出改判处理，适用法律错误；（6）二审判决主文第四项内容属于企业自主经营权，不应设置审批程序；（7）二审判决之后，其他公益组织提起的类似诉讼被驳回起诉，造成同案不同判。[42]

2015年5月18日，最高法立案并组成五人合议庭对本案进行再审审查。其间，施美康公司、常隆公司先后申请再审，最高法合并进行再审审查。2016年1月14日、18日，施美康公司、常隆公司因技术改造完成，投入环保项目建设通过验收并投入运行，从源头上解决了企业存在的环保问题，又先后请求撤回其再审申请。2016年1月19日，最高法裁定准许上述两公司撤回再审申请。

2016年1月21日下午，最高法公开开庭，就本案所涉及的事实证据及法律适用问题进行询问。在合议庭主持下，锦汇公司与泰州市环保联合会围绕原告主体资格、再审申请人是否存在侵权行为、其行为与损害后果之间是否具有因果关系，以及生态环境是否需要修复以及修复费用如何计算等问题进行了充分的陈述、举证质证和辩论。合议庭经休庭评议认为，锦汇公司的再审申请不符合《民事诉讼法》第200条第（一）项、第（二）项、第（六）项、第（十一）项规定的情形。依照《民事诉讼法》第148条第2款、第204条第1款之规定，当庭裁定驳回锦汇公司的再审申请。法庭将在十日内向各方当事人发送裁定书。[43]

2016年2月5日，泰州市环保联合会收到了最高法发出的〔2015〕民申字第1366号、〔2015〕民申字第1366—1号及〔2015〕民申字第1366—2号民事裁定书。至此，这起历时三年的环境公益诉讼案才算尘埃落定。

（三）典型意义

泰兴“12·19”重大环境污染环保公益诉讼案是一起由环保组织作原告、检察院支持起诉的环境民事公益诉讼经典案件，也是最高法再审审查的首例环境民事公益诉讼纠纷。该案件是在最高法相关司法解释和环境保护部、民政部相关文件出台之前进行一审和二审的，不仅参与主体最特殊、诉讼程序最完整，而且涉案被告最多、判赔金额最大，被众多媒体和专家贴上了“史无前例”“里程碑”“标本案件”等标签，被最高法与中央电视台联合评选入“2015年推动法治进程十大案件”。

二、教学手册

（一）教学目标

本案例着重要求学生掌握以下三个方面的知识：（1）生态环境损害事实与责任应如何认定；（2）如何理解环境民事公益诉讼证据规则的特殊之处；（3）环境民事公益诉讼中举证责任如何分配。

（二）教学内容

1.生态环境损害事实与责任的认定

在环境民事公益诉讼中，生态环境损害事实与责任因涉及较强的科学性、技术性而不可避免地产生认定困境。本案例对以下案件事实的认定可以为今后的司法实践提供借鉴：其一，因果关系问题，常隆公司等以出售方式处置副产酸的行为与造成古马干河、如泰运河环境污染损害结果之间是否存在因果关系；其二，损害后果问题，河流经自我净化已然恢复原水质，生态环境损害后果是否依然存在，被告是否仍需要承担生态修复责任或修复费用；其三，修复费用问题，即修复费用采取什么样的计算方式。

（1）因果关系问题。

本案在因果关系上确实有特殊之处。副产酸倾倒行为与水体污染之间的因果关系，已由相关刑事犯罪的证据以及河流水质检测结果予以证明。但直接实施倾倒行为的是江中公司等企业，作为本案被告的常隆公司等并非倾倒行为的直接实施人，而是通过买卖合同出售副产酸给倾倒主体。由此，法院认定常隆公司等以出售方式处置副产酸的行为与造成古马干河、如泰运河环境污染损害结果之间存在因果关系的依据是什么呢？首先，从买卖合同的认定角度，出卖人交付货物，买受人支付相应价款系买卖合同的本质属性。常隆公司等的补贴销售行为明显不符合买卖合同的基本特征；其次，从行为人的注意义务角度，“违反注意义务说”将因果关系的认定简化为注意义务遵守与否的判定，如果行为人在实施可能引起环境损害危险的行为时违反了相关的注意义务，那么就推定其行为与损害后果之间存在因果关系。[44] 副产酸属于危险化学品，常隆公司等对其生产经营过程中产生的副产酸的处置应具有较高的注意义务。常隆公司等采用补贴运费等方式将副产酸交给不具备处置资质的江中公司，并长期放任江中公司将副产酸倾倒入河，其行为与水体污染损害结果之间具有因果关系，应当承担侵权责任。

（2）损害后果问题。

在本案中，如泰运河和古马干河被污染前的水质为Ⅲ类，污染后经自我净化后的水质仍为Ⅲ类。由此，生态环境损害是否依然存在，存在争议。根据专家辅助人的技术咨询意见，河流虽然具有一定自净能力，但是环境容量有限，向水体大量倾倒副产酸，必然对河流的水质、水体动植物、河床、河岸以及河流下游的生态环境造成严重破坏。如不及时修复，污染的累积必然会超出环境承载能力，最终造成不可逆转的环境损害。因此，不能以水质得到恢复为由免除污染者应当承担的生态修复责任。本案关于生态修复责任的认定，为今后的司法实践带来了如下启示：认定是否承担生态修复责任应当基于受损生态环境的整体性予以考虑。

（3）修复费用问题。

生态修复费用应如何核算，尤其是在类似本案这样难以计算修复费用的情形下。依据《推荐方法（第Ⅰ版）》第4.5条的要求，污染修复费用以实际修复工程费用为准，但如果无法得到实际修复工程费用，推荐采用虚拟治理成本法和/或修复费用法计算，并根据受污染影响区域的环境功能敏感程度分别乘以1.5~10以及1.0~2.5的倍数作为这部分费用的上、下限制。2014年，环境保护部（现生态环境部）办公厅对《推荐方法（第Ⅰ版）》进行了修订，编制完成了《环境损害鉴定评估推荐方法（第Ⅱ版）》［以下简称《推荐方法（第Ⅱ版）》］，对其适用情形予以规范，即适用于环境污染所致生态环境损害无法通过恢复工程完全恢复、恢复成本远远大于其收益或缺乏生态环境损害恢复评价指标的情形。

以本案为例，水环境具有流动性，污染行为瞬间发生，损害现场无法复原，属于修复费用难以计算的情形，因而可以依据《推荐方法（第Ⅰ版）》的规定采用虚拟治理成本法计算；第Ⅱ版与第Ⅰ版关于虚拟治理成本法的规定并无本质区别，且本案情形属于《推荐方法（第Ⅱ版）》中确定的虚拟治理成本法的适用情形。

2.环境民事公益诉讼的特别证据规则

（1）法院依职权调取证据的适度扩张。

在普通民事诉讼中，当事人对证据的收集和提出具有支配力，同时，为了获得胜诉，当事人必须收集于己有利的事实与证据，法院不宜过于主动地依职权调查收集证据。然而，在民事公益案件中，适度扩张法院依职权调取证据的权力具有合理性依据。

以环境民事公益案件为例，关于生态环境质量破坏的信息，主要掌握在政府行政部门手中。尽管环境保护法明确规定了政府的信息公开义务与企业的保存原始记录义务，换句话说，当事人有权查询、调取这些应当公开的证据；对于应当公开而没有公开的证据，当事人可以通过提起行政诉讼解决。严格上说，这类证据不属于“超出当事人处分权”的范围。但在环境民事公益案件中，对于审理环境民事公益案件需要的证据，没有必要要求当事人另行提起行政诉讼调取环境信息，法院应基于必要性之权衡基础上予以职权调取。基于此，《环境民事公益诉讼解释》第14条第1款规定，凡人民法院认为必要的，即可依职权调查收集相关证据。

（2）专家证人证言证据认定规则。

我国民事诉讼制度中已经引入和认可专家证言证据。这是因为随着科技和社会进步，许多法律关系涉及专业性很强的科技、管理知识，当事人往往也难以将其中的专业知识阐释清楚。而法官的专业知识和经验均存在局限性，故有必要借助专业人士的专业意见，来帮助法官在事实和因果关系上形成更接近客观事实的“法官心证”。尤其在环境民事公益诉讼中，由于环境侵害的途径和机理隐秘而复杂，且损害对象、范围和程度难以界定，而原、被告双方当事人对于案件要件事实以及因果关系的认识均存在程度不清的模糊，专家证人证言制度的引入，对于帮助法官准确认定证据与事实、认定因果关系是否存在以及联系大小，更是意义重大。

在环境民事公益诉讼中，由于涉及环境污染、非法排污、因果关系、环境修复等大量专业技术问题，可以甄选环境专家作为专家辅助人，由专家辅助人对鉴定意见、因果关系、生态修复方式和费用等专业性问题进行说明或者提出意见，协助办案，帮助厘清案件中的专业技术问题。本案中关于损害结果的认定、修复费用的计算等都体现了专家辅助人的作用。

3.环境民事公益诉讼举证责任的分配

举证责任在概念上可分为两个层次，也可以说具有双重性质：其一，在双方当事人之间将事实真伪不明之风险按照一定的标准予以分配，一般依据实体规范被“客观”地确定下来，因而被冠以“客观举证责任”；其二，当事人为了免于不利的事实认定及败诉的后果，需要努力收集和提出证据，会随着诉讼程序的展开在当事人之间流转，因而被冠以“主观举证责任”。[45]

在客观举证责任分配方面，《民法典》第1230条规定由环境污染、生态破坏行为人就不承担责任或减轻责任的情形及其行为与损害之间不存在因果关系承担举证责任，学界通常将之概括为“举证责任倒置”。在环境民事公益诉讼的司法实践中，亦适用举证责任倒置规则。然而，客观举证责任倒置并不意味着原告无须承担任何主观举证责任。

首先，依据《最高人民法院关于适用〈中华人民共和国民事诉讼法〉的司法解释》和《环境民事公益诉讼解释》的规定，提起环境民事公益诉讼须有初步证据。

其次，依据《最高人民法院关于审理环境侵权责任纠纷案件适用法律若干问题的解释》的规定，原告需要对下列事项进行举证：（1）被告实施了排放污染物的行为；（2）遭受的损害后果及具体损失的证据；（3）就污染行为与损害结果之间存在关联性提供初步证明材料。在环境民事公益诉讼中，环境保护主管部门的调查处理报告、鉴定机构的鉴定意见、学术论著、专家意见等材料可以作为证明污染行为与损害结果具有关联性的证明手段。

当然，诸如污染物排放情况之类证据主要由被告占有，尤其是对被告不利的证据，原告难以获取。因此，从保护社会公共利益的目的出发，应采取特别的举证责任规则。依据《环境民事公益诉讼解释》的规定，在被告拒不提供其持有的、对其不利的排放的主要污染物名称、排放方式、排放浓度和总量、超标排放情况以及防治污染设施的建设和运行情况等环境信息时，法院可推定这些事实成立。

（三）问题与思考

（1）如何确认环境共同侵权案件中的被告和第三人？

（2）环境民事公益诉讼中原告和被告分别承担什么举证责任？本案例中原被告需要提交的证据有哪些？

（3）基于公益诉讼进行的调查取证，可以获得哪些协助途径？

（4）环境侵权损害后果的认定方法和环境侵权的救济方法有哪些？

（5）环境修复费用的计算标准有哪些？

（6）如何完善环境民事公益诉讼中的支持起诉制度？

（四）法条链接

1.《中华人民共和国民法典》

第一千二百三十条　因污染环境、破坏生态发生纠纷，行为人应当就法律规定的不承担责任或者减轻责任的情形及其行为与损害之间不存在因果关系承担举证责任。

2.《中华人民共和国民事诉讼法》

第六十四条　当事人对自己提出的主张，有责任提供证据。

当事人及其诉讼代理人因客观原因不能自行收集的证据，或者人民法院认为审理案件需要的证据，人民法院应当调查收集。

人民法院应当按照法定程序，全面地、客观地审查核实证据。

第七十九条　当事人可以申请人民法院通知有专门知识的人出庭，就鉴定人作出的鉴定意见或者专业问题提出意见。

3.《最高人民法院关于适用〈中华人民共和国民事诉讼法〉的司法解释》

第九十一条　人民法院应当依照下列原则确定举证证明责任的承担，但法律另有规定的除外;

（一）主张法律关系存在的当事人，应当对产生该法律关系的基本事实承担举证证明;

（二）主张法律关系变更、消灭或者权利受到妨害的当事人，应当对该法律关系变更、消灭或者权利受到妨害的基本事实承担举证证明责任。

第九十六条 民事诉讼法第六十四条第二款规定的人民法院认为审理案件需要的证据包括：

（一）涉及可能损害国家利益、社会公共利益的；

（二）涉及身份关系的；

（三）涉及民事诉讼法第五十五条规定诉讼的；

（四）当事人有恶意串通损害他人合法权益可能的；

（五）涉及依职权追加当事人、中止诉讼、终结诉讼、回避等程序性事项的。

除前款规定外，人民法院调查收集证据，应当依照当事人的申请进行。

第一百二十二条 当事人可以依照民事诉讼法第七十九条的规定，在举证期限届满前申请一至二名具有专门知识的人出庭，代表当事人对鉴定意见进行质证，或者对案件事实所涉及的专业问题提出意见。

具有专门知识的人在法庭上就专业问题提出的意见，视为当事人的陈述。

人民法院准许当事人申请的，相关费用由提出申请的当事人负担。

第一百二十三条 人民法院可以对出庭的具有专门知识的人进行询问。经法庭准许，当事人可以对出庭的具有专门知识的人进行询问，当事人各自申请的具有专门知识的人可以就案件中的有关问题进行对质。

具有专门知识的人不得参与专业问题之外的法庭审理活动。

第二百八十四条 环境保护法、消费者权益保护法等法律规定的机关和有关组织对污染环境、侵害众多消费者合法权益等损害社会公共利益的行为，根据民事诉讼法第五十五条规定提起公益诉讼，符合下列条件的，人民法院应当受理：

（一）有明确的被告；

（二）有具体的诉讼请求；

（三）有社会公共利益受到损害的初步证据；

（四）属于人民法院受理民事诉讼的范围和受诉人民法院管辖。

4.《最高人民法院关于民事诉讼证据的若干规定》

第一条 原告向人民法院起诉或者被告提出反诉，应当提供符合起诉条件的相应的证据。

第八十三条 当事人依照民事诉讼法第七十九条和《最高人民法院关于适

用〈中华人民共和国民事诉讼法〉的解释》第一百二十二条的规定，申请有专门知识的人出庭的，申请书中应当载明有专门知识的人的基本情况和申请的目的。

人民法院准许当事人申请的，应当通知双方当事人。

第八十四条 审判人员可以对有专门知识的人进行询问。经法庭准许，当事人可以对有专门知识的人进行询问，当事人各自申请的有专门知识的人可以就案件中的有关问题进行对质。

有专门知识的人不得参与对鉴定意见质证或者就专业问题发表意见之外的法庭审理活动。

5.《最高人民法院关于审理环境民事公益诉讼案件适用法律若干问题的解释》

第十三条 原告请求被告提供其排放的主要污染物名称、排放方式、排放浓度和总量、超标排放情况以及防治污染设施的建设和运行情况等环境信息，法律、法规、规章规定被告应当持有或者有证据证明被告持有而拒不提供，如果原告主张相关事实不利于被告的，人民法院可以推定该主张成立。

第十四条 对于审理环境民事公益诉讼案件需要的证据，人民法院认为必要的，应当调查收集。

对于应当由原告承担举证责任且为维护社会公共利益所必要的专门性问题，人民法院可以委托具备资格的鉴定人进行鉴定。

第二十二条 原告请求被告承担以下费用的，人民法院可以依法予以支持：

（一）生态环境损害调查、鉴定评估等费用；

（二）清除污染以及防止损害的发生和扩大所支出的合理费用；

（三）合理的律师费以及为诉讼支出的其他合理费用。

第二十三条 生态环境修复费用难以确定或者确定具体数额所需鉴定费用明显过高的，人民法院可以结合污染环境、破坏生态的范围和程度，生态环境的稀缺性，生态环境恢复的难易程度，防治污染设备的运行成本，被告因侵害行为所获得的利益以及过错程度等因素，并可以参考负有环境资源保护监督管理职责的部门的意见、专家意见等，予以合理确定。

第二十四条 其他环境民事公益诉讼中败诉原告所需承担的调查取证、专家咨询、检验、鉴定等必要费用，可以酌情从上述款项中支付。

6.《最高人民法院关于审理环境侵权责任纠纷案件适用法律若干问题的解释》

第六条　被侵权人根据民法典第七编第七章的规定请求赔偿的，应当提供证明以下事实的证据材料：

（一）侵权人排放了污染物；

（二）被侵权人的损害；

（三）侵权人排放的污染物或者其次生污染物、破坏生态行为与损害之间具有关联性。

第七条　侵权人举证证明下列情形之一的，人民法院应当认定其污染环境、破坏生态行为与损害之间不存在因果关系：

（一）排放污染物、破坏生态的行为没有造成该损害可能的；

（二）排放的可造成该损害的污染物未到达该损害发生地的；

（三）该损害于排放污染物、破坏生态行为实施之前已发生的；

（四）其他可以认定污染环境、破坏生态行为与损害之间不存在因果关系的情形。

专题七　环境民事公益诉讼裁判的执行

知识要点（1）环境民事公益诉讼案件的结案方式包括驳回起诉、依法撤诉、判决、调解与和解。（2）环境民事公益诉讼中生态环境修复的执行具有特殊性：一方面，执行的专业性要求高、周期长、难度大；另一方面，诉讼之公益性，必然要求生态环境修复的执行程序需要多方参与，确保公众的知情权和监督权，维护社会公共利益，因而需要创新执行方式。（3）环境民事公益诉讼中，经人民法院生效法律文书确定的生态环境无法修复或者无法完全修复的损害赔偿资金，以及赔偿义务人未履行义务或者未完全履行义务时应当支付的生态环境修复费用，可参照《生态环境损害赔偿资金管理办法（试行）》规定管理。

典型案例八
广东南岭国家级自然保护区环境民事公益诉讼案

一、案例材料

广东南岭国家级自然保护区（以下简称南岭保护区）是广东省面积最大的自然保护区，广东南岭森林景区管理有限公司（以下简称景区管理公司）在该保护区核心区内修路，造成老蓬段至石坑崆路段山体受损，生态遭到破坏，事件被曝光后，引起社会各界关注。2016年3月4日，北京市朝阳区自然之友环境研究所（以下简称自然之友）和广东省环保基金会（以下简称环保基金会）将景区管理公司起诉至广东省清远市中级人民法院（以下简称清远中院）。由此，诞生了2014年修订的《环境保护法》实施后，广东首宗调解结案的由环保组织提起的环境公益诉讼案，而本案更显著的亮点是尝试建立一套环境民事公益诉讼执行代管模式，取得了较好的实效，值得借鉴。

（一）案件背景

南岭保护区成立于1994年，地处南岭山脉中段南麓，属于森林生态类型自然保护区，主要保护对象是亚热带常绿阔叶林和珍稀濒危野生动植物及其栖息地；保护区总面积5.84万公顷（1公顷=10 000平方米），其中核心区面积2.36万公顷，缓冲区面积1.5万公顷，实验区面积1.98万公顷。在2010年12月国务院印发的《全国主体功能区规划》中，南岭山地森林及生物多样性生态功能区被列为水源涵养类型的功能区，是国家25个重点生态功能区之一。区域内禁止非保护性采伐，以保护和恢复植被，涵养水源，保护珍稀动物。

需要指出的是，南岭保护区是1994年在原乳阳、大顶山、龙潭角、秤架、大东山五个省级自然保护区基础上获批建立的；而1993年，广东省乳阳林业局管辖的同一片地域约46万亩的国有林场所在地，获批成立南岭国家森林公园（以下简称南岭森林公园）。因南岭森林公园与南岭保护区几乎完全重叠，造成了乳阳林业局“三块牌子一套人马”的管理现状。

2009年，乳阳林业局与深圳东阳光实业发展有限公司（以下简称东阳光公司）和景区管理公司签订合同，开发保护区内的道路等旅游设施。自2010年10月开始，在南岭保护区，一条由韶关市乳源县南岭森林公园通往石坑崆的旅游公路，在未做环评、未做水土保持方案的情形下直接穿过了保护区核心区。经环保志愿者举报，广东省林业厅于2012年1月对此事进行调查后，认为施工队违章施工，存在毁林行为，遂叫停了该工程的实施。但此后的五年间，该工程却一直悄悄施工，并于2016年案发前公路全程硬化完工。该施工项目造成老蓬段至石坑崆路段山体受损、植被受到严重破坏，同时导致当地动植物栖息地的破碎化，对生态环境产生了严重损害，受到社会广泛关注。2016年2月4日，在国家林业局重点督办的国家自然保护区名单中，南岭保护区违法开发也赫然在列，成为国家林业局上半年重点督办整改的国家级自然保护区之一。[46]

（二）诉讼过程

2016年3月4日，清远中院立案受理原告自然之友、支持单位中国政法大学环境资源法研究和服务中心、广州市越秀区鸟兽虫木自然保育中心与被告景区管理公司、东阳光公司环境污染责任纠纷一案，依法适用普通程序进行审理。在公告案件受理情况期间，清远中院根据申请依法同意环保基金会作为本案原告参加诉讼，并同意追加乳阳林业局为本案被告。本案审理情况如下。[47]

原告自然之友诉称：2009年12月26日，乳阳林业局与被告东阳光公司签约合作开发南岭森林公园。此后，被告景区管理公司、东阳光公司在南岭森林公园进行森林生态旅游项目开发、经营及管理。南岭森林公园与南岭保护区的面积几乎完全重叠。2010年10月始，被告开始在南岭保护区核心区内炸山修路。2011年年底，核心区修路的石坑岭山体陡峭，炸开的山石不经任何处理，直接用推土机推下山，使大量森林植被掩埋。2012年，老蓬段至石坑岭路段植被全部破坏殆尽，公路雏形已现。2016年元旦，被告开始实施硬化路面施工，目测至少有4公里沙泥路（之前炸山毁林开的沙泥路）已经铺上水泥。修路造成植被严重破坏，公路运行将永久性地加剧动植物栖息地的破碎化，进而导致部分濒危动植物的小种群现象甚至局部灭绝，对生态环境产生难以弥补的损害。原告认为被告的行为已使国家级自然保护区核心区自然生态环境受到严重损害，并将继续加剧对生态环境的损害，因而请求判令被告：（1）立即停止在南岭保护区核心区内老蓬至石坑岭之间修建公路；（2）在六个月内将在南岭保护区核心区内老蓬至石坑岭之间修路毁坏的生态环境恢复至原状，若未在六个月内将修路毁坏的生态环境恢复至原状，则支付生态环境修复费用500万元（以评估或专家意见为准）；（3）共同赔偿上述修路生态环境受到损害至恢复原状期间服务功能损失费用500万元（以评估或专家意见为准）；（4）在省级以上媒体上对南岭保护区核心区内修路破坏生态环境的行为公开赔礼道歉；（5）支付其因诉讼支出的评估或鉴定费、律师费、差旅费、调查取证费、专家咨询费、诉讼费等费用。

原告环保基金会诉称：乳阳林业局与被告景区管理公司、东阳光公司擅自决定在南岭保护区内进行修路在内的旅游项目开发活动，未经国务院有关自然保护区行政主管部门批准，南岭森林公园总体规划与南岭保护区总体规划相矛盾，且未获国家林业局批复同意和环境影响评价审批，其公路建设未经道路交通主管部门批准取得公路建设开工许可证，亦未经国土资源部门用地审批程序。违法行为发生后，三被告单位拒绝停止项目开发施工，未真正进行生态环境修复。因此，环保基金会请求判令被告：（1）立即停止在南岭保护区核心区和缓冲区内修路毁林等一切与自然保护区保护方向不一致的旅游项目开发活动；（2）支付生态环境修复费用500万元（以评估或专家意见为准），指令原告或由依法负有自然保护区监督检查职能的地方环境保护行政主管部门指定的其他机构，选择和监督有资格的第三方生态环境修复单位使用生态环境修复费用，将三被告在南岭保护区核心区和缓冲区修路毁坏的生态环境恢复至原状；（3）共同赔偿自上述修路毁林破坏生态环境之日起至恢复原状期间南岭保护区生态环境服务功能损失费用500万元（以评估或专家意见为准）；（4）在《中国绿色时报》或《中国环境报》上对南岭保护区核心区内修路破坏生态环境的行为公开赔礼道歉；（5）支付其因诉讼支出的评估或鉴定费、律师费27.1万元及差旅费、调查取证费、专家咨询费等费用。

在本案的审理过程中，经清远中院主持调解，双方当事人自愿达成如下协议：

（1）被告景区管理公司对因石坑崆公路修建而给生态环境所带来的破坏向社会公众表示歉意；立即停止在南岭保护区（南岭森林公园）内老蓬至石坑崆之间的修建公路行为，保持公路现状；已完成的道路仅作为森林防火、资源管护、生态修复使用；今后在自然保护区内不得新增旅游开发项目。

（2）被告景区管理公司在签订本调解协议之日起十日内赔偿生态环境修复费用500万元（此款已经履行）。上述费用用于老蓬至石坑崆段公路的生态修复以及自然保护区内的其他生态治理。

（3）被告景区管理公司按照广东省林业调查规划院所作出的《南岭国家森林公园林区公路（老蓬段）边坡复绿与生态修复（期）工程方案》（以下简称《修复方案》）的标准实施生态环境修复工作，于2019年4月30日前完成。生态环境修复工程必须履行公开招投标程序，并在原告、支持起诉单位和社会公众监督下使用生态环境修复费用。

（4）被告景区管理公司应在每年12月，向执行法院及原告通报生态修复进展情况，并接受司法、行政、原告、支持起诉单位及社会监督。被告乳阳林业局负责监督生态环境修复工程的具体实施。原告及支持起诉单位有权到现场查看生态修复情况，相关合理费用支出由被告景区管理公司负担。本案当事人及相关专家对生态环境修复工作效果进行评估，由此产生的相关费用由被告景区管理公司负担；如经评估生态环境修复结果尚未达到《修复方案》的要求，被告景区管理公司应继续承担后续生态环境修复费用直至通过生态环境修复效果评估为止。

（5）被告景区管理公司应向原告自然之友支付律师费20万元、差旅费4万元、评估费6万元、专家咨询费2万元；应向原告环保基金会支付律师费20万元、专家咨询费3万元；应向中国政法大学环境资源法研究和服务中心支付调查取证费5万元；应向广州市越秀区鸟兽虫木自然保育中心支付调查取证费5万元。

（6）本案案件受理费81 800元、公告费用6300元，由被告景区管理公司负担。

清远中院于2017年1月14日将上述调解协议在《人民法院报》及该院公告栏上进行了为期三十日的公告，公告期满后未收到任何意见和建议。此后，清远中院经审查认为，上述协议不违反法律规定和社会公共利益，予以确认。该调解书经各方当事人签收，已具有法律效力。

（三）典型意义

近年来，我国各级人民法院认真贯彻落实习近平新时代中国特色社会主义思想，特别是习近平生态文明思想，更新环境司法理念，推动环境公益诉讼审判工作取得了突破性进展。[48] 在肯定成绩和进步的同时，最高人民法院相关司法研究课题调研亦显示，我国开展环境公益诉讼的地方法院普遍存在重公益诉讼案件审理、轻生态修复执行的问题。[49] 生态环境修复通常是一个长期性的系统工程，涵盖生态修复方案的确定、资金和项目的监管、修复方案的实施和调整、验收等各项内容，具有相当的专业性和复杂性。为了更好地解决生态环境修复的执行问题，本案大胆设想并尝试建立了一套环境民事公益诉讼执行代管模式，适用于生态环境修复的执行工作，细化了执行流程，取得了较好的实践效果，能为今后其他环境公益诉讼案件的执行提供可借鉴模式。基于上述典型意义，本案于2018年入选“服务绿色发展促进美丽广东建设十大典型案例”。

二、教学手册

（一）教学目标

本案例着重要求学生掌握以下四个方面的知识：（1）在环境民事公益诉

讼中，为何需要建立支持起诉制度，哪些主体能够支持起诉，如何支持起诉；（2）环境民事公益诉讼有哪些结案方式；（3）环境民事公益诉讼的恢复性责任应如何执行；（4）环境民事公益诉讼赔偿资金应如何管理。

（二）教学内容

1.环境民事公益诉讼支持起诉制度

支持起诉是我国民事诉讼法的基本原则之一。依据《民事诉讼法》第15条的规定，机关、社会团体和企业事业单位对损害国家、集体或者个人民事权益的行为，可以支持受损害的单位或者个人向人民法院起诉。通说认为，支持起诉原则是指为了维护国家、集体或者个人的民事权益，发挥企业事业单位、机关、团体与民事违法行为作斗争的积极作用，民事诉讼法赋予他们支持受损害的单位或者个人向人民法院起诉的权利。机关、社会团体和企业事业单位可以作为支持起诉人，但需要注意的是，支持起诉人不是本案的直接利害关系人，没有实质意义上的诉权。

从文义解释的角度，《民事诉讼法》第15条关于支持起诉原则的规定主要适用于民事私益诉讼。《环境民事公益诉讼解释》第11条首次以司法解释的形式规定了环境民事公益诉讼支持起诉制度，旨在“践行环境治理多元共治理念，协助并提升社会组织的环境权益救济能力”。[50] 较之《民事诉讼法》第15条的规定，上述司法解释第11条明确规定环境民事公益诉讼支持起诉主体包括“检察机关、负有环境保护监督管理职责的部门及其他机关、社会组织、企业事业单位”，以及支持起诉的形式包括“提供法律咨询、提交书面意见、协助调查取证等方式”。

本案中有两家支持起诉单位，分别是中国政法大学环境资源法研究和服务中心和广州市越秀区鸟兽虫木自然保育中心。前一单位又称“污染受害者法律帮助中心”，成立于1998年10月，是经中国政法大学批准、司法部备案的环境资源法研究机构，同时也是自筹资金为社会提供环境法律服务的民间环境保护团体；后一单位成立于2008年，是致力于开展自然教育、推动生态保育的公益组织。两家支持起诉单位从法律咨询、专业辅助和协助调查等方面为原告提供了支持。

此外，早在检察公益诉讼试点期间，依据《人民检察院提起公益诉讼试点工作实施办法》第10条第（二）项的规定，支持法律规定的机关和有关组织提起民事公益诉讼是检察机关参与民事公益诉讼的方式之一。2017年6月27日修订的《民事诉讼法》第55条增加一款，作为第2款，亦明确规定人民检察院可以支持起诉的方式参与法律规定的机关或社会组织提起的民事公益诉讼。在司法实践中，检察机关也已探索出了一种“发现线索—督促起诉—协助起诉—派员出庭”系统化、全过程的支持民事公益诉讼模式，取得了较好的成效。

2.环境民事公益诉讼的结案方式

依据相关立法、司法解释和实践，环境民事公益诉讼案件的结案方式包括驳回起诉、依法撤诉、判决、调解与和解。

（1）因不符合环境民事公益诉讼的起诉条件而被法院驳回的情形，应依照民事诉讼法关于驳回起诉的一般性规定进行认定，并无特殊。

（2）较之普通民事诉讼，法院准许环境民事公益诉讼以撤诉方式结案有特定的要求，即负有环境保护监督管理职责的部门依法履行监管职责而使原告诉讼请求全部实现情形下的撤诉申请，才会被准许。

（3）依照《环境民事公益诉讼解释》第18条的规定，法院应根据原告提出的诉讼请求进行裁判，判决被告承担相应停止侵害、排除妨碍、消除危险、修复生态环境、赔偿损失、赔礼道歉等民事责任，以及原告支出的合理费用。

（4）较之普通民事诉讼，环境民事公益诉讼以调解或和解方式结案需遵循特殊规则：其一，公告，且公告期间不少于三十日；其二，法院审查调解协议或和解协议内容是否损害社会公共利益；其三，禁止以达成和解为由申请撤诉；其四，调解书应当写明诉讼请求、案件的基本事实和协议内容，并应当公开。本案就是以调解方式结案的典型案例。

3.环境民事公益诉讼恢复性责任的执行

环境民事公益诉讼的恢复性责任，是指行为人因污染环境、破坏生态损害社会公共利益或者具有损害社会公共利益重大风险行为而承担的修复生态环境的责任。具体而言：（1）为防止生态环境损害的发生和扩大，原告请求被告停止侵害、排除妨碍、消除危险的，人民法院可以依法予以支持；（2）生态环境损害已发生的，在能够修复的情形下，法院可以依法判决被告将生态环境修复到损害发生之前的状态和功能，无法完全修复的，可以准许采用替代性修复方式；（3）被告需承担生态修复责任的同时，法院可以确定被告不履行修复义务时应承担的生态环境修复费用，也可以直接判决被告承担生态环境修复费用。

环境公益诉讼中生态环境修复的执行具有特殊性：一方面，执行的专业性要求高、周期长、难度大；另一方面，诉讼之公益性，必然要求生态环境修复的执行程序需要多方参与，确保公众的知情权和监督权，维护社会公共利益。实践中，环境公益诉讼生态环境修复目前主要有两种执行模式：（1）人民法院运行模式，总体上依循我国当前普通民事强制执行的权力配置方式，即判断性事务与实施性事务均由人民法院行使，为弥补人民法院在生态修复专业知识方面的短板，在被告拒不履行修复生态环境义务的情形下，由人民法院自行委托第三方替代性修复生态环境，所需费用由被告承担；（2）环保部门运行模式，环保部门负责对执行中的生态修复方案进行审核，接受人民法院的委托对生态环境修复执行过程进行监督、对生态环境修复成果进行验收，并将执行情况告知人民法院。

本案中，清远中院因势利导，从促进生态环境修复执行难问题化解的务实理念出发，寻求在现有法律框架内通过执行代管模式解决执行困境。所谓执行代管模式，是指人民法院通过法律文书授权委托某个机构或组织代为行使法院某些执行方面的事务性职能，在人民法院的授权范围内负责代为管理环境民事公益诉讼执行阶段治理修复实施工作，向人民法院定期汇报工作，对人民法院负责。其中，经人民法院授权委托代为管理生态环境修复执行工作的主体，即被称为“生态修复管理人”。

4.环境民事公益诉讼赔偿金的管理

无论《环境民事公益诉讼解释》，还是《最高人民法院、最高人民检察院关于检察公益诉讼案件适用法律若干问题的解释》，均未对环境民事公益诉讼中经人民法院生效法律文书确定的生态环境无法修复或者无法完全修复的损害赔偿资金，以及赔偿义务人未履行义务或者未完全履行义务时应当支付的生态环境修复费用的管理予以规定。实践中，各地做法不尽相同，从管理主体性质的角度，大致可以分为两类：

（1）公权力机关管理模式，即由财政主管部门、生态环境主管部门设立生态损害赔偿金财政专户进行管理。例如，徐州、昆山和无锡均设置了市一级环保公益金账户，按照“收支两条线”管理，裁判文书中涉及的生态环境修复资金均统一支付给该账户，再由人民法院申领赔偿款用于生态环境修复。

（2）非公权力机关管理模式，即在生态环境修复资金管理领域引入公益基金会，作为中间环节连接环境公益诉讼的执行程序。例如，2015年，贵州省清镇市人民法院以个案契机与中国生物多样性保护与绿色发展基金会展开合作，由后者专门成立生态环境修复（贵州）专项基金，用于承接贵州部分地区环境公益诉讼的资金。该专项基金下设专项管理基金负责管理使用环境公益诉讼产生的生态环境修复资金，并在资金的使用过程中把案件承办法官纳入基金管理委员会中，作为委员会成员。

2020年3月11日，财政部印发《生态环境损害赔偿资金管理办法（试行）》（以下简称《管理办法》）对生态环境损害赔偿资金的管理予以规范。

依据《管理办法》第2条关于适用范围的规定，环境民事公益诉讼裁判的损害赔偿金并不属于该条款界定的生态环境损害赔偿资金。尽管如此，《管理办法》第15条规定环境民事公益诉讼裁判的损害赔偿金可参照适用。由此，《管理办法》可为实践中环境民事公益诉讼赔偿金的管理提供指引。

（三）问题与思考

（1）请思考环境民事公益诉讼支持起诉制度的价值、存在的问题及改进、完善措施。

（2）环境民事公益诉讼的结案方式有哪些？存在什么问题，以及如何进一步改进、完善？

（3）归纳、比较实践中环境民事公益诉讼恢复性责任的执行方式，分析各自的优势与不足，思考如何创新执行方式。

（4）环境民事公益诉讼赔偿资金应如何管理？实践中出现的两种管理模式存在哪些问题，应如何完善？

（四）法条链接

1.《中华人民共和国民事诉讼法》

第十五条　机关、社会团体、企业事业单位对损害国家、集体或者个人民事权益的行为，可以支持受损害的单位或者个人向人民法院起诉。

第五十五条　人民检察院在履行职责中发现破坏生态环境和资源保护、食品药品安全领域侵害众多消费者合法权益等损害社会公共利益的行为，在没有前款规定的机关和组织或者前款规定的机关和组织不提起诉讼的情况下，可以向人民法院提起诉讼。前款规定的机关或者组织提起诉讼的，人民检察院可以支持起诉。

2.《最高人民法院关于审理环境民事公益诉讼案件适用法律若干问题的解释》

第十一条　检察机关、负有环境保护监督管理职责的部门及其他机关、社会组织、企业事业单位依据民事诉讼法第十五条的规定，可以通过提供法律咨询、提交书面意见、协助调查取证等方式支持社会组织依法提起环境民事公益诉讼。

第二十六条　负有环境资源保护监督管理职责的部门依法履行监管职责而使原告诉讼请求全部实现，原告申请撤诉的，人民法院应予准许。

3.《生态环境损害赔偿资金管理办法（试行）》

第二条 本办法所称生态环境损害赔偿资金，是指生态环境损害事件发生后，在生态环境损害无法修复或者无法完全修复以及赔偿义务人不履行义务或者不完全履行义务的情况下，由造成损害的赔偿义务人主动缴纳或者按照磋商达成的赔偿协议、法院生效判决缴纳的资金。

经生态环境损害赔偿磋商协议确定或者人民法院生效法律文书确定，由赔偿义务人修复或者由其委托具备修复能力的社会第三方机构进行修复的，发生的生态环境损害修复费用不纳入本办法管理。

第六条 赔偿权利人负责生态环境损害赔偿资金使用和管理。赔偿权利人指定的相关部门、机构负责执收生态环境损害赔偿协议确定的生态环境损害赔偿资金；人民法院负责执收由人民法院生效判决确定的生态环境损害赔偿资金。

生态环境损害赔偿资金作为政府非税收入，实行国库集中收缴，全额上缴赔偿权利人指定部门、机构的本级国库，纳入一般公共预算管理。

第八条 生态环境损害赔偿资金统筹用于在损害结果发生地开展的生态环境修复相关工作。

第九条 生态环境修复相关支出纳入本级一般公共预算，按照预算管理有关规定执行。赔偿权利人指定的相关部门、机构负责编制生态修复及工作经费支出预算草案、绩效目标，提出使用申请，并对提供材料的真实性负责，经本级财政部门审核后按照规定支出。

第十条 生态环境修复相关资金支付按照国库集中支付制度有关规定执行。涉及政府采购的，按照政府采购有关法律、法规和规定执行。结转结余资金按照有关财政拨款结转和结余资金规定进行处理。

第十一条 生态环境修复相关资金实施全过程预算绩效管理。赔偿权利人指定的部门、机构应当加强事前绩效评估和绩效监控，在预算年度结束及时开展绩效自评并将结果报送本级财政部门。

第十五条 环境民事公益诉讼中，经人民法院生效法律文书确定的生态环境无法修复或者无法完全修复的损害赔偿资金，以及赔偿义务人未履行义务或者未完全履行义务时应当支付的生态环境修复费用，可参照本办法规定管理；需要修复生态环境的，人民法院应当及时移送省级、市地级人民政府及其指定的相关部门、机构组织实施。

第十六条 生态环境损害赔偿资金使用情况应当由赔偿权利人或者其指定的部门、机构以适当的形式及时向社会公开。

4.《人民检察院公益诉讼办案规则》

第九十九条 民事公益诉讼案件可以依法在人民法院主持下进行调解。调解协议不得减免诉讼请求载明的民事责任，不得损害社会公共利益。诉讼请求全部实现的，人民检察院可以撤回起诉。人民检察院决定撤回起诉的，应当经检察长决定后制作《撤回起诉决定书》，并在三日内提交人民法院。

第一百零一条 人民检察院可以采取提供法律咨询、向人民法院提交支持起诉意见书、协助调查取证、出席法庭等方式支持起诉。

专题八 环境民事公益诉讼与其他诉讼的衔接

知识要点（1）人民法院受理因同一损害生态环境行为提起的生态环境损害赔偿诉讼案件和民事公益诉讼案件，优先审理生态环境损害赔偿诉讼案件。（2）涉及海洋生态环境损害赔偿的，适用海洋环境保护法等法律及相关规定，但原则上，法院对海洋生态环境损害赔偿诉讼案件的受理，不能作为影响适格主体提起海洋民事公益诉讼的正当理由。（3）环境民事公益诉讼生效裁判中对原告有利判断的既判力之于关联私益诉讼原告单向扩张。

典型案例九

重庆藏金阁生态环境损害赔偿、环境民事公益诉讼案

一、案例材料

党的十八届三中全会明确提出对造成生态环境损害的责任者严格实行赔偿制度。为逐步建立生态环境损害赔偿制度，我国于2015年年底出台《生态环

境损害赔偿制度改革试点方案》（以下简称《试点方案》），选取部分省份开展以政府作为索赔主体进行救济的生态环境损害赔偿制度改革试点。重庆市是生态环境损害赔偿制度的试点城市之一。2017年，重庆两江志愿服务发展中心（以下简称两江中心）对重庆藏金阁物业管理有限公司（以下简称藏金阁公司）和重庆首旭环保科技有限公司（以下简称首旭公司）提起环境民事公益诉讼并被重庆市第一中级人民法院（以下简称重庆一中院）受理后，重庆市政府针对同一污染事实提起生态环境损害赔偿诉讼。

（一）案件背景

重庆藏金阁电镀工业园位于重庆市江北区港城工业园区内，是该工业园区内唯一的电镀工业园，园区内有若干电镀企业入驻。藏金阁公司为园区入驻企业提供物业管理服务，并负责处理企业产生的废水。藏金阁公司领取了排放污染物许可证，并拥有废水处理的设施设备。2013年12月5日，藏金阁公司与首旭公司签订为期四年的《电镀废水处理委托运行承包管理运行协议》（以下简称《委托运行协议》），首旭公司承接藏金阁电镀工业中心废水处理项目，该电镀工业中心的废水由藏金阁公司交给首旭公司使用藏金阁公司所有的废水处理设备进行处理。

2016年4月21日，重庆市环境监察总队执法人员在对藏金阁公司的废水处理站进行现场检查时，发现废水处理站中两个总铬反应器和一个综合反应器设施均未运行，生产废水未经处理便排入外环境。2016年4月22日至26日期间，经执法人员采样监测分析发现外排废水重金属超标，违法排放废水总铬浓度为55.5mg/L，总锌浓度为2.85×10^{2}mg/L，总铜浓度为27.2mg/L，总镍浓度为41mg/L，分别超过《电镀污染物排放标准》（GB 21900—2008）的规定标准54.5倍、189倍、53.4倍、81倍，对生态环境造成严重影响和损害。2016年5月4日，执法人员再次进行现场检查，发现藏金阁废水处理站1号综合废水调节池的含重金属废水通过池壁上的120mm口径管网未经正常处理直接排放至外环境并流入港城园区市政管网再进入长江。经监测，1号池内渗漏的废水中六价铬浓度为6.10mg/L，总铬浓度为10.9mg/L，分别超过国家标准29.5倍、9.9倍。从2014年9月1日至2016年5月5日违法排放废水量共计145 624吨。还查明，2014年8月，藏金阁公司将原废酸收集池改造为1号综合废水调节池，传送废水也由地下管网改为高空管网作业。该池池壁上原有110mm和120mm口径管网各一根，改造时只封闭了110mm口径管网，而未封闭120mm口径管网，该未封闭管网系埋于地下的暗管。首旭公司自2014年9月起，在明知池中有一根120mm管网可以连通外环境的情况下，仍然一直利用该管网将未经处理的含重金属废水直接排放至外环境。

受重庆市政府委托，重庆市环境科学研究院对藏金阁公司和首旭公司违法排放超标废水造成生态环境损害进行鉴定评估，并于2017年4月出具《鉴定评估报告书》。该评估报告载明：该事件污染行为明确，污染物迁移路径合理，污染源与违法排放至外环境的废水中污染物具有同源性，且污染源具有排他性。污染行为发生持续时间为2014年9月1日至2016年5月5日，违法排放废水共计145 624吨，其主要污染因子为六价铬、总铬、总锌、总镍等，对长江水体造成严重损害。《鉴定评估报告书》采用《生态环境损害鉴定评估技术指南总纲》《环境损害鉴定评估推荐方法（第Ⅱ版）》推荐的虚拟治理成本法对生态环境损害进行量化，按22元/吨的实际治理费用作为单位虚拟治理成本，再乘以违法排放废水数量，计算出虚拟治理成本为320.3728万元。违法排放废水的地点为长江干流主城区段水域，适用功能类别属Ⅲ类水体，根据虚拟治理成本法的“污染修复费用的确定原则”，Ⅲ类水体的倍数范围为虚拟治理成本的4.5~6倍，本次评估选取最低倍数4.5倍，最终评估出二被告违法排放废水造成的生态环境污染损害量化数额为1441.6776万元（即320.3728万元×4.5＝1441.6776万元）。重庆市环境科学研究院是环境保护部《关于印发〈环境损害鉴定评估推荐机构名录（第一批）〉的通知》中确认的鉴定评估机构。

2016年6月30日，重庆市环境监察总队以藏金阁公司从2014年9月1日至2016年5月5日通过1号综合调节池内的120mm口径管网将含重金属废水未经废水处理站总排口便直接排入港城园区市政废水管网进入长江为由，作出行政处罚决定，对藏金阁公司罚款580.72万元。藏金阁公司不服申请行政复议，重庆市环境保护局作出维持行政处罚决定的复议决定。后藏金阁公司诉至重庆市渝北区人民法院，要求撤销行政处罚决定和行政复议决定。重庆市渝北区人民法院于2017年2月28日作出〔2016〕渝0112行初324号行政判决，驳回藏金阁公司的诉讼请求。判决后，藏金阁公司未提起上诉，该判决发生法律效力。

2016年11月28日，重庆市渝北区人民检察院向重庆市渝北区人民法院提起公诉，指控首旭公司、程某（首旭公司法定代表人）等构成污染环境罪，应依法追究刑事责任。重庆市渝北区人民法院于2016年12月29日作出〔2016〕渝0112刑初1615号刑事判决，判决首旭公司、程某等人构成污染环境罪。判决作出后，双方未提起抗诉和上诉，该判决发生法律效力。

（二）诉讼过程

2017年，两江中心和重庆市政府针对藏金阁公司、首旭公司污染行为先后向重庆一中院提起诉讼。重庆一中院将两案分别立案，在经各方当事人同意后，对两案合并审理。本案的主要争议焦点如下。[51]

1.关于原告主体是否适格

本案涉及环境民事公益诉讼和生态环境损害赔偿诉讼，首先应当确定提起诉讼的主体是否具有原告资格。对于环境民事公益诉讼，根据《环境保护法》第58条有关“社会组织”的规定，两江中心于2011年8月正式在重庆市民政局登记注册，致力于工业污染防治、运营环评公众参与、环境影响力调查等项目，且无违法记录，具备合法的环境民事公益诉讼原告主体资格。对于生态环境损害赔偿诉讼，依据案件审理时适用的《试点方案》规定，重庆市政府系合法的赔偿权利人。因此，两原告基于不同的规定而享有各自的诉权，均应依法予以保护，诉讼请求基本相同，故分别立案、合并审理并无不当。

2.关于《鉴定评估报告书》是否准确

首先，《鉴定评估报告书》陈述的环境污染事实真实存在。《鉴定评估报告书》认定的污染物种类、污染源排他性和违法排放废水计量已被〔2016〕渝0112行初324号行政判决直接或者间接确认，相关行政行为已通过行政诉讼程序的合法性审查，其所采用的计量方法具有科学性和合理性，且两被告并未提供相反证据来推翻原判决，因此，应对《鉴定评估报告书》陈述的上述环境污染事实予以确认。

其次，关于《鉴定评估报告书》认定的损害量化数额准确。（1）原告方委托的重庆市环境科学研究院是环境保护部《关于印发〈环境损害鉴定评估推荐机构名录（第一批）〉的通知》中确立的鉴定评估机构，因此，其具备对生态环境损害进行鉴定评估的资格，且委托程序合法，鉴定评估采用的计算方法和结论科学有据。（2）本案违法排污行为持续时间长、违法排放数量大，且长江水体处于流动状态，难以直接计算生态环境修复费用，因此根据环境保护部组织制定的《生态环境损害鉴定评估技术指南总纲》《环境损害鉴定评估推荐方法（第Ⅱ版）》，采用虚拟治理成本法对事件造成的生态环境损害进行量化，并将量化结果作为生态环境损害赔偿的依据，合法合理。（3）根据藏金阁公司财务凭证及其法定代表人的调查询问笔录确定单位实际治理费用为22元/吨，并根据《环境损害鉴定评估推荐方法（第Ⅱ版）》（Ⅲ类地表水污染修复费用的确定原则为虚拟治理成本的4.5~6倍），结合本案污染事实，取最小倍数即4.5倍计算得出损害量化数额为320.3728万元×4.5＝1441.6776万元，合理准确。

3.关于藏金阁公司与首旭公司是否构成共同侵权

首先，首旭公司应承担污染环境的侵权责任。首旭公司使用藏金阁公司的废水处理设备承接废水处理项目，其明知1号废水调节池池壁上存在120mm口径管网并故意利用其违法排污，系直接实施主体，根据裁判时适用的《侵权责任法》第65条，应对污染环境的损害后果承担赔偿责任。

其次，藏金阁公司与首旭公司构成共同侵权，应当承担连带责任。（1）根据《排污许可管理办法（试行）》第4条，藏金阁公司作为取得排污许可证的企业，其自行排污或委托他人排污都应遵守依法排污的规定。因此，藏金阁公司具有监督首旭公司合法排污的法定责任。本案中，首旭公司的违法排污行为持续1年8个月而藏金阁公司未采取任何措施，系监管失职。（2）根据排污设备产权人和排污主体的法定责任以及双方协议，藏金阁公司应确保废水处理设施设备正常、完好。但藏金阁公司明知暗管未封闭仍将设备提供给首旭公司，可以认定其具有违法故意，且客观上为首旭公司的违法排放行为提供了条件。（3）藏金阁公司作为排污主体及物业管理部门，清楚需处理的废水数量、能合法排放的废水数量以及园区企业产生的实际用水数量，仍放任首旭公司违法排放废水，可以认定两被告达成了默示的一致，具有共同侵权的故意，并共同造成了污染后果。

根据民事诉讼中高度盖然性的证明标准，结合本案事实和证据，排除矛盾情形，应当认定藏金阁公司和首旭公司对于违法排污行为主观上具有共同故意，客观上实施了共同行为，因此，其构成共同侵权，应承担连带责任。

2017年12月22日，重庆一中院作出如下民事判决：（1）被告藏金阁公司和被告首旭公司连带赔偿生态环境修复费用1441.6776万元，于判决生效后十日内交付至重庆市财政局专用账户，由原告重庆市政府及其指定的部门和原告两江中心结合本区域生态环境损害情况用于开展替代修复；（2）被告藏金阁公司和被告首旭公司于判决生效后十日内，在省级或以上媒体向社会公开赔礼道歉；（3）被告藏金阁公司和被告首旭公司在判决生效后十日内给付原告重庆市政府鉴定费5万元，律师费19.8万元；（4）被告藏金阁公司和被告首旭公司在判决生效后十日内给付原告两江中心律师费8万元；（5）驳回原告重庆市政府和原告两江中心其他诉讼请求。[52] 判决后，各方当事人在法定期限内均未提出上诉，判决已发生法律效力。

（三）典型意义

本案系全国首批、重庆首例生态环境损害赔偿诉讼案件，作为试点期间为数不多的诉讼案件之一，为生态环境损害赔偿诉讼的经验积累与制度完善提供了样本。在社会组织提起环境民事公益诉讼后，政府提起生态环境损害赔偿诉讼，基于既要积极推进生态环境损害赔偿制度改革，又要保护社会组织维护社会公共利益的积极性的考虑，法院将公益诉讼和生态环境损害赔偿诉讼合并审理，为公益诉讼和生态环境损害赔偿诉讼的衔接进行了有益的尝试。

本案中，藏金阁公司将废水处理业务交由专业环境公司实施，对由此产生的责任承担问题，本案依据排污主体的法定责任、行为的违法性、主观上的默契及客观上的相互配合等因素对二者是否构成共同侵权进行综合判断，通过准确把握举证责任和归责原则判决藏金阁公司和首旭公司承担连带责任，有力地维护了环境公共利益。

二、教学手册

（一）教学目标

本案例着重要求学生掌握以下三个方面的知识：（1）环境民事公益诉讼与生态环境损害赔偿诉讼如何衔接；（2）环境民事公益诉讼与海洋生态环境损害赔偿诉讼如何衔接；（3）环境民事公益诉讼与环境民事私益诉讼如何衔接。

（二）教学内容

1.与生态环境损害赔偿诉讼的衔接

环境民事公益诉讼与生态环境损害赔偿诉讼在诉讼主体、适用范围上都有差别，因而在试点期间，如何实现两者的有效衔接一直是困扰理论界和实务界的一道难题。在2019年6月5日《最高人民法院关于审理生态环境损害赔偿案件的若干规定（试行）》（以下简称《生态环境损害赔偿规定（试行）》）出台前，重庆一中院对本案采取了分别立案、合并审理的方式，既支持了政府提起生态环境损害赔偿诉讼，又鼓励了社会组织提起环境民事公益诉讼，实现了生态环境损害赔偿诉讼与环境公益诉讼的有效衔接。

事实上，在《生态环境损害赔偿规定（试行）》出台之后，两类诉讼的衔接问题已然以明确两者顺位的方式予以解决。具体来说：（1）人民法院受理因同一损害生态环境行为提起的生态环境损害赔偿诉讼案件和民事公益诉讼案件，应先中止民事公益诉讼案件的审理，待生态环境损害赔偿诉讼案件审理完毕后，就民事公益诉讼案件未被涵盖的诉讼请求依法作出裁判；（2）对于在生态环境损害赔偿诉讼案件或者民事公益诉讼案件裁判生效后，就同一损害生态环境行为有证据证明存在前案审理时未发现的损害，并提起民事公益诉讼或生态环境损害赔偿诉讼的，人民法院应予受理。

需要指出的是，尽管《生态环境损害赔偿规定（试行）》第16条、第17条和第18条明确了生态损害赔偿诉讼的第一顺位，但并不能完全解决实践中遇到的所有诉讼竞合问题。例如，根据《生态环境损害赔偿制度改革方案》（以下简称《改革方案》）的规定，经调查发现生态环境损害需要修复或赔偿的，赔偿权利人应先根据生态环境损害鉴定评估报告，就损害事实和程度、修复启动时间和期限、赔偿的责任承担方式和期限等具体问题与赔偿义务人进行磋商；磋商未达成一致的，应及时提起诉讼。这也就意味着，如果赔偿磋商正在进行中，环境民事公益诉讼的适格主体提起了诉讼，法院是否能够立即受理案件，抑或是必须等待赔偿磋商结果再作决定？再如，环境民事公益诉讼在前且已经进入法庭实质性审查阶段，法院是否也应依照《生态环境损害赔偿规定（试行）》第17条的规定中止审理前案、优先提起在后的生态环境损害赔偿诉讼？这些问题有待相关司法解释在司法实务经验的基础上进一步予以明确。

2.与海洋生态环境损害赔偿诉讼的衔接

党的十八届三中全会明确提出对造成生态环境损害的责任者严格实行赔偿制度。为逐步建立生态环境损害赔偿制度，我国自2015年年底开始在部分省份开展生态环境损害赔偿制度改革试点，并从2018年开始在全国试行生态环境损害赔偿制度。无论是2015年的《试点方案》，抑或是2017年8月29日召开中央全面深化改革领导小组第三十八次会议审议通过的《改革方案》，均明确指出“涉及海洋生态环境损害赔偿的，适用海洋环境保护法等法律及相关规定”。

依据《海洋环境保护法》第89条第2款的规定，海洋环境监管部门有权代表国家，对破坏海洋生态、海洋水产资源、海洋保护区给国家造成重大损失的责任者，提出损害赔偿诉讼。同时，《环境保护法》《环境民事公益诉讼解释》均未对环境民事公益诉讼制度是否适用于海洋环境保护领域作出限制性规定。由此，海洋环境民事公益诉讼与海洋生态环境损害赔偿诉讼之间应如何衔接，有必要予以明确。

2017年12月29日发布的《最高人民法院关于审理海洋自然资源与生态环境损害赔偿纠纷案件若干问题的规定》第4条和第5条仅对海洋生态环境损害赔偿共同诉讼问题作出了如下规定：（1）立案公告程序，即海洋自然资源与生态环境损害赔偿诉讼立案之日起五日内应对受理情况进行公告；（2）诉讼参加申请程序，即自立案公告发布之日起三十日内，或者法院书面告知之日起七日内，可申请参加诉讼。但需要注意的是，申请参加诉讼的主体是“对同一损害有权提起诉讼的其他机关”，并不包括“社会组织”。

在海洋环境民事公益诉讼与海洋生态环境损害赔偿诉讼衔接方面，一方面，基于海洋监督管理部门代表国家行使海洋自然资源的所有权以及海洋生态环境的监管权，且其在日常工作中积累了大量有关海洋环境的调查、监测、监视、评价和研究等工作经验，同时拥有海洋环境保护方面的专业设备和专门人才，[53] 理应尊重其优先提起海洋生态环境损害赔偿诉讼的权利；另一方面，原则上，法院对海洋生态环境损害赔偿诉讼案件的受理，不能作为影响适格主体提起海洋民事公益诉讼的正当理由。

3.与环境民事私益诉讼的衔接

环境民事公益诉讼以保护社会公共利益为宗旨，而环境民事私益诉讼则以实现私人环境利益为目标。可见，两者之间的诉讼目的存在明显的区别，并不存在相互排斥的情况。各自的适格主体可以同时分别针对因污染行为或生态破坏行为导致的环境公共利益损害或人身伤害、财产损失提起环境民事公益诉讼和私益诉讼。

同时，为提升司法效率，两者之间有必要进行有效衔接。对此，《环境民事公益诉讼解释》在制度设计上对环境民事公益诉讼生效判决对私益诉讼的影响，以及两者赔偿责任的受偿顺位问题作出了如下规定：

（1）如果没有法定情形，对于环境民事公益诉讼生效裁判认定的事实，环境民事私益诉讼中的原、被告双方无需举证证明。

（2）如果没有法定情形，环境民事公益诉讼生效判决就被告是否存在法律规定的不承担责任或者减轻责任的情形、行为与损害之间是否存在因果关系、被告承担责任的大小等所作的认定，原告在环境私益民事诉讼中也可以直接主张适用。

（3）如果被告在环境民事公益诉讼和私益诉讼中均承担责任，但其财产不足以履行全部义务时，除非法律另有规定，环境民事私益诉讼所确定的义务应优先履行。

（三）问题与思考

（1）如何理解生态环境损害赔偿制度改革的目的和价值？思考并比较环境民事公益诉讼和生态环境损害赔偿诉讼的异同。

（2）如何理解生态环境损害赔偿诉讼与环境民事公益诉讼的顺位关系？如何完善两者之间的衔接规则？

（3）为何生态环境损害赔偿制度改革不适用于海洋生态环境损害赔偿领域？如何构建海洋生态环境损害赔偿诉讼与海洋环境民事公益诉讼之间的衔接规则？

（4）除现有规定以外，如何进一步完善环境民事公益诉讼和私益诉讼的衔接，以更好地保障公众环境权益？

（5）从环境司法专门化的角度，思考环境民事公益诉讼与环境行政公益诉讼、环境刑事诉讼程序之间的衔接。

（四）法条链接

1.《中华人民共和国海事诉讼特别程序法》

第七条　下列海事诉讼，由本条规定的海事法院专属管辖：

（一）因沿海港口作业纠纷提起的诉讼，由港口所在地海事法院管辖；

（二）因船舶排放、泄露、倾倒油类或者其他有害物质，海上生产、作业或者拆船、修船作业造成海域污染损害提起的诉讼，由污染发生地、损害结果地或者采取预防措施地海事法院管辖；

（三）因在中华人民共和国领域和有管辖权的海域履行的海洋勘探开发合同纠纷提起的诉讼，由合同履行地海事法院管辖。

2.《最高人民法院关于审理生态环境损害赔偿案件的若干规定（试行）》

第一条　具有下列情形之一，省级、市地级人民政府及其指定的相关部门、机构，或者受国务院委托行使全民所有自然资源资产所有权的部门，因与造成生态环境损害的自然人、法人或者其他组织经磋商未达成一致或者无法进行磋商的，可以作为原告提起生态环境损害赔偿诉讼：

（一）发生较大、重大、特别重大突发环境事件的；

（二）在国家和省级主体功能区规划中划定的重点生态功能区、禁止开发区发生环境污染、生态破坏事件的；

（三）发生其他严重影响生态环境后果的。

前款规定的市地级人民政府包括设区的市，自治州、盟、地区，不设区的地级市，直辖市的区、县人民政府。

第二条　下列情形不适用本规定：

（一）因污染环境、破坏生态造成人身损害、个人和集体财产损失要求赔偿的；

（二）因海洋生态环境损害要求赔偿的。

第十六条 在生态环境损害赔偿诉讼案件审理过程中，同一损害生态环境行为又被提起民事公益诉讼，符合起诉条件的，应当由受理生态环境损害赔偿诉讼的人民法院受理并由同一审判组织审理。

第十七条 人民法院受理因同一损害生态环境行为提起的生态环境损害赔偿诉讼案件和民事公益诉讼案件，应先中止民事公益诉讼案件的审理，待生态环境损害赔偿诉讼案件审理完毕后，就民事公益诉讼案件未被涵盖的诉讼请求依法作出裁判。

第十八条 生态环境损害赔偿诉讼案件的裁判生效后，有权提起民事公益诉讼的国家规定的机关或者法律规定的组织就同一损害生态环境行为有证据证明存在前案审理时未发现的损害，并提起民事公益诉讼的，人民法院应予受理。

民事公益诉讼案件的裁判生效后，有权提起生态环境损害赔偿诉讼的主体就同一损害生态环境行为有证据证明存在前案审理时未发现的损害，并提起生态环境损害赔偿诉讼的，人民法院应予受理。

3.《最高人民法院关于审理海洋自然资源与生态环境损害赔偿纠纷案件若干问题的规定》

第三条 海洋环境保护法第五条规定的行使海洋环境监督管理权的机关，根据其职能分工提起海洋自然资源与生态环境损害赔偿诉讼，人民法院应予受理。

第四条 人民法院受理海洋自然资源与生态环境损害赔偿诉讼，应当在立案之日起五日内公告案件受理情况。

人民法院在审理中发现可能存在下列情形之一的，可以书面告知其他依法行使海洋环境监督管理权的机关：

（一）同一损害涉及不同区域或者不同部门；

（二）不同损害应由其他依法行使海洋环境监督管理权的机关索赔。

本规定所称不同损害，包括海洋自然资源与生态环境损害中不同种类和同种类但可以明确区分属不同机关索赔范围的损害。

第五条 在人民法院依照本规定第四条的规定发布公告之日起三十日内，或者书面告知之日起七日内，对同一损害有权提起诉讼的其他机关申请参加诉讼，经审查符合法定条件的，人民法院应当将其列为共同原告；逾期申请的，人民法院不予准许。裁判生效后另行起诉的，人民法院参照《最高人民法院关于审理环境民事公益诉讼案件适用法律若干问题的解释》第二十八条的规定处理。

4.《最高人民法院关于审理环境民事公益诉讼案件适用法律若干问题的解释》

第二十九条　法律规定的机关和社会组织提起环境民事公益诉讼的，不影响因同一污染环境、破坏生态行为受到人身、财产损害的公民、法人和其他组织依据民事诉讼法第一百一十九条的规定提起诉讼。

第三十条　已为环境民事公益诉讼生效裁判认定的事实，因同一污染环境、破坏生态行为依据民事诉讼法第一百一十九条规定提起诉讼的原告、被告均无需举证证明，但原告对该事实有异议并有相反证据足以推翻的除外。

对于环境民事公益诉讼生效裁判就被告是否存在法律规定的不承担责任或者减轻责任的情形、行为与损害之间是否存在因果关系、被告承担责任的大小等所作的认定，因同一污染环境、破坏生态行为依据民事诉讼法第一百一十九条规定提起诉讼的原告主张适用的，人民法院应予支持，但被告有相反证据足以推翻的除外。被告主张直接适用对其有利的认定的，人民法院不予支持，被告仍应举证证明。

第三十一条　被告因污染环境、破坏生态在环境民事公益诉讼和其他民事诉讼中均承担责任，其财产不足以履行全部义务的，应当先履行其他民事诉讼生效裁判所确定的义务，但法律另有规定的除外。

注释

1.孙洪坤，俞翰沁.社会组织提起环境公益诉讼资格认定偏差的分析——以“腾格里沙漠案”绿发会遭遇起诉尴尬为例[J].环境保护，2017（2）：73.

2.张瑾娴.内蒙古阿拉善盟多名领导因腾格里沙漠环境问题被追责［EB /OL］.（2014−09−26）[2020−07−10]. http：//www.chinanews.com/fz/2014/09−26/6635755.shtml.

3.宁夏回族自治区中卫市中级人民法院民事裁定书（〔2015〕卫民公立6号）。

4.人民法院出版社. 最高人民法院、最高人民检察院指导性案例（第五版）（上册）[M]. 北京：人民法院出版社，2020：244.

5.同注3。

6.宁夏回族自治区高级人民法院民事裁定书（〔2015〕宁民公终6号）。

7.人民法院出版社. 最高人民法院、最高人民检察院指导性案例（第五版）（上册）[M]. 北京：人民法院出版社，2020：246-247.

8.许尚豪.无主公益的特殊诉讼——我国民事公益诉讼的本质探析及规则建构[J].政治与法律，2014（12）：101.

9.福建省高级人民法院民事判决书（〔2015〕闽民终字第2060号）。

10.新堂幸司. 新民事诉讼法[M]. 林剑锋，译.北京：法律出版社，2008：229.

11.张卫平.民事公益诉讼原则的制度化及实施研究 [J].清华法学，2013（7）：6-21；张陈果.论公益诉讼中处分原则的限制与修正——兼论《新民诉法解释》第289、290条的适用[J].中外法学，2016（4）：902-927.

12.最高人民检察院第八检察厅.民事公益诉讼典型案例实务指引[M].北京：中国检察出版社，2019：3-4.

13.恩施土家族苗族自治州人民检察院建议移送提起民事公益诉讼案件函（恩州检侦监建〔2016〕1号）。

14.恩施土家族苗族自治州人民检察院立案决定书（恩州检民公立〔2016〕01号）。

15.最高人民检察院第八检察厅. 民事公益诉讼典型案例实务指引[M].北京：中国检察出版社，2019：6-7.

16.《湖北省高级人民法院、湖北省人民检察院关于检察机关提起公益诉讼管辖等问题的座谈会议纪要》（2016）。

17.湖北省汉江中级人民法院民事判决书（〔2016〕鄂96民初18号）。

18.新堂幸司.新民事诉讼法[M].林剑锋，译.北京：法律出版社，2008：67.

19.王亚新，陈杭平，刘君博.中国民事诉讼法重点讲义[M].北京：高等教育出版社，2017：44.

20.颜运秋.公益诉讼理念于实践研究[M].北京：法律出版社，2019：285.

21.最高人民法院环境资源审判庭.最高人民法院关于环境民事公益诉讼司法解释理解与运用[M]. 北京：人民出版社，2015：107.

22.《最高人民法院关于全面加强环境资源审判工作为推进生态文明建设提供有力司法保障的意见》（法发〔2014〕11号）。

23."小鱼vs大坝"的诉讼，指的是发生在1975年以希尔等为首的田纳西州两个环保公益组织和一些公民诉田纳西流域管理局一案，原告要求法院确认田纳西流域管理局的泰利库大坝修建项目违法并终止修建，以保护一种新发现的、濒临灭绝的小鲈鱼。小鱼最终使得一项耗费庞大的大坝功亏一篑，该案成为美国网上票选出的最著名十大环保案例之一。理查德·拉撒路斯，奥利弗·哈克.环境法故事[M].曹明德，李兆玉，赵鑫鑫，王婉璐，译，北京：中国人民大学出版社，2013：82-106.

24.贾晨.四川雅江待建两水电站被提起预防性公益诉讼：可能危及当今世界残存最大的五小叶槭野生种群［EB /OL］.（2019-12-29）[2020-07-10]. https：//www.sohu.com/a/363482545_651611.

25.胡磊，陈芷萱.全国首例预防性公益诉讼案宣判：180株濒危植物的生存应作为水电站环评重要内容［EB /OL］.（2020-07-10）[2021-02-03]. https：//www.sohu.com/a/448541004_120388781.

26.四川省甘孜州藏族自治州中级人民法院民事判决书（〔2015〕甘民初字第45号）。

27.王树义.环境法前沿问题研究[M]. 北京：科学出版社，2012：226.

28.竺效.生态损害的社会化填补法理研究[M]. 北京：中国政法大学出版社，2017：42.

29.李艳芳，李斌.论我国环境民事公益诉讼制度的构建与创新[J].法学家，2006（5）：101-109.

30.吴凯杰.论预防性环境公益诉讼[J].理论与改革，2017（3）：146-161.

31.吴凯杰.检察环境公益诉讼应拓展预防功能[N].检察日报，2021.

32.张旭东.预防性环境民事公益诉讼程序规则思考[J].法律科学，2017（4）：164-172.

33.张洋，毋爱斌.论预防性环境民事公益诉讼中“重大风险”的司法认定[J].中国环境管理，2020（2）：138-144.

34.张辉.论环境民事公益诉讼的责任承担方式[J].法学论坛，2014（6）：58-67.

35.万挺.环境民事公益诉讼民事责任承担方式探析[N].人民法院报，2014-12-31.

36.杨立新，李怡雯.生态环境侵权惩罚性赔偿责任之构建——《民法典侵权责任编（草案二审稿）》第一千零八条的立法意义及完善[J]. 河南财经大学学报，2019（3）：19-21.

37.李丹.环境损害惩罚性赔偿请求权主体的限定[J].广东社会科学，

2020（3）：249–250；阙占文，黄笑翀.论惩罚性赔偿在环境诉讼中的适用[J].河南财经政法大学学报，2019（4）：48–49.

38.冯汝.民法典制定背景下我国环境侵权惩罚性赔偿制度的建立[J].环境与可持续发展，2016（3）：136–138；周骁然.论环境民事公益诉讼中惩罚性赔偿制度的构建[J].中南大学学报，2018（2）：52–62.

39.贺震.从曲折过程品出多重价值——江苏省泰州市天价环境公益诉讼案回顾[N].中国环境报，2016–02–19（08）.

40.别涛.环境公益诉讼的成功探索[N].中国环境报，2015–01–14（08）.

41.江苏省高级人民法院民事判决书（〔2016〕苏民终1357号）。

42.最高人民法院民事裁定书（〔2015〕民申字第1366号）。

43.同注42。

44.吕忠梅.环境司法理性不能止于"天价"赔偿：泰州环境公益诉讼案评析[J].中国法学，2016（3）：253–254.

45.王亚新，陈杭平，刘君博.中国民事诉讼法重点讲义[M].北京：高等教育出版社，2017：103–104.

46.刁凡超，李蕊.广东南岭保护区内非法建路：称能帮游客省钱，已承诺修复生态［EB /OL］.（2017–01–04）[2020–07–10]. https：//www.thepaper.cn/newsDetail_forward_1589010.

47.广东省清远市中级人民法院民事调解书（〔2016〕粤18民初3号）。

48.《最高人民法院办公厅关于印发江必新副院长在全国法院环境公益诉讼、生态环境损害赔偿诉讼审判工作推进会上讲话的通知》（法办〔2019〕347号）。

49.最高人民法院研究室.最高人民法院司法研究重大课题报告（环境资源审判卷）[M].北京：人民法院出版社，2019：30.

50.秦天宝.论环境民事公益诉讼中的支持起诉[J].行政法学研究，2020（6）：25.

51.人民法院出版社.最高人民法院最高人民检察院指导性案例（第五版）（上册）[M]. 北京：人民法院出版社，2021：453–459.

52.重庆市第一中级人民法院民事判决书（〔2017〕渝01民初773号）。

53.方剑明，周晓霞，李铭扬.海洋环境损害赔偿制度与海洋公益诉讼检察定位[N].检察日报，2020–12–21.

第三章
消费民事公益诉讼

| 专题九 | 消费民事公益诉讼的基础理论

知识要点（1）消费领域的“社会公共利益”，指的是人数众多且不特定的消费者之共同利益；若经营者虽损害了众多消费者的合法权益，但损害范围特定，就不宜被认定为消费民事公益诉讼所保护的“社会公共利益”。（2）消费领域中损害社会公共利益的五种情形为：提供有缺陷的产品或者服务侵害众多不特定消费者；未履行真实说明义务侵害众多不特定消费者权益，未履行安全保障义务侵犯众多不特定消费者权益，利用格式条款侵害众多不特定消费者权益，以及其他侵害众多不特定消费者权益的情形。（3）消费民事公益诉讼中原告采取预防性措施导致的费用由被告承担。（4）域外消费者公益诉讼的类型有：退出型集团诉讼，加入型集团诉讼，并用型集团诉讼，无须加入或退出型集团诉讼，以及消费者团体诉讼。

典型案例十
郭某良等人生产、销售硫磺熏制辣椒民事公益诉讼案[1]

一、案例材料

（一）案件背景[2]

2017年8月18日，信丰县公安局、大阿工商分局联合办案，在信丰县大阿镇民主村新竹头下郭某良家中查获8102.8斤半干辣椒、6841斤湿辣椒。办案人员当场提取半干辣椒和湿辣椒样品，送信丰县食品药品检验所进行检验。现场扣押辣椒5780斤，同时对剩余的9163.8斤辣椒（含6862.8斤半干辣椒、2301斤湿辣椒）采取现场查封的方式贴封条封存在郭某良家中的仓库内。后郭某良私自撕去封条将封存在其仓库的9163.8斤辣椒销售流入市场。经信丰县食品药品检验所检验，在郭某良家中提取的辣椒样品中，半干辣椒和湿辣椒中二氧化硫含量分别达到4.40g/kg、4.65g/kg，均超过食品安全国家标准0.2g/kg的上限20多倍。郭某良因犯生产、销售不符合安全标准的食品罪被信丰县人民法院判处拘役五个月，并处罚金1万元。

2017年9月12日，信丰县人民检察院在履行批准逮捕过程中发现，信丰县郭某良违法使用硫磺熏制辣椒并销售流入市场，其行为涉嫌食品药品安全领域，且侵害众多消费者合法权益，因此于2017年9月12日移送赣州市人民检察院办理。2017年9月30日，赣州市人民检察院作出立案决定。2017年10月10日，赣州市人民检察院根据《中华人民共和国民事诉讼法》（以下简称《民事诉讼法》）的规定，在《新法制报》依法公告督促有权提起诉讼的机关和社会组织就郭某良使用硫磺熏制和销售食用辣椒一案向人民法院提起公益诉讼，并在一个月的法定期限内回复。在一个月的法定期限内，赣州市人民检察院未收到相关机关或社会组织已提起诉讼的书面回复。

（二）诉讼过程

2018年6月5日，赣州市人民检察院向赣州市中级人民法院提起民事公益诉讼，赣州市中级人民法院于2018年9月14日公开开庭审理。

1.诉讼请求

原告请求法院判令：（1）被告郭某良应于本判决生效后三十日内向审理法院支付赔偿金32 989.68元；（2）被告郭某良应承担现场扣押5780斤硫磺熏制辣椒的销毁费用；（3）被告郭某良于该判决生效后三十日内在《赣南日报》或赣州广播电视台公开向社会公众赔礼道歉。

2.双方意见

（1）公益诉讼人江西省赣州市人民检察院的诉称。

被告从事辣椒生意期间，采用添加剂硫磺熏制辣椒以达到防霉、耐存储的目的。2017年8月18日，信丰县公安局、大阿工商分局联合办案，在信丰县大阿镇民主村新竹头下被告郭某良家中查获14 943.8斤辣椒，其中8102.8斤半干辣椒、6841斤湿辣椒。办案人员当场提取半干辣椒和湿辣椒样品，送信丰县食品药品检验所进行检验。现场扣押辣椒5780斤，同时对剩余的9163.8斤辣椒（含6862.8斤半干辣椒、2301斤湿辣椒）采取现场查封的方式贴封条封存在被告郭某良家中的仓库内。被告私自撕去封条，将封存在其仓库的9163.8斤辣椒销售流入市场。经信丰县食品药品检验所检验，在郭某良家中提取的辣椒样品中，半干辣椒和湿辣椒中二氧化硫含量分别达到4.40g/kg、4.65g/kg，均超过食品安全国家标准的0.2g/kg的上限20多倍。前述事实已由信丰县人民法院〔2017〕赣0722刑初281号刑事判决书确认，被告行为构成生产、销售不符合安全标准的食品罪，被判处拘役五个月，并处罚金1万元。赣州市人民检察院在履行职责过程中，发现被告生产、销售不符合食品安全标准的食用辣椒损害不特定众多消费者利益，于2017年9月30日立案调查，并于2017年10月10日依法在《新法制报》刊登公告，无相关组织或者个人提起民事公益诉讼。被告生产、销售不符合安全标准的食用辣椒14 943.8斤，在明知该辣椒被查封的情况下，仍将封存在其仓库的9163.8斤辣椒销售流入市场，危及众多不特定消费者生命健康，损害社会公共利益。根据《中华人民共和国侵权责任法》第15条、《中华人民共和国食品安全法》（以下简称《食品安全法》）第34条、《中华人民共和国消费者权益保护法》（以下简称《消费者权益保护法》）第48条、《最高人民法院关于审理食品药品纠纷案件适用法律若干问题的规定》（以下简称《食品药品案件适用法律规定》）第14条、《最高人民法院关于审理消费民事公益诉讼案件适用法律若干问题的解释》（以下简称《消费民事公益诉讼解释》）第1条和第13条等有关规定，被告虽然已经被追究了刑事责任，但仍应承担相应民事责任。经鉴定，被告销售硫磺熏制辣椒的总价款最低为33 349.68元（9163.8斤×3.6元/斤），根据《食品安全法》第148条第2款和《食品药品案件适用法律规定》第15条，被告应承担处以价款十倍的惩罚性损害赔偿，即承担333 496.8元的赔偿金。除此之外，被告应承担现场扣押的5780斤硫磺熏制辣椒销毁费用，消除食品安全隐患，并通过媒体公开向社会公众赔礼道歉。检察机关经过诉前程序后，无相关组织或个人提起民事公益诉讼，为维护广大消费者合法权益、保护社会公共利益，根据《民事诉讼法》第55条第2款、《最高人民法院、最高人民检察院关于检察公益诉讼案件适用法律若干问题的解释》第13条之规定，提起诉讼。

（2）被告郭某良的辩称。

被告非法处置已查封辣椒的行为，不等同于市场销售行为，未将食品添加剂硫磺熏制后的辣椒向市场消费者销售。本案现有证据无法证实被告非法处置的辣椒已经流入市场且该辣椒熏蒸干制后二氧化硫残留超标。（1）2017年8

月18日，工商部门将被告使用食品添加剂硫磺熏制后未干燥的辣椒现场查封于被告家院坪及房间内。因天气炎热，被查封的辣椒逐渐腐烂发臭影响到家庭生活。由于法律意识淡薄，在十几天后一个广东南雄人上门收购时，被告将已查封的辣椒处理给南雄人的处置行为，并非向市场上的普通消费者的销售行为。《消费者权益保护法》第2条所称的"消费者"是指为了生活消费需要购买、使用商品或者接受服务的民事主体。受让辣椒的南雄人，显然不是为了生活消费而向被告购买少量辣椒的普通消费者。被告的处置行为，不属于向市场不特定消费者出售商品的销售行为，被告没有向市场消费者出售不符合安全标准的辣椒。（2）南雄人受让被告处置的辣椒之后，有无将该辣椒流向市场且危及不特定的消费者群体，公益诉讼起诉人提供的现有证据无法证实。（3）本案经信丰县食品药品检验所检验的仅仅是生辣椒和半干辣椒的二氧化硫残留量超标，并非经晒干后的辣椒干的二氧化硫残留量超标。2015年5月24日施行的《食品安全国家标准食品添加剂使用标准》允许使用食品添加剂硫磺作为漂白剂、防腐剂用于干制蔬菜的熏蒸，但熏蒸后的二氧化硫残留量不得超过0.2g/kg，辣椒干属于干制蔬菜。本案被告处置的生辣椒和半干辣椒经过晾晒过程当中的挥发，二氧化硫残留量是否超过0.2g/kg的标准，公益诉讼起诉人无任何证据证实。

公益诉讼起诉人没有证据证实被告处置辣椒的行为已经造成消费者损害，其主张由被告支付非法处置辣椒鉴定价格十倍赔偿金的诉讼请求，不具有事实和法律依据。（1）本案公益诉讼起诉人向被告主张侵权责任，但侵权责任的成立必须要以损害后果（事实）为前提，如果没有损害后果，则不构成侵权责任，即"无损害无侵权"。《食品安全法》第148条第2款规定，生产不符合食品安全标准的食品或者经营明知是不符合食品安全标准的食品，消费者除要求赔偿外，还可以向生产者或者经营者要求支付价款十倍或者损失三倍的赔偿金。《食品药品案件适用法律规定》第15条规定，生产不符合安全标准的食品或者销售明知是不符合安全标准的食品，消费者除要求赔偿损失外，依据食品安全法等法律规定向生产者、销售者主张赔偿金的，人民法院应予支持。该规定均是以消费者已经存在损失的前提下，法律赋予消费者主张赔偿金的权利。本案公益诉讼起诉人提供的证据不能证实被告非法处置的辣椒流向市场并已造成消费者损害，应承担举证不能的不利后果，其主张赔偿金不具有事实和法律依据，该诉讼请求不应支持。（2）起诉书以鉴定的市场收购价3.6元/斤作为涉案辣椒价款，混淆了"价款"概念，与客观事实不符且违背法律规定。首先，被告收购的生辣椒为2.6元/斤。本案刑事诉讼程序中，证人郭某忠、郑某机、刘某生均证实案发当时生辣椒的市场价为2~3元/斤。信丰县价格认定中心认定涉案辣椒的收购价为3.6元/斤，显然不具有客观性。其次，信丰县价格认定中心认定涉案辣椒价格为市场收购价，并非消费者的消费购买价格。《食品安全法》第148条第2款及《食品药品案件适用法律规定》第15条规定的均系消费者的消费购买价格，并非经营者、销售者的收购价。因此，公益诉讼起诉人以经营者、销售者的收购价作为主张赔偿金的依据，显然混淆了法律对于“价款”的界定，不符合法律及司法解释的规定。最后，即便被告向南雄人非法处置辣椒的行为属于向市场消费者的销售行为，但公益诉讼起诉人以信丰县价格认定中心认定的收购价格作为赔偿金依据，也不符合客观事实。本案涉案的未干燥辣椒自查封后未再晾晒，加之天气炎热并包装覆盖，辣椒腐烂发臭符合生活常识。被告将腐烂变质辣椒以总价600元价格处置给南雄人符合客观事实，受让人不可能以市场收购价来收购已经腐烂变质的辣椒。因此，公益诉讼起诉人以市场收购价3.6元/斤作为主张赔偿金的依据，不符合生活常理，也不具有法律依据。

起诉书主张由被告承担被扣押辣椒的销毁处置费用，但未提供证据证实具体的处置方式及费用，依法不应支持。依据《民事诉讼法》第119条的规定，起诉必须有具体的诉讼请求和事实、理由。涉案被扣押辣椒以何种方式进行销毁处理及处理费用多少，公益诉讼起诉人均无法提供证据证实。因此，对公益诉讼起诉人该不明确且无任何证据证实的诉讼请求，依法不应支持。

本案不具有侵权损害事实，公益诉讼起诉人诉请由被告在市级媒体公开向社会公众赔礼道歉不具有事实和法律依据。依据《消费者权益保护法》第50条的规定，经营者侵害消费者的人格尊严、侵犯消费者人身自由或者侵害消费者个人信息依法得到保护的权利的，应当停止侵害、恢复名誉、消除影响、赔礼道歉，并赔偿损失。本案公益诉讼起诉人向被告主张侵权责任，依据前述答辩理由，本案公益诉讼起诉人并无证据证实侵权损害事实的存在，更不存在侵害消费者人格尊严、人身自由或个人信息的损害事实，公益诉讼起诉人主张由被告在市级以上媒体公开向社会公众赔礼道歉的诉讼请求，于法无据。

综上，本案不具有侵权损害事实，公益诉讼起诉人的诉讼请求不具有事实和法律依据，应当依法驳回。

3.一审法院查明的事实

经审理查明，被告从事辣椒生意期间，采用添加剂硫磺熏制辣椒以达到防霉、耐存储的目的。2017年8月18日，信丰县公安局、大阿工商分局联合办案，在信丰县大阿镇民主村新竹头下被告郭某良家中查获14 943.8斤辣椒，其中8102.8斤半干辣椒、6841斤湿辣椒。办案人员当场提取半干辣椒和湿辣椒样品，送信丰县食品药品检验所进行检验。现场扣押辣椒5780斤，同时对剩余的9163.8斤辣椒（含6862.8斤半干辣椒、2301斤湿辣椒）采取现场查封的方式贴封条封存在被告郭某良家中的仓库内。后被告私自撕去封条将封存在其仓库的9163.8斤辣椒销售流入市场。经信丰县食品药品检验所检验，在郭某良家中提取辣椒样品中，半干辣椒和湿辣椒中二氧化硫含量分别达到4.40g/kg、4.65g/kg，均超过食品安全国家标准0.2g/kg的上限20多倍。2017年12月21日，信丰县人民法院以生产、销售不符合安全标准的食品罪，判处被告拘役五个月，并处罚金1万元。赣州市人民检察院在履行职责中发现被告生产、销售不符合食品安全标准的食用辣椒损害不特定众多消费者利益，于2017年9月30日立案调查，并于2017年10月10日依法在《新法制报》刊登公告，无相关组织或者个人提起民事公益诉讼。2018年4月4日，信丰县价格认定中心接受赣州市人民检察院委托鉴定，认定大阿镇圩镇市场新鲜朝天椒收购价格在3.6元/斤左右，朝天椒辣椒干的批发价格在16元/斤左右。被告销售硫磺熏制辣椒的总价款最低为32 989.68元（9163.8斤×3.6元/斤）。

4.一审判决结果

一审法院认为，本案争议焦点是：（1）被告使用食品添加剂硫磺熏制辣椒是否符合食品安全标准以及是否造成社会公共利益受损；（2）被告是否应承担民事责任及如何承担。

关于使用食品添加剂硫磺熏制辣椒是否符合食品安全标准的问题。《最高人民法院关于适用〈中华人民共和国民事诉讼法〉的解释》第114条规定："国家机关或者其他依法具有社会管理职能的组织，在其职权范围内制作的文书所记载的事项推定为真实，但有相反证据足以推翻的除外。必要时，人民法院可以要求制作文书的机关或者组织对文书的真实性予以说明。"据此，公文书证的制作主体是国家机关和其他依法具有社会管理职能的组织，在其职权范围内出具的书证具有公共信用和社会公信力，没有相反证据足以推翻公文书证内容的情况下，可以作为认定事实的依据。该案中，赣州市疾病预防控制中心出具的《关于食用硫磺熏制导致二氧化硫含量超标辣椒对人体产生的危害问题回复函》，以国家标准和相关文献为依据，与郭某良生产、销售不符合安全标准的食品刑事案件生效判决认定事实相符，并无违法情形，应予采信。根据回复函内容，卫生部对江西省卫生厅关于对禁止用硫磺熏蒸干辣椒的批复（卫法监发〔2003〕10号）认为，根据《食品添加剂使用卫生标准》的规定，硫磺可用于熏蒸蜜饯、干果、干菜、粉丝、食糖，本标准中的干菜指干的叶类蔬菜，而辣椒属于茄果类蔬菜，因此按现行标准，不允许用硫磺熏蒸干辣椒。硫磺是可以起到增白防腐的作用，其通过附着在食品上的二氧化硫进入人体后很容易被湿润的黏膜吸收，进而对眼睛及呼吸道产生强烈刺激作用，人们食用这种食品后很可能会产生呕吐、腹泻、恶心等症状，甚至致癌。据此，郭某良使用食品添加剂硫磺熏制辣椒，违反了卫法监发〔2003〕10号的文件规定，不符合食品安全标准。被告辩称辣椒干属于干制蔬菜，可以使用食品添加剂硫磺作为漂白剂和防腐剂，与上述回复函内容不符，该院未予采信。

关于是否应当承担赔偿责任的问题。《食品药品案件适用法律规定》（2013）第15条规定："生产不符合安全标准的食品或者销售明知是不符合安全标准的食品，消费者除要求赔偿损失外，向生产者、销售者主张支付价款十倍赔偿金或者依照法律规定的其他赔偿标准要求赔偿的，人民法院应予支持。"第17条第2款规定："消费者协会依法提起公益诉讼的，参照适用本规定。"该案中，由于郭某良使用食品添加剂硫磺熏制辣椒的行为不符合食品安全标准，消费者可以依照该规定，向生产者、销售者郭某良要求支付价款十倍的赔偿金。被告主张未将食品添加剂硫磺熏制后的辣椒流入市场，与其将辣椒非法销售的事实不符，法院未予支持。被告辩称惩罚性赔偿的规定应以消费者人身权益受到损害为前提。根据上述司法解释，生产不符合安全标准的食品或者销售明知是不符合安全标准的食品，其法律后果为赔偿损失和惩罚性赔偿，赔偿损失的前提为消费者人身权益受到实际的损害，而惩罚性赔偿不以人身权益受到损害为前提，故法院对被告的辩解主张未予支持。

关于价款标准的认定问题。《最高人民法院关于民事诉讼证据的若干规定》（2008）第71条规定："人民法院委托鉴定部门作出的鉴定结论，当事人没有足以反驳的相反证据和理由的，可以认定其证明力。"该案中，信丰县物价局价格认定中心出具的《关于对大阿镇圩镇市场朝天椒的价格认定结论书》，以市场调查情况为依据，亦无违法情形，应予采信。结论书认定，2017年8月大阿镇圩镇市场新鲜朝天椒收购价格在3.6元/斤左右，朝天椒辣椒干的批发价格在16元/斤左右。据此，公益诉讼起诉人请求以3.6元/斤为标准计算赔偿金具有事实依据，法院予以支持。被告对该价格标准提出异议，认为与郭某良生产、销售不符合安全标准的食品刑事案件中证人郑某机、刘某生的证言不符。对此，法院认为，郑某机、刘某生证言估计市场价为2~3元/斤，证言对价格并未作出确定的判断，且与价格认定结论书的新鲜朝天椒收购价格基本相符。而被告实际被查获的辣椒不仅有新鲜辣椒，还有大部分的半干辣椒，公益诉讼起诉人以新鲜辣椒的较低价格作为起诉标准，已经对被告较为有利，应予以采信。经查，被告非法销售辣椒的总量为9163.8斤（6862.8斤半干辣椒、2301斤湿辣椒），应当支付的惩罚性赔偿金数额为329 896.8元（9163.8斤×3.6元/斤×10倍）。

关于销毁费用的承担问题。由于现场扣押的辣椒5780斤均属于不符合安全标准的食品，如果流入市场将进一步危害到食品公共安全，公益诉讼起诉人请求消除食品安全隐患，由被告承担扣押的硫磺熏制辣椒销毁费用，符合客观事实，法院予以支持。对于销毁费用的具体金额，以销毁中实际发生的金额为准。

关于赔礼道歉的问题。《消费民事公益诉讼解释》第13条第1款规定："原告在消费民事公益诉讼案件中，请求被告承担停止侵害、排除妨碍、消除危险、赔礼道歉等民事责任的，人民法院可予支持。"在民事公益诉讼中，不解决特定受害人的人身权、财产权受到损害的问题，不存在向特定受害人赔礼道歉的问题。然而，生产销售不符合安全标准食品的行为对不特定消费者的精神造成伤害，被告应当在公开媒体上进行书面道歉。

综上所述，《民事诉讼法》第55条规定："对污染环境、侵害众多消费者合法权益等损害社会公共利益的行为，法律规定的机关和有关组织可以向人民法院提起诉讼。人民检察院在履行职责中发现破坏生态环境和资源保护、食品药品安全领域侵害众多消费者合法权益等损害社会公共利益的行为，在没有前款规定的机关和组织或者前款规定的机关和组织不提起诉讼的情况下，可以向人民法院提起诉讼。前款规定的机关或者组织提起诉讼的，人民检察院可以支持起诉。"被告郭某良的行为损害了不特定消费者的生命健康权，除应受到刑事处罚外，还应承担相应的民事侵权责任。赣州市人民检察院提起民事公益诉讼，是代表广大消费者群体提起的诉讼，是维护社会公益的一种方式，程序合法，请求得当有据，法院予以支持。依照《食品药品案件适用法律规定》第15条、第17条第2款以及《消费民事公益诉讼解释》第13条第1款、《最高人民法院关于适用〈中华人民共和国民事诉讼法〉的解释》第114条、《民事诉讼法》第55条和第152条之规定，判决如下：（1）被告郭某良应于本判决生效后三十日内向审理法院支付赔偿金人民币329 896.8元；（2）被告郭某良应承担现场扣押5780斤硫磺熏制辣椒的销毁费用；（3）被告郭某良于本判决生效后三十日在《赣南日报》或者赣州广播电视台公开向社会公众赔礼道歉。

（三）典型意义

法律对生产经营不符合安全标准食品的行为设立严格的追责制度，既是要让受侵害的个体权利得到伸张，也是要通过对侵权者进行严厉的经济制裁，加大违法者的违法成本，制止不法行为，不让违法者获取非法利益。但是，由于我国《民事诉讼法》并未就消费公益诉讼提起的请求类型作出限定，本案中的一审法院根据《食品安全法》第184条第2款和《食品药品案件适用法律规定》第15条，要求被告承担十倍惩罚性赔偿。通过惩罚性赔偿的制裁，可以更好地使消费者的合法权益和社会公共利益得到保障。

二、教学手册

（一）教学目标

本案例着重要求学生掌握以下几个方面的知识：（1）如何理解消费领域的公共利益属性；（2）消费领域损害社会公共利益的几种情形；（3）消费民事公益诉讼中的预防性费用负担原则；（4）比较法视野下消费民事公益诉讼的不同类型。

（二）教学内容

1.消费民事公益诉讼中“公共利益”属性的理解

2012年修订的《民事诉讼法》第55条规定：“对污染环境、侵害众多消费者合法权益等损害社会公共利益的行为，法律规定的机关和有关组织可以向人民法院提起诉讼。”从而对民事公益诉讼制度作了原则性的规定。为配合这一规定的实施，2013年修订的《消费者权益保护法》第47条规定：“对侵害众多消费者合法权益的行为，中国消费者协会以及在省、自治区、直辖市设立的消费者协会，可以向人民法院提起诉讼。”

关于《民事诉讼法》第55条和《消费者权益保护法》第47条的解释曾存在较大的分歧，立法机关只明确了《民事诉讼法》第55条和《消费者权益保护法》第47条的体系关系，全国人大常委会法制工作委员会民法室在《中华人民共和国消费者权益保护法解读》一书中表述为“为了落实民事诉讼法的规定，加强对消费者合法权益的保护，这次修改专门对消费公益诉讼问题作了规定”。但是《消费者权益保护法》第47条“侵害众多消费者合法权益”的表述仍然会产生“侵害众多消费者合法权益的行为”是否当然等同于“侵害社会公共利益的行为”的争议。

一种观点认为，只要被侵害合法权益的消费者人数“众多”，即应纳入消费民事公益诉讼的适用范围。其理由是，首先，《消费者权益保护法》与《民事诉讼法》表述不一致，并未明确“公共利益”的限定范围，且就内容而言，《消费者权益保护法》为实体法，《民事诉讼法》为程序法，适用范围属于实体范畴，应以《消费者权益保护法》为依据；从关系上看，《民事诉讼法》为一般法，《消费者权益保护法》为特别法，特别法优先于一般法适用；从时间上看，《消费者权益保护法》修正实施在后，后法优于前法。另外，关于“众多”的数量标准，有10人以上、20人以上和200人以上等不同的建议。[3] 另一种观点认为，判断是否属于消费民事公益诉讼适用范围，不仅应以被侵害合法权益的消费者是否“众多”作为形式标准，而且应以“损害社会公共利益”作为实质标准。因为公益诉讼是为保护社会公共利益提起的诉讼，以维护健康有序的社会秩序为目的，最终促进全社会的和谐发展。依照公益诉讼制度安排的价值考量，社会公共利益受损当然是提起消费民事公益诉讼的必要条件。

一般认为，消费领域的社会公共利益为人数众多且不特定的消费者共同利益，该利益具有社会公共利益属性。如果经营者虽然损害了众多消费者的合法权益，但损害范围为特定的消费者主体，并不一定会侵害社会公共利益。回归到本案中，制作并销售硫磺熏制的辣椒导致其流向市场，受影响人数众多，而且关键在于潜在的受影响人数难以估算，因此严重损害了广大消费者的利益。在上述情形下，众多不特定消费者权益受损，会对市场诚信经营秩序产生破坏，导致社会公共利益受损。赋予检察机关提起消费民事公益诉讼权，是对社会公共利益的救济和保护。

2.消费领域损害社会公共利益的类型

《消费民事公益诉讼解释》第2条对消费领域损害社会公共利益的情形进行了类型化梳理。类型化界定消费领域侵害社会公共利益的情形，有利于克服对社会公共利益进行价值判断的主观性，增强操作性。将消费领域的社会公共利益予以类型化，既为消费者协会提起消费民事公益诉讼提供指引，又对法官在此类案件中的自由裁量权进行限制。《消费民事公益诉讼解释》第2条在类型化方法选择上，采取了开放式列举，既具体列举，又设置了兜底条款，包括如下五种损害社会公共利益的类型。[4]

一是提供有缺陷的产品或者服务侵害众多不特定消费者合法权益。缺陷产品、服务造成的危害具有广泛性、严重性，对消费者的侵害也最直接、最典型。缺陷产品危及或损害的不仅是个体消费者，而是整个消费者群体，呈现发散性的特点，直接涉及社会公共利益。服务责任虽然不包括在产品责任中，将其与产品责任并列，力求对消费者权益保护的完整性。二是未履行真实说明义务而侵害众多不特定消费者权益。如上海市消费者权益保护委员会诉广东某移动通信有限公司消费民事公益诉讼案中，其诉讼请求为被告就存在的内存缩水、软件功能不清等问题履行真实说明义务。被告怠于履行真实说明义务已经涉及侵犯社会公共利益，只有通过提起消费民事公益诉讼方能督促被告积极履行。三是未履行安全保障义务而侵犯众多不特定消费者权益。消费者在消费过程中，其人身和财产安全应当得到经营者的保障，否则经营者应当承担相应责任。如商场、餐馆频发的电梯伤人事件，经营者往往不愿意在安全保障上增加成本，从而导致消费者处于危险之中。运用行政手段不能完全解决安全保障问题，应当赋予消费者协会针对安全保障隐患对经营者怠于履行安全保障义务提起消费民事公益诉讼的权利。四是利用格式条款侵害众多不特定消费者权益。实践中，诸如经营者利用排除对方退货权利的条款，将争议解决管辖法院约定为经营者所在地等；对于未签订合同的消费者，由于格式条款的相对人具有不特定的特点，他们的合法权益也面临被侵害的风险。但是，毕竟他们的合法权益还没有受到损害，不能据此提起诉讼。而对于已经签订合同的广大消费者，他们的合法权益已经受到侵害，但基于诉讼成本高、收益小的考量，他们不愿起诉。此时，消费者协会就可以主动提起消费民事公益诉讼，维护广大消费者的权益。[5] 五是其他侵害众多不特定消费者权益的行为。采取开放式列举的方式，由法官结合社会公共利益的特点，包括受益对象的不特定性、受益内容的不确定性以及社会公共利益发展的历史性、阶段性、层次性予以综合判断。如不正当竞争、垄断行为及个人信息保护能否提起消费民事公益诉讼有待进一步探索。

3.消费民事公益诉讼中的预防性费用负担原则

《消费民事公益诉讼解释》第17条规定："原告为停止侵害、排除妨碍、消除危险采取合理预防、处置措施而发生的费用，请求被告承担的，人民法院应依法予以支持。"该条规定明确了消费民事公益诉讼中原告采取预防性措施导致的费用由被告承担的原则。事实上，损害的预防胜于损害补偿。[6] 预防性的侵权责任方式，是指以预防民事权益的侵害为目的，由侵权人承担的责任方式，主要包括停止侵害、排除妨碍、消除危险。[7] 作为消费民事公益诉讼的原告，为了避免侵害发生或损失的进一步扩大，采取处置措施消除潜在的危险，如本案中检察机关提出销毁硫磺熏蒸的辣椒而产生的费用，也是基于为经营者一方的利益而发生，由经营者承担符合侵权责任自负原则。

4.比较法视野下消费民事公益诉讼的不同类型

消费民事公益诉讼包括集团诉讼和团体诉讼，但由于各国制度并不完全一致，根据各自实际情况，设计出了在内容上有所差别的诉讼程序。大致可以分为如下几种类型。

一是退出型集团诉讼，即不特定受害的消费者个人如果不申请退出集团诉讼，生效判决之效力将对其具有法律约束力。如果原告胜诉，未申请退出的消费者可依据判决获得相应利益；但如果原告败诉，未退出的消费者不得重复提起诉讼。能够提起这一类型公益诉讼的主体有的国家规定为消费者个人、消费者团体、行政机关、检察官等；有的国家仅规定其中部分主体才享有诉权，代表性国家有美国、加拿大、澳大利亚等。

二是加入型集团诉讼，指原告提起消费者团体诉讼后，消费者个人收到诉讼通知后，应当在规定的期间内向法院申请登记成为集团成员，生效判决对所有登记的成员具有约束力。该诉讼类型容易确定集团成员范围和胜诉金分配，代性国家有英国、瑞典、芬兰、意大利、墨西哥等。

三是并用型集团诉讼，指的是在同一部立法中同时规定加入型集团诉讼和退出型集团诉讼的立法模式。一般来说，消费者个人损失额较小的案件采用退出型，损失额较大的案件采用加入型。代表性国家有挪威、丹麦等。

四是无须加入或退出型集团诉讼，指的是即使集团诉讼提出损害赔偿请求，也无须要求消费者个人申请加入或退出。若原告胜诉，消费者个人可以依据判决享有判决利益；若原告败诉，则消费者个人并不受判决既判力的约束，可以继续提起个人诉讼。代表性国家有美国各州检察官提起的“州权执行型集团诉讼”和巴西的“二阶式审理模式”消费者公益诉讼。

五是消费者团体诉讼，是指消费者团体提起的请求禁令诉讼以及代理消费者个人提起的损害赔偿诉讼，不包括消费者团体作为诉讼代表人提起的集团诉讼，因这一形态的诉讼已经包含于前述几种集团诉讼中。代表性国家有德国、法国等。20世纪90年代，欧盟成员国也纷纷修改法律建立消费者团体诉讼制度。[8]

（三）问题与思考

（1）2014年12月30日，浙江省消费者权益保护委员会以“上海铁路局强行要求通过实名制购票乘车后遗失车票的消费者另行补票的行为，侵害了众多不特定消费者的合法权益”为由，向上海铁路运输法院提起消费民事公益诉讼，上海铁路法院作出不予受理的的一审裁定，其理由为“原告未能提供证据证明社会公共利益受到侵害”。试以上述案例为基础，分析消费民事公益诉讼中公共利益的判断标准和尺度把握。

（2）本案例中，被告提出惩罚性赔偿请求的提出必须以损害发生为前提条件，请结合《中华人民共和国民法典》的相关规定思考惩罚性赔偿请求权是否有独立提出的可能？

（3）试从既判力角度分析消费民事公益诉讼生效裁判对于私益诉讼的影响。

（4）在相关机构或组织提起消费民事公益诉讼，消费者因自身权利受到损害提起私益诉讼时，会出现两个诉讼中部分诉讼请求重合的问题，人民法院应当如何作出判决？请分情况予以讨论。

（四）法条链接

1.《中华人民共和国民法典》

第一千一百六十七条　侵权行为危及他人人身、财产安全的，被侵权人有权请求侵权人承担停止侵害、排除妨碍、消除危险等侵权责任。

第一千二百零二条　因产品存在缺陷造成他人损害的，生产者应当承担侵权责任。

2.《中华人民共和国民事诉讼法》

第五十五条　对污染环境、侵害众多消费者合法权益等损害社会公共利益的行为，法律规定的机关和有关组织可以向人民法院提起诉讼。

人民检察院在履行职责中发现破坏生态环境和资源保护、食品药品安全领域侵害众多消费者合法权益等损害社会公共利益的行为，在没有前款规定的机关和组织或者前款规定的机关和组织不提起诉讼的情况下，可以向人民法院提起诉讼。前款规定的机关或者组织提起诉讼的，人民检察院可以支持起诉。

3.《中华人民共和国食品安全法》

第三十四条　禁止生产经营下列食品、食品添加剂、食品相关产品：

（一）用非食品原料生产的食品或者添加食品添加剂以外的化学物质和其他可能危害人体健康物质的食品，或者用回收食品作为原料生产的食品；

（二）致病性微生物，农药残留、兽药残留、生物毒素、重金属等污染物质以及其他危害人体健康的物质含量超过食品安全标准限量的食品、食品添加剂、食品相关产品；

（三）用超过保质期的食品原料、食品添加剂生产的食品、食品添加剂；

（四）超范围、超限量使用食品添加剂的食品；

（五）营养成分不符合食品安全标准的专供婴幼儿和其他特定人群的主辅食品；

（六）腐败变质、油脂酸败、霉变生虫、污秽不洁、混有异物、掺假掺杂或者感官性状异常的食品、食品添加剂；

（七）病死、毒死或者死因不明的禽、畜、兽、水产动物肉类及其制品；

（八）未按规定进行检疫或者检疫不合格的肉类，或者未经检疫或者检验不合格的肉类制品；

（九）被包装材料、容器、运输工具等污染的食品、食品添加剂；

（十）标注虚假生产日期、保质期或者超过保质期的食品、食品添加剂；

（十一）无标签的预包装食品、食品添加剂；

（十二）国家为防病等特殊需要明令禁止生产经营的食品；

（十三）其他不符合法律、法规或者食品安全标准的食品、食品添加剂、食品相关产品。

第一百四十八条　消费者因不符合食品安全标准的食品受到损害的，可以向经营者要求赔偿损失，也可以向生产者要求赔偿损失。接到消费者赔偿要求的生产经营者，应当实行首负责任制，先行赔付，不得推诿；属于生产者责任的，经营者赔偿后有权向生产者追偿；属于经营者责任的，生产者赔偿后有权向经营者追偿。

生产不符合食品安全标准的食品或者经营明知是不符合食品安全标准的食品，消费者除要求赔偿损失外，还可以向生产者或经营者要求支付价款十倍或者损失三倍的赔偿金；增加赔偿的金额不足一千元的，为一千元。但是，食品的标签、说明书存在不影响食品安全且不会对消费者造成误导的瑕疵的除外。

4.《最高人民法院关于适用〈中华人民共和国民事诉讼法〉的解释》

第二百八十四条　环境保护法、消费者权益保护法等法律规定的机关和有关组织对污染环境、侵害众多消费者合法权益等损害社会公共利益的行为，根据民事诉讼法第五十五条规定提起公益诉讼，符合下列条件的，人民法院应当受理：

（一）有明确的被告；

（二）有具体的诉讼请求；

（三）有社会公共利益受到损害的初步证据；

（四）属于人民法院受理民事诉讼的范围和受诉人民法院管辖。

第二百八十五条 公益诉讼案件由侵权行为地或者被告住所地中级人民法院管辖，但法律、司法解释另有规定的除外。

因污染海洋环境提起的公益诉讼，由污染发生地、损害结果地或者采取预防污染措施地海事法院管辖。

对同一侵权行为分别向两个以上人民法院提起公益诉讼的，由最先立案的人民法院管辖，必要时由它们的共同上级人民法院指定管辖。

5.《最高人民法院、最高人民检察院关于检察公益诉讼案件适用法律若干问题的解释》

第二条 人民法院、人民检察院办理公益诉讼案件主要任务是充分发挥司法审判、法律监督职能作用，维护宪法法律权威，维护社会公平正义，维护国家利益和社会公共利益，督促适格主体依法行使公益诉权，促进依法行政、严格执法。

第四条 人民检察院以公益诉讼起诉人身份提起公益诉讼，依照民事诉讼法、行政诉讼法享有相应的诉讼权利，履行相应的诉讼义务，但法律、司法解释另有规定的除外。

第五条 市（分、州）人民检察院提起的第一审民事公益诉讼案件，由侵权行为地或者被告住所地中级人民法院管辖。

基层人民检察院提起的第一审行政公益诉讼案件，由被诉行政机关所在地基层人民法院管辖。

第十三条 人民检察院在履行职责中发现破坏生态环境和资源保护、食品药品安全领域侵害众多消费者合法权益，侵害英雄烈士等的姓名、肖像、名誉、荣誉等损害社会公共利益的行为，拟提起公益诉讼的，应当依法公告，公告期间为三十日。

公告期满，法律规定的机关和有关组织、英雄烈士等的近亲属不提起诉讼的，人民检察院可以向人民法院提起诉讼。

6.《最高人民法院关于审理消费民事公益诉讼案件适用法律若干问题的解释》

第一条 中国消费者协会以及在省、自治区、直辖市设立的消费者协会，对经营者侵害众多不特定消费者合法权益或者具有危及消费者人身、财产安全危险等损害社会公共利益的行为提起消费民事公益诉讼的，适用本解释。

法律规定或者全国人大及其常委会授权的机关和社会组织提起的消费民事公益诉讼，适用本解释。

第三条 消费民事公益诉讼案件管辖适用《最高人民法院关于适用〈中华人民共和国民事诉讼法〉的解释》第二百八十五条的有关规定。

经最高人民法院批准，高级人民法院可以根据本辖区实际情况，在辖区内确定部分中级人民法院受理第一审消费民事公益诉讼案件。

第十三条 原告在消费民事公益诉讼案件中，请求被告承担停止侵害、排除妨碍、消除危险、赔礼道歉等民事责任的，人民法院可予支持。

7.《食品召回管理办法》

第三条 食品生产经营者应当依法承担食品安全第一责任人的义务，建立健全相关管理制度，收集、分析食品安全信息，依法履行不安全食品的停止生产经营、召回和处置义务。

8.《最高人民法院关于审理食品药品纠纷案件适用法律若干问题的规定》

第二条 因食品、药品存在质量问题造成消费者损害，消费者可以分别起诉或者同时起诉销售者和生产者。

消费者仅起诉销售者或者生产者的，必要时人民法院可以追加相关当事人参加诉讼。

第五条 消费者举证证明所购买食品、药品的事实以及所购食品、药品不符合合同的约定，主张食品、药品的生产者、销售者承担违约责任的，人民法院应予支持。

消费者举证证明因食用食品或者使用药品受到损害，初步证明损害与食用药品或者使用药品存在因果关系，并请求食品、药品的生产者、销售者承担侵权责任的，人民法院应予支持，但食品、药品的生产者、销售者能证明损害不是因产品不符合质量标准造成的除外。

第六条 食品的生产者与销售者应当对于食品符合质量标准承担举证责任。认定食品是否合格，应当以国家标准为依据；对地方特色食品，没有国家标准的，应当以地方标准为依据。没有前述标准的，应当以食品安全法的相关规定为依据。

第十四条 生产、销售的食品、药品存在质量问题，生产者与销售者需同时承担民事责任、行政责任和刑事责任，其财产不足以支付，当事人依照民法典等有关法律规定，请求食品、药品的生产者、销售者首先承担民事责任的，人民法院应予支持。

第十五条 生产不符合安全标准的食品或者销售明知是不符合安全标准的食品，消费者除要求赔偿损失外，依据食品安全法等法律规定向生产者、销售者主张赔偿金的，人民法院应予支持。

9.《食品药品行政执法与刑事司法衔接工作办法》

第十五条 对于尚未作出生效裁判的案件，食品药品监管部门依法应当作出责令停产停业、吊销许可证等行政处罚，需要配合的，公安机关、人民检察院、人民法院应当给予配合。

对于人民法院已经作出生效裁判的案件，依法还应当由食品药品监管部门作出吊销许可证等行政处罚的，食品药品监管部门可以依据人民法院生效裁判认定的事实和证据依法予以行政处罚。食品药品监管部门认为上述事实和证据有重大问题的，应当及时向人民法院反馈，并在人民法院通过法定程序重新处理后，依法作出处理。

第十八条 食品药品监管部门在行政执法和查办案件过程中依法收集的物证、书证、视听资料、电子数据、检验报告、鉴定意见、勘验笔录、检查笔录等证据材料，经公安机关、人民检察院审查，人民法院庭审质证确认，可以作为证据使用。

10.《中华人民共和国刑法》

第一百四十三条 [生产、销售不符合安全标准的食品罪]生产、销售不符合食品安全标准的食品，足以造成严重食物中毒事故或者其他严重食源性疾病的，处三年以下有期徒刑或者拘役，并处罚金；对人体健康造成严重危害或者有其他严重情节的，处三年以上七年以下有期徒刑，并处罚金；后果特别严重的，处七年以上有期徒刑或者无期徒刑，并处罚金或者没收财产。

专题十 消费民事公益诉讼的争议性问题

知识要点（1）我国检察机关在消费民事公益诉讼中以行为请求为主，惩罚性赔偿诉讼请求尚在探索实践中，有待立法予以明确。（2）域外国家及地区的消费民事公益诉讼请求权类型有不作为之诉、损害赔偿之诉不法收益收缴之诉三种。（3）我国食品药品公益诉讼案件中惩罚性赔偿金的计算方式有“倍数”赔偿、“相应性”赔偿与“最低性”赔偿。（4）依据惩罚性赔偿金的支配、管理和使用主体，对惩罚性赔偿金的管理大致可以分为三种模式：政府收缴、申请者分配、消费者基金会管理。

典型案例十一
张某彬、吴某富生产、销售不符合食品安全标准猪肉民事公益诉讼案[9]

一、案例材料

（一）基本案情

〔2016〕粤1972刑初664号刑事判决查明：张某彬在东莞市大岭山镇食品公司（屠宰场）承包了一条生产线，由员工段某光负责生猪采购及销售，蒋某文承包了张某彬的部分屠宰工作。另外，张某彬还为吴某富屠宰生猪，从中赚取屠宰费。自2015年4月开始，张某彬明知段某光、吴某富收购的生猪并非供莞基地的生猪，且没有动物检疫合格证明，为了能让这些生猪顺利进入屠宰场屠宰，张某彬便与在该屠场工作的农技中心动物卫生监督分所检疫员黎某英商量好以1100元/张的价格向其购买上述动物检疫合格证明，另外每天给上白班的检疫员300元好处费。黎某英便通过何某德从朱某洪处购买上述动物检疫合格证明，黎某英从中可获得200元/张的好处，朱某洪从中可获得500元/张的好处。至案发时张某彬等人共买卖了约300张上述动物检疫合格证明，黎某英从中共获利约6万元，朱某洪从中共获利约15万元，另外黎某英从张某彬处共获得约9000元好处费。2015年8月14日0时许，东莞市动物卫生监督所接到举报后，联合公安机关对该屠宰场生猪进行检查，并在张某彬承包的生产线上段某光、吴某富所收购的127头生猪中检验出国家禁止使用的莱克多巴胺成分。随后，在公安机关侦查过程中，蒋某文受张某彬指使，故意向公安机关陈述涉案的生猪是蒋某文购买的，意图为张某彬隐瞒罪证。该案刑事判决结果：（1）张某彬犯生产、销售有毒、有害食品罪，判处有期徒刑五年，（2）吴某富犯生产、销售有毒、有害食品罪，判处有期徒刑三年。案外人黎某英在公安机关的询问笔录上陈述，2015年8月14日共收到两张动物检疫合格证明，记载的生猪分别是109头和106头，进入屠宰场的是180多头，被查出有问题的是127头。

另查明，广东省东莞市人民检察院于2017年4月27日向广东省消费者委员会发出检察建议，建议该会对张某彬、吴某富自2015年4月至2015年8月期间生产、销售不符合食品安全标准猪肉，侵害众多消费者合法权益的行为提起消费民事公益诉讼。2017年5月26日，广东省消费者委员会复函称支持广东省东莞市人民检察院对张某彬、吴某富上述行为提起消费民事公益诉讼。2017年4月27日，广东省东莞市人民检察院在《检察日报》进行公告，督促有权提起诉讼的机关或有关组织提起民事公益诉讼，直至开庭前，无任何有权机关或社会组织申请参与本案诉讼。

（二）诉讼过程

1.一审

公益诉讼起诉人广东省东莞市人民检察院因张某彬、吴某富生产、销售不符合食品安全标准猪肉，侵害众多消费者合法权益，依法向法院提起消费民事公益诉讼。

公益诉讼起诉人请求法院：判令张某彬、吴某富在省级以上报刊向广大消费者公开赔礼道歉；判令张某彬、吴某富赔偿1 910 997.63元。

一审法院经审理后认为，本案为侵权责任纠纷。根据《民事诉讼法》第55条第2款规定："人民检察院在履行职责中发现破坏生态环境和资源保护、食品药品安全领域侵害众多消费者合法权益等损害社会公共利益的行为，在没有前款规定的机关和组织或者前款规定的机关和组织不提起诉讼的情况下，可以向人民法院提起诉讼。前款规定的机关或者组织提起诉讼的，人民检察院可以支持起诉。"广东省东莞市人民检察院认为张某彬、吴某富生产、销售不符合食品安全标准的生猪进入市场，侵犯了众多消费者的合法权益。在广东省东莞市人民检察院履行了督促相关机关提起民事公益诉讼的法定诉前程序，且均无任何有权机关和组织提起民事公益诉讼的情形下，广东省东莞市人民检察院提起消费民事公益诉讼符合法律规定，法院予以支持。

根据双方的诉辩意见，归纳本案争议焦点如下：张某彬、吴某富是否需承担侵权责任。张某彬、吴某富因生产、销售有毒、有害食品被依法追究刑事责任，刑事案件中被查获的生猪也已经被销毁。本案广东省东莞市人民检察院所诉的是在张某彬、吴某富涉刑事案件之前即2015年4月9日至2015年8月11日期间（以下简称案涉期间）已经完成屠宰、销售出去的生猪是否存在侵害不特定消费者合法权益、危害公共利益的情形。

首先，本案为侵权责任纠纷，根据《侵权责任法》第6条规定，行为人因过错侵害他人民事权益，应当承担侵权责任。张某彬、吴某富的行为是否需承担侵权责任，需满足以下四个要件：存在侵权行为、行为人存在过错、存在损害后果、侵权行为与损害后果存在因果关系。其次，根据已发生法律效力的〔2016〕粤1972刑初664号刑事判决查明的事实可知，在案涉期间张某彬明知吴某富等人收购的生猪并非供莞基地的生猪，为了让该些生猪进入屠宰场屠宰，通过非法购买动物检疫合格证明、给予值班检疫员好处费等形式，逃避生猪检验检疫程序，该行为违反了广东省、东莞市关于生猪屠宰的相关规定，其本身存在过错，根据《食品安全法》第26条和第34条的规定，广东省东莞市人民检察院主张张某彬、吴某富存在生产、销售不符合食品安全标准的猪肉的行为，该院予以采信。最后广东省东莞市人民检察院主张张某彬、吴某富因生产、销售不符合食品安全标准的猪肉需赔礼道歉及赔偿1 910 997.63元，应提供证据证明公共利益受损事实的发生以及损失情况。广东省东莞市人民检察院并未提供直接证据证明案涉期间销售完毕的生猪含有足以威胁人体健康的有毒、有害物质以及有关消费者食用案涉期间的猪肉出现损害和社会公共利益受损的后果。刑事案件被查获的生猪中，动物检疫合格证明上记载的生猪是215头，实际进入屠宰场的是180多头，被查出有问题的是127头，由此可知，动物检疫合格证明上记载的生猪数量与实际进入屠宰场以及检验出有问题的生猪数量并非一一对应，根据动物检疫合格证明不足以证明案涉期间销售出去的猪肉的确切数量，亦不足以证明案涉期间所销售的有毒有害猪肉的确切数量。广东省东莞市人民检察院计算损失的依据是以动物检疫合格证明上记载的生猪数量，结合东莞市肉类行业协会的统计而推算出来，并无直接证据证明实际销售出去的生猪数量及张某彬、吴某富等人的实际获利情况。综合以上分析，虽然张某彬、吴某富存在生产、销售不符合食品安全标准的猪肉的行为，但广东省东莞市人民检察院提供的证据不足以证明社会公共利益受损的后果及损失的实际情况，其主张张某彬、吴某富赔礼道歉及赔偿损失1 910 997.63元证据不足，该院未予支持。

综上所述，依照《侵权责任法》第6条、《食品安全法》第150条、《民事诉讼法》第64条和第152条的规定，经一审法院审判委员会讨论决定，判决驳回广东省东莞市人民检察院的全部诉讼请求。

2.二审

上诉人广东省东莞市人民检察院因与被上诉人张某彬、吴某富消费民事公益诉讼一案，不服广东省东莞市中级人民法院〔2017〕粤19民初95号民事判决，向广东省高级人民法院提起上诉。广东省东莞市人民检察院上诉请求：

（1）改判张某彬、吴某富在省级以上报刊向广大消费者公开赔礼道歉；（2）改判张某彬、吴某富赔偿1 910 997.63元。

二审法院认为，本案系消费民事公益诉讼案件，争议焦点如下：一是广东省东莞市人民检察院请求张某彬、吴某富赔偿1 910 997.63元的诉讼请求是否成立；二是广东省东莞市人民检察院请求张某彬、吴某富在省级以上报刊向广大消费者公开赔礼道歉的诉讼请求是否成立。

关于第一个争议焦点，根据《食品安全法》第34条的规定，禁止生产经营未按规定进行检疫或者检疫不合格的肉类，或者未经检验或者检验不合格的肉类制品。根据《食品药品案件适用法律规定》（2013）第6条的规定，食品的生产者与销售者应当对于食品符合质量标准承担举证责任。认定食品是否合格，应当以国家标准为依据；没有国家标准的，应当以地方标准为依据；没有国家标准、地方标准的，应当以企业标准为依据。食品的生产者采用的标准高于国家标准、地方标准的，应当以企业标准为依据。没有前述标准的，应当以食品安全法的相关规定为依据。根据国务院《生猪屠宰管理条例》（2016）第10条的规定，生猪定点屠宰厂（场）屠宰的生猪，应当依法经动物卫生监督机构检疫合格。根据《广东省生猪屠宰管理规定》第10条、第13条的规定，生猪定点屠宰厂（场）屠宰生猪前，应当查验生猪产地检疫证明、畜禽标识、生猪无违禁药物承诺书和运载工具消毒证明；查验应当做好记录，记录保存期限不得少于两年。禁止生猪定点屠宰厂（场）屠宰未经检疫或者检疫不合格的生猪。《东莞市生猪及其肉品管理暂行办法》第3条明确要求，外地进入东莞市的生猪，必须经产地农业畜牧兽医部门实施强制免疫，佩戴免疫耳标，建立免疫档案；经营者须向东莞市动物防疫监督机构或其派出机构报检，并出示产地县级以上动物防疫监督机构出具的《动物检疫合格证明》《动物及动物产品运载工具消毒证明》；经过产地县级以上兽医行政管理部门检测的生猪，经营者应当提供药物残留检测的相关合格证明。

本案中，张某彬、吴某富从2015年4月到2015年8月，违反上述规定，通过向他人购买虚假的动物检疫合格证明的方式，逃避动物防疫监督机构对生猪的检验检疫，屠宰没有动物检疫合格证明的生猪并用于销售，使大量未按规定进行检疫的猪肉进入消费市场，严重侵害了广大消费者的合法权益，损害了社会公共利益，应当承担相应的法律责任。根据《侵权责任法》第20条“侵害他人人身权益造成财产损失的，按照被侵权人因此受到的损失赔偿；被侵权人的损失难以确定，侵权人因此获得利益的，按照其获得的利益赔偿；侵权人因此获得的利益难以确定，被侵权人和侵权人就赔偿数额协商不一致，向人民法院提起诉讼的，由人民法院根据实际情况确定赔偿数额”的规定，参照东莞市肉类行业协会的调查结果，张某彬、吴某富获得的正常利润为1 910 997.63元，可以作为损失赔偿的数额。另外，因张某彬承包了涉案屠宰场的一条生产线，除屠宰自行收购的生猪外，还为吴某富屠宰生猪，故张某彬应对全部的损害赔偿承担责任，吴某富应对自己造成的损害赔偿承担责任。在刑事案件被查获的127头有问题的生猪中，张某彬供述有55头属于吴某富所有，吴某富供述有41头属于自己所有，根据本案具体情况，二审法院酌定吴某富对全部损害赔偿承担三分之一的责任，即吴某富在636 999.21元的范围内承担连带赔偿责任。

同时根据《消费民事公益诉讼解释》的规定，中国消费者协会以及在省、自治区、直辖市设立的消费者协会，对经营者侵害众多不特定消费者合法权益或者具有危及消费者人身、财产安全危险等损害社会公共利益的行为提起消费民事公益诉讼的，适用本解释。法律规定或者全国人大及其常委会授权的机关和社会组织提起的消费民事公益诉讼，适用本解释。在没有有关组织就本案提起消费民事公益诉讼的前提下，人民检察院属于《民事诉讼法》第55条第2款规定的可以提起消费民事公益诉讼的机关。广东省东莞市人民检察院作为授权机关提起该案诉讼符合相关法律规定，其诉讼主体适格。张某彬主张广东省东莞市人民检察院并非本案适格主体，缺乏理据，二审法院未予支持。

关于第二个争议焦点，根据《侵权责任法》第15条、《消费民事公益诉讼解释》第13条的规定，广东省东莞市人民检察院作为公益诉讼起诉人，可以要求侵权人承担赔礼道歉的侵权责任。本案的被上诉人张某彬、吴某富大量屠宰没有动物检疫合格证明的生猪并用于销售，严重违反食品安全法律法规，已经构成对社会不特定消费者的合法权益的侵犯，广东省东莞市人民检察院要求张某彬、吴某富在省级以上报刊向广大消费者公开赔礼道歉，符合法律规定，二审法院予以支持。

综上所述，广东省东莞市人民检察院的上诉请求成立，该院予以支持。依照《侵权责任法》第11条、第15条、第20条，《食品安全法》第34条，《食品药品案件适用法律规定》第6条，《消费民事公益诉讼解释》第13条、《民事诉讼法》第170条第1款第（二）项规定，判决如下：（1）撤销广东省东莞市中级人民法院（2017）粤19民初95号民事判决；（2）张某彬在判决生效之日起十日内支付侵害消费公共利益的损害赔偿款1 910 997.63元，相关款项上缴国库；（3）吴某富对第（2）项张某彬的损害赔偿款在636 999.21元的范围内承担连带赔偿责任，相关款项上缴国库；（4）张某彬、吴某富于本判决生效之日起十日内，在广东省省级以上报刊向社会公众刊发赔礼道歉声明（道歉声明的内容须经法院审定），相关费用由张某彬、吴某富负担。

3.再审

再审申请人张某彬因与被申请人广东省东莞市人民检察院、二审被上诉人吴某富消费民事公益诉讼一案，不服广东省高级人民法院〔2019〕粤民终379号民事判决（以下简称二审判决），向最高人民法院申请再审。该院依法组成合议庭进行了审查，现已审查终结。

最高人民法院经审查认为，本案是消费民事公益诉讼申请再审案件，围绕张某彬的再审申请，应重点审查二审判决张某彬承担侵权责任，认定事实和适用法律是否存在应当再审的情形。

经营者侵害众多不特定消费者合法权益或者具有危及消费者人身、财产安全危险等损害社会公共利益行为，属于消费民事公益诉讼的范围。本案中张某彬、吴某富购买虚假的动物检疫合格证明、逃避检验检疫、屠宰并销售没有动物检疫合格证明的生猪，使大量未按规定进行检疫的猪肉进入消费市场。根据张某彬再审期间提交的《检验报告》，莱克多巴胺检测结果在331~1616g/L，含量最高的高达1616g/L，严重侵害了广大消费者的合法权益，损害了社会公共利益。张某彬关于广东省东莞市人民检察院没有证据证明其损害了公共利益的再审申请理由，没有事实依据。根据《食品药品案件适用法律规定》第6条，张某彬作为生产者与销售者，应对食品符合质量标准承担举证责任。本案一、二审诉讼过程中，张某彬均委托诉讼代理人参与了诉讼，其以服刑不便于举证为由，主张应由广东省东莞市人民检察院承担举证责任的再审申请理由，不能成立。

根据《食品药品案件适用法律规定》第6条的规定，食品的生产者与销售者应当对食品符合质量标准承担举证责任。根据国务院《生猪屠宰管理条例》（2016）第10条的规定，生猪定点屠宰厂（场）屠宰的生猪，应当依法经动物卫生监督机构检疫合格。根据《广东省生猪屠宰管理规定》第10条、第13条的规定，生猪定点屠宰厂（场）屠宰生猪前，应当查验生猪产地检疫证明、畜禽标识、生猪无违禁药物承诺书和运载工具消毒证明；查验应当做好记录，记录保存期限不得少于两年；禁止生猪定点屠宰厂（场）屠宰未经检疫或者检疫不合格的生猪。该案中，张某彬、吴某富从2015年4月到2015年8月，违反上述规定，通过向他人购买虚假的动物检疫合格证明的方式，逃避动物防疫监督机构对生猪的检验检疫，屠宰没有动物检疫合格证明的生猪并用于销售。广东省东莞市人民检察院已提供初步证据证明张某彬购买虚假动物检疫合格证明共有192张，涉及生猪20 238头。张某彬称动物检疫合格证明上记载的生猪数量与实际进入屠宰场及检验出有问题的生猪数量并非一一对应，但其作为屠宰场生产线的承包者，理应掌握实际进入屠宰场的生猪数量以及检验合格的生猪数量，却始终未提供相关证据材料，对此其应承担举证不能的不利后果。

《侵权责任法》第20条规定："侵害他人人身权益造成财产损失的，按照被侵权人因此受到的损失赔偿；被侵权人的损失难以确定，侵权人因此获得利益的，按照其获得的利益赔偿；侵权人因此获得的利益难以确定，被侵权人和侵权人就赔偿数额协商不一致，向人民法院提起诉讼的，由人民法院根据实际情况确定赔偿数额。"二审法院参照东莞市肉类行业协会的调查结果，认定张某彬获利1 910 997.63元，判决张某彬支付损害赔偿款1 910 997.63元，并无不当。张某彬以二审法院未查清涉案生猪数量，认定事实及适用法律错误为由，主张本案应当再审的申请理由，不能成立。

张某彬对二审判决判令其向公众赔礼道歉并无异议，申请再审仅就刊发道歉声明的刊物以及"道歉声明的内容须经法院审定"提出异议，认为存在超出诉讼请求的情形。因案涉侵权行为的行为地在广东省境内，为消除影响且便于本案的执行，二审法院将"省级以上报刊"范围明确为"广东省省级以上报刊"，并无不当。"道歉声明的内容须经法院审定"，是人民法院为了确保判决确定的义务得到切实履行而采取的必要事前审查措施，亦未加重张某彬的义务。张某彬以此为由，主张二审判决存在超出诉讼请求情形的再审申请理由，不能成立。

申请再审时，张某彬提交了《检验报告》等证据材料，作为申请再审的新证据。经审查，其中《检验报告》《动物检疫合格证明统计表》以及张某彬、黎某英、吴某富三人刑事案件讯问笔录，均是一审期间广东省东莞市人民检察院提交的证据材料；《庭审笔录》是本案二审的庭审笔录，均不属于新的证据。张某彬以本案存在《民事诉讼法》第200条第（一）项规定情形为由，主张该案应当再审的申请理由，不能成立。

综上，最高人民法院依照《民事诉讼法》第204条第1款、《最高人民法院关于适用〈中华人民共和国民事诉讼法〉的解释》第395条第2款的规定，裁定驳回张某彬的再审申请。

二、教学手册

（一）教学目标

本案例着重要求学生掌握以下四个方面的知识：（1）我国消费民事公益诉讼的诉讼请求种类；（2）域外国家及地区的消费民事公益诉讼请求类型；（3）食品

药品公益诉讼案件中惩罚性赔偿金的计算方式；（4）惩罚性赔偿金的归属主体。

（二）教学内容

1.我国消费民事公益诉讼的诉讼请求种类

消费民事公益诉讼的诉讼请求类型主要有三类：一是请求被告停止侵害、撤销不公平条款等旨在请求被告为或者不为一定行为的不作为之诉；二是表现为原告请求赔偿不特定消费者损失的损害赔偿之诉；三是表现为原告基于剥夺经营者非法利润的不法收益收缴之诉。三种诉讼请求中，不作为之诉指向未来损害之预防；损害赔偿之诉指向过去损失之填补；不法收益收缴之诉意图根除违法经营者的经济动机，防止再犯。三者功能各有侧重、相互补充。

根据《消费民事公益诉讼解释》第13条第1款“原告在消费民事公益诉讼案件中，请求被告承担停止侵害、排除妨碍、消除危险、赔礼道歉等民事责任的，人民法院可予支持”的规定，我国在消费民事公益诉讼中的诉讼请求主要为不作为诉讼请求，至于检察机关在实践中探索的惩罚性赔偿诉讼请求等案件，多以该条中的“等民事责任”作为拓展诉讼请求的理由，虽然理论研究中也多持肯定态度，[10] 但似无明确性、肯定性的法律依据。

2.域外国家及地区的消费民事公益诉讼请求类型

从比较法视角分析，其他国家和地区的消费民事公益诉讼最初多以不作为之诉为限，是纯粹型公益诉讼。伴随着消费者权益保护力度的增强，消费民事公益诉讼的诉讼请求类型也不断扩展，带有补偿性甚至惩罚性的给付之诉也以各种形式出现在消费民事公益诉讼中。

（1）德国。公益诉讼在德国表现为团体诉讼，并且很长一段时间内仅限于提起不作为之诉，没有损害赔偿之诉。但不作为之诉却无法解决小额分散性侵害的问题，消费者基于诉讼成本的顾虑，很少提起私益诉讼，大量消费者权益无法得到救济，客观上造成了公共利益的损害。德国立法者在2002年的《德国法律咨询法》中赋予消费者保护团体能够在裁判上通过受让消费者让渡的债权而以自己的名义主张损害赔偿。2008年的《德国法律服务法》在此基础上进一步放宽消费者团体提起损害赔偿之诉的要见，不需要其证明诉讼和主张是为了保护消费者的利益；2004年《德国反不正当竞争法》修改时创设了不法收益收缴之诉，以纠正市场失灵，惩罚不法经营者，去除其因不法行为获得的收益。

（2）法国。在法国，既有为使不法经营者停止不法经营行为的不作为之诉，又有消费者保护团体可以提起的损害赔偿之诉。法国立法者认为，消费领域集合性的、公益性的利益损害是指整个消费领域公共利益的抽象性损害，因此规定消费民事公益诉讼中的损害赔偿之诉包括两类：第一类是为保护集合性利益而提起的具有公益性的损害赔偿之诉，通过该诉讼获得的赔偿最终归于消费团体而非消费者个人。其理由有四，其一，数量众多且分散的消费者放弃行使其损害赔偿请求权；其二，根据民法的基本法理，在无任何法律规定或者授权的情况下，民事主体不能因他人的诉讼行为而获益；其三，公益性损害赔偿之诉的目的在于维护公共利益，而并非对私人个人利益的补偿和救济；其四，小额分散性损害不具有累计统计可能性，损害赔偿金也不具有分配的可行性。第二类是为保护消费者私人利益而提起的经授权的损害赔偿之诉。《法国消费者法》第L422-1条规定，因同一经营者行为而遭受损害的数名消费者身份已经确定的情况下，任何有资格的消费者保护团体如果得到两名以上消费者授权，就可以代表已授权的消费者提起损害赔偿之诉。如果消费者保护团体败诉，则授权的消费者丧失私益诉权；如果消费者保护团体胜诉，则获得的损害赔偿金归授权的消费者所有。[11]

（3）日本、荷兰及我国台湾地区。2013年3月，日本内阁会议通过《日本消费者审判程序特例法案》，其允许经国家认证的消费者团体在同时满足受害者人数达到十人、请求损害赔偿的对象仅为财产损失、受害消费者向起诉团体缴纳一定费用三个条件下，可以代替消费者向经营者提起损害赔偿之诉。荷兰则将民事公益诉讼的请求权类型限定为非金钱损害赔偿请求权。我国台湾地区“消费者保护法”允许消费者保护团体在受让消费者损害赔偿请求权后提起诉讼。

3.食品药品公益诉讼案件中惩罚性赔偿金的计算方式

民事公益惩罚性赔偿金的计算与确定并非无章可循。一是以域外集团诉讼损害赔偿的计算方法为借鉴。具体包含个别估算方法（个人损失额相加）、整体估算方法（总体确定后再以公式、等额或统计学方法分配）[12]、根据交易信息计算（以被告与集团成员的交易记录作为确定依据）、公式化计算（以销售的全部商品乘以某个系数计算赔偿金总额）、近似计算（对一般集体成员采取整体估计方式计算，对遭受严重损害的集团成员通过小型听证程序适用个别性估算方法计算）和统计学方法（抽样调查方法）等多种方式。以前述方式为基础即可确定惩罚性赔偿金的数额。二是从我国现行立法和司法解释规定进行分析，可归纳出惩罚性赔偿金的三种计算方式与标准，分别是“倍数”赔偿、“相应性”赔偿标准与“最低性”赔偿标准。

4.惩罚性赔偿金的归属主体

理论层面，就惩罚性赔偿金的支配、管理、使用主体的不同，大致可以分为以下三种模式：政府收缴、申请者分配、消费者基金会管理。政府收缴，一般又可以具体分为一般收缴和特殊收缴两种方式。前者是指将惩罚性赔偿金交由人民法院设置的专门账户代管，随后直接上缴国库，但由于财政资金的分散性特征，也无法完全实现补偿功能；后者虽然能够对沉默的消费者给予间接补偿，在政府不主动合作且恣意使用该笔资金时，无法实现补偿消费者的目的。申请者分配，指的是将惩罚性赔偿金归属于少部分提起损害赔偿请求的消费者。成立消费者基金会的管理方式，则是将惩罚性赔偿金的支配、管理、使用权集中到统一的基金管理机构专门管理。通过基金会管理又可以具体分为两种模式：第一种是委托已有的基金会、慈善组织管理，通过委托中华慈善总会或者信托公司进行惩罚性赔偿金的统一管理，并确定相应的监督主体；第二种是设立独立的消费者权益保护会，由中国消费者协会作为发起人，成立全国独立的消费者权益保护基金会，将各地消费公益诉讼中的惩罚性赔偿金全部纳入该基金，并由该基金会的管理机构统一进行管理。当消费者能够举示相应的案件证明材料，提出申请赔偿时，可以从这部分基金中进行赔付。[13]

（三）问题与思考

（1）结合《民法典》第179条的规定，梳理消费民事公益诉讼中可以适用的责任方式。

（2）消费民事公益诉讼案件审理过程中，被告能否提出反诉？试分析原因。

（3）如果公益诉讼主体先行提起消费民事公益诉讼，消费者随后提起侵权损害赔偿等私益诉讼，两个诉讼之间的关系如何处理？

（四）法条链接

1.《中华人民共和国民法典》

第一千一百六十七条　侵权行为危及他人人身、财产安全的，被侵权人有权请求侵权人承担停止侵害、排除妨碍、消除危险等侵权责任。

第一千一百六十八条　二人以上共同实施侵权行为，造成他人损害的，应当承担连带责任。

第一千一百八十二条　侵害他人人身权益造成财产损失的，按照被侵权人因此受到的损失或者侵权人因此获得的利益赔偿；被侵权人因此受到的损失以及侵权人因此获得的利益难以确定，被侵权人和侵权人就赔偿数额协商不一致，向人民法院提起诉讼的，由人民法院根据实际情况确定赔偿数额。

2.《中华人民共和国食品安全法》

第三十四条　禁止生产经营下列食品、食品添加剂、食品相关产品：

（一）用非食品原料生产的食品或者添加食品添加剂以外的化学物质和其他可能危害人体健康物质的食品，或者用回收食品作为原料生产的食品；

（二）致病性微生物，农药残留、兽药残留、生物毒素、重金属等污染物质以及其他危害人体健康的物质含量超过食品安全标准限量的食品、食品添加剂、食品相关产品；

（三）用超过保质期的食品原料、食品添加剂生产的食品、食品添加剂；

（四）超范围、超限量使用食品添加剂的食品；

（五）营养成分不符合食品安全标准的专供婴幼儿和其他特定人群的主辅食品；

（六）腐败变质、油脂酸败、霉变生虫、污秽不洁、混有异物、掺假掺杂或者感官性状异常的食品、食品添加剂；

（七）病死、毒死或者死因不明的禽、畜、兽、水产动物肉类及其制品；

（八）未按规定进行检疫或者检疫不合格的肉类，或者未经检验或者检验不合格的肉类制品；

（九）被包装材料、容器、运输工具等污染的食品、食品添加剂；

（十）标注虚假生产日期、保质期或者超过保质期的食品、食品添加剂；

（十一）无标签的预包装食品、食品添加剂；

（十二）国家为防病等特殊需要明令禁止生产经营的食品；

（十三）其他不符合法律、法规或者食品安全标准的食品、食品添加剂、食品相关产品。

3.《最高人民法院关于审理食品药品纠纷案件适用法律若干问题的规定》

第六条　食品的生产者与销售者应当对于食品符合质量标准承担举证责任。认定食品是否安全，应当以国家标准为依据；对地方特色食品，没有国家标准的，应当以地方标准为依据。没有前述标准的，应当以食品安全法的相关规定为依据。

4.《最高人民法院关于审理消费民事公益诉讼案件适用法律若干问题的解释》

第十三条　原告在消费民事公益诉讼案件中，请求被告承担停止侵害、排除妨碍、消除危险、赔礼道歉等民事责任的，人民法院可予支持。

经营者利用格式条款或者通知、声明、店堂告示等，排除或者限制消费者权利、减轻或者免除经营者责任、加重消费者责任，原告认为对消费者不公平、不合理主张无效的，人民法院应依法予以支持。

5.《生猪屠宰管理条例》

第十二条　生猪定点屠宰厂（场）屠宰的生猪，应当依法经动物卫生监督机构检疫合格，并附有检疫证明。

6.《广东省生猪屠宰管理规定》

第十条　生猪定点屠宰厂（场）屠宰生猪前，应当查验生猪产地检疫证明、畜禽标识、生猪无违禁药物承诺书和运载工具消毒证明。查验应当做好记录，记录保存期限不得少于两年。

第十三条　禁止生猪定点屠宰厂（场）从事下列活动：

（一）对生猪或者生猪产品注水或者注入其他物质；

（二）屠宰未经检疫或者检疫不合格的生猪；

（三）屠宰病害、死猪；

（四）屠宰注水或者注入其他物质的生猪；

（五）出厂（场）未经肉品品质检验或者经肉品品质检验不合格的生猪产品。

7.《东莞市生猪及其肉品管理暂行办法》

第三条　外地进入本市的生猪，必须经产地农业畜牧兽医部门实施强制免疫，佩带免疫耳标，建立免疫档案；经营者须向本市动物防疫监督机构或其派出机构报检，并出示产地县级以上动物防疫监督机构出具的《动物检疫合格证明》、《动物及动物产品运载工具消毒证明》；经过产地县级以上兽医行政管理部门检测的生猪，经营者应当提供药物残留检测的相关合格证明。

经本市经贸、农业（畜牧兽医）部门与产地农业（畜牧兽医）部门共同认定的供应东莞定点屠宰厂（场）屠宰的生猪，其检疫、检测按本市有关部门的规定执行。

注释

1.江西省赣州市中级人民法院民事判决书（〔2018〕赣07民初181号）。

2.北大法宝.最高人民检察院发布检察公益诉讼十大典型案例之九：江西省赣州市人民检察院诉郭某某等人生产、销售硫磺熏制辣椒民事公益诉讼案[EB/OL].（2018-12-25）[2021-12-10].http://gfggi66f6a8ad06ba47d9suf5wbbxkb0ov6nn0.fbch.oca.swupl.edu.cn/chl/4c4b89f7e675b20fbdfb.html?keyword=%E6%9C%80%E9%AB%98%E4%BA%BA%E6%B0%91%E6%A3%80%E5%AF%9F%E9%99%A2%E5%8F%91%E5%B8%83%E6%A3%80%E5%AF%9F%E5%85%AC%E7%9B%8A%E8%AF%89%E8%AE%BC%E5%8D%81%E5%A4%A7%E5%85%B8%E5%9E%8B%E6%A1%88%E4%BE%8B%E4%B9%8B%E4%B9%9D.

3.杜万华.最高人民法院消费民事公益诉讼司法解释理解与适用[M].北京：人民法院出版社，2016：44.

4.柯阳友.民事公益诉讼重要疑难问题研究[M].北京：法律出版社，2017：29-34.

5.肖建国，宋春龙.消费民事公益诉讼关键问题研究[M]//上海市消费者权益保护委员会.中国消费公益诉讼第一案纪实与解读.上海：上海人民出版社，2016：123.转引：杜万华.最高人民法院消费民事公益诉讼司法解释理解与适用[M].北京：人民法院出版社，2016：239-244.

6.王泽鉴.侵权行为[M].北京：北京大学出版社，2009：10.

7.王利明.侵权责任法研究（上）[M].北京：中国人民大学出版社，2011：580.

8.陶建国，等.消费者公益诉讼研究[M].北京：人民出版社，2013：27-38.

9.广东省东莞市中级人民法院民事判决书（〔2017〕粤19民初95号）；广东省高级人民法院民事判决书（〔2019〕粤民终379号）；最高人民法院民事裁定书（〔2021〕最高法民申63号）。

10.廖中洪，颜卉.消费公益诉讼中的惩罚赔偿问题研究[J].学术探索，2019（1）：55.

11.熊跃敏.消费者群体性损害赔偿诉讼的类型化分析[J].中国法学，2014（1）：198-199.

12.王福华.如何向集团索赔——以集团诉讼中的赔偿估算和分配为中心[J].法律科学，2009（1）：153-154.

13.颜卉.消费公益诉讼惩罚赔偿金归属研究[J].兰州大学学报，2020（3）：81-82.

第二编

刑事附带民事公益诉讼

知识概论

2018年3月2日起施行的《最高人民法院、最高人民检察院关于检察公益诉讼案件适用法律若干问题的解释》第20条规定了刑事附带民事公益诉讼制度。刑事附带民事公益诉讼制度，在检察民事公益诉讼和检察行政公益诉讼的基础上进一步丰富了检察机关的法律监督手段，拓宽了检察机关的法律监督职能。刑事附带民事公益诉讼被确立之前，理论界往往将《中华人民共和国刑事诉讼法》第101条第2款规定的情形称为“公益刑事附带民事诉讼”。刑事附带民事公益诉讼与公益刑事附带民事诉讼的共同点是都具备公益性，但仍存在明显差异。从规范层面，目前仅有司法解释的“一条两款”和最高人民法院的批复对刑事附带民事公益诉讼程序予以规范，法律规则明显不足，有待今后进一步完善。从实践层面，刑事附带民事公益诉讼典型案例凸显出的有关被告的范围、审判组织的构成、审理的模式等相关规则缺失问题，值得结合案例进行深入研习与思考。

第四章
刑事附带民事公益诉讼概论

专题十一 刑事附带民事公益诉讼概论及特殊规则

知识要点（1）人民检察院对破坏生态环境和资源保护，食品药品安全领域侵害众多消费者合法权益，侵害英雄烈士等的姓名、肖像、名誉、荣誉等损害社会公共利益的犯罪行为提起刑事公诉时，可以向人民法院一并提起附带民事公益诉讼。（2）刑事附带民事公益诉讼具有效益价值和效率价值。（3）刑事附带民事公益诉讼与公益刑事附带民事诉讼之间存在明显差异：其一，规范依据不同；其二，责任承担方式不同。（4）人民检察院提起刑事附带民事公益诉讼，应履行诉前公告程序。（5）从规范解释视角，刑事附带民事公益诉讼被告与刑事被告人理应保持一致。（6）刑事附带民事公益诉讼案件由审理刑事案件的法院管辖。（7）刑事附带民事公益诉讼的诉讼请求主要包括停止侵害、排除妨碍、消除危险、恢复原状、生态修复、赔偿损失、赔礼道歉等。

典型案例十二
跨省非法倾倒固体废物刑事附带民事公益诉讼案

一、案例材料

2018年7月16日，安徽省芜湖市镜湖区人民检察院（以下简称镜湖区人民检察院）以涉嫌污染环境罪，就社会关注的“1·26”长江安徽段跨省非法倾倒固体废物案中的李某等十二名被告人提起公诉，同时对该起污染案中的十二名被告人及九家源头企业提起刑事附带民事公益诉讼。本案是长江安徽段环境污染系列案中首批被提起刑事附带民事公益诉讼的两起案件之一，入选全国检察公益诉讼十大典型案例。

（一）案件背景

2017年1月，李某在无固体废物处置资质的情况下，成立苏州益国环保服务有限公司，与黄某、张某等人共同实施工业污泥的跨省非法转移和处置，后通过伪造公司印章等方式，谎称四家接收处置单位，与江苏苏州市、浙江嘉兴市相关企业进行洽谈。但李某实际并未将工业污泥处置到合同约定的正规企业，而是层层转包，与他人共同实施工业污泥的跨省非法转移和处置。

2017年10月中下旬，李某从江苏、浙江等九家企业收集工业污泥共计2525.89吨，黄某通过联系运输船主高某、沈某、张某，先后两次将2525.89吨污泥运至安徽省铜陵市长江边，吴某、林某、朱某、查某联系浮吊老板潘某，将污泥直接倾倒于铜陵市江滨村江滩边，造成长江生态环境严重污染（简称“1·26”长江安徽段环境污染案）。

经鉴定，倾倒的污泥等固体废物中含有重金属、石油溶剂等有毒、有害物质，倾倒区域的地表水、土壤和地下水环境介质均受到了不同程度的损害，造成包括应急监测、应急清运和应急处置等公私财产损失共计794余万元，生态环境修复费用经估算为317万余元。此外，被告人李某、黄某、张某等八人还涉嫌两次非法倾倒4410余吨有害工业污泥未遂。

（二）诉讼过程

1.诉前程序

“1·26”长江安徽段环境污染案发生后，镜湖区人民检察院民行部门立即介入：（1）第一时间到案发现场，利用无人机对受污染的地点进行了拍摄、取证，固定了案发地点受污染状况的证据；（2）要求侦查机关重点围绕涉案9家源头企业在处置工业污泥过程中有没有违法违规的问题进行调查取证，并列出详细的调查提纲提供给侦查机关，同时与侦查机关共同到涉案企业调取相关证据材料，最后通过侦查机关调取的证据证实，涉案九家企业在处置污泥过程中存在违法违规问题；（3）指导办案机关对倾倒点生态环境损害进行鉴定，南京环境科学研究所鉴定估算倾倒点的生态环境修复费用为317万余元。[1]

经调查，镜湖区人民检察院认为涉案九家源头企业在处置污泥过程中存在违法违规的情形，与李某等十二人共同造成了环境污染，系环境共同侵权，应当承担环境侵权连带赔偿责任；该案符合提起民事公益诉讼案件的条件，遂将此案上报芜湖市人民检察院审批。芜湖市人民检察院审查后，同意镜湖区人民检察院的意见，层报至安徽省人民检察院审批。安徽省人民检察院审查后，认为该案符合提起刑事附带民事公益诉讼的条件，同时由于本案的刑事部分属于镜湖区人民检察院管辖，因而依据《最高人民法院、最高人民检察院关于检察公益诉讼案件适用法律若干问题的解释》（以下简称《检察公益诉讼解释》）第20条的规定，于2018年7月15日作出批复，同意镜湖区人民检察院对李某、董某等人污染环境案提起刑事附带民事公益诉讼。

2.诉讼情况

镜湖区人民检察院公诉科与民行科联合办案，分别制作《起诉书》和《刑事附带民事公益诉讼起诉书》，于2018年7月16日诉至芜湖市镜湖区人民法院（以下简称镜湖区法院）。2018年9月25日、26日，镜湖区法院对本案进行了公开审理。[2]

（1）查明的事实。

2016年3月31日，被告人董某注册成立苏州利民环境治理技术服务有限公司；2017年1月3日，被告人李某注册成立苏州益国环保服务有限公司；同年7月7日，张某松注册成立桐乡市滨达环保技术服务有限公司。上述三家公司均无处置固体废物的资质。被告人李某通过伪造公司印章等方式，谎称有合法处置固体废物的资质的企业为最终接收处置单位，与苏州市、嘉兴市相关企业进行洽谈。但被告李某实际并未将工业污泥处置到合同约定的企业，而是转包给张某松及被告人张某甲处置。张某松及被告人张某甲又将工业污泥转包给被告人黄某处置。由被告人黄某通过伪造铜陵市郊区环境保护局、铜陵市郊区大通镇人民政府和淮北矿业（集团）勘探工程有限责任公司公章等手段，伪造污泥接收证明和授权委托书等，并将上述材料交于张某松。后由被告人黄某负责联系污泥倾倒方和承运船舶，张某松指派被告人张某甲在码头负责监磅和结算费用，被告人李某负责收集污泥和联系码头，共同实施工业污泥的跨省非法转移和处置。

（2）争议的认定。

①关于被告人李某及其辩护人，以及被告人董某的辩护人提出被告人不具有犯罪故意的意见。经查，本案中被告人李某、董某在处置印染污泥的业务中明知自己没有处置的资质，还将印染污泥交给同样没有处置资质的他人进行处置，且有伪造印章、资质等明显违反正常经营活动规律的行为，其应当可以判断出自己的行为会对环境造成损害。因此被告人李某、董某具有污染环境的犯

罪故意。综上，法院对被告人及辩护人该意见未予采纳。

②关于被告人李某、张某甲、董某及其辩护人提出被告人不构成共同犯罪的意见。经查，被告人李某、张某甲、董某个人及公司都没有处置印染污泥的资质。因此各被告人在明知自己没有处置资质的情况下，将印染污泥交给其他没有处置资质的被告人进行处置，每名被告人的犯罪行为都是导致犯罪后果发生的组成部分，各被告人的行为构成污染环境罪的共同犯罪。综上，法院对被告人及辩护人该意见未予采纳。

③关于被告人张某甲及其辩护人提出张某甲系从犯的意见。经查，2017年7月7日，张某松注册成立桐乡市滨达环保技术服务有限公司并任法定代表人。非法处置印染污泥业务主要由张某松与他人商谈并确定处置价格，张某松是公司非法处置印染污泥业务的主导者。被告人张某甲按照张某松的安排在码头从事监磅、向他人支付款项等事务性工作，张某甲在共同犯罪中所起作用较小，可认定为从犯。综上，法院对被告人及其辩护人该意见予以采纳。

④关于责任主体问题。各被告人、附带民事诉讼被告人、附带民事诉讼被告单位共同实施污染环境行为造成损害，均应承担侵权责任。李某等被告人、附带民事诉讼被告人辩称其没有污染环境的故意，因环境污染侵权的归责原则为无过错责任，只要因环境污染造成损害，不论污染者有无过错，均应承担侵权责任，故法院对上述被告人及附带民事诉讼被告人的相关辩解未予采纳；查某与张某乙辩称的雇佣关系、潘某辩称的劳务关系，与查明的事实不符，亦未予采纳。李某辩称应由苏州益国环保服务有限公司对其职务行为承担赔偿责任。经查，李某于2017年1月3日注册成立苏州益国环保服务有限公司后，主要从事非法处置固体废物等犯罪活动，不属于单位犯罪。因此，法院认为公益诉讼起诉人起诉李某承担赔偿责任并无不当，对李某的该项辩解未予采纳。

⑤关于责任承担方式问题。各被告人、附带民事诉讼被告人、附带民事诉讼被告单位实施的污染环境行为共同关联、相互结合，导致污染环境后果的发生，构成共同侵权，应当承担连带责任。故法院对黄某等被告人、附带民事诉讼被告人辩称应承担补充赔偿责任的意见，以及董某等被告人、附带民事诉讼被告人辩称其行为与最终的损害后果之间无直接因果关系的意见，未予采纳。张某甲等被告人、附带民事诉讼被告人辩称应当按照其在共同侵权中的作用大小承担相应赔偿责任的意见，此系连带责任人之间内部责任分担的问题，与本案处理的对外责任问题并非同一法律关系，法院对该项意见亦未予采纳。

⑥关于李某等被告人、附带民事诉讼被告单位辩称不应重复赔偿的问题。本案中各被告人、附带民事诉讼被告人、附带民事诉讼被告单位应承担连带赔偿责任，不存在重复赔偿问题。故法院对上述辩解未予采纳。

（3）法院的判决。

2018年10月15日，镜湖区法院作出一审判决：以污染环境罪判处各被告人有期徒刑六年至一年零六个月，并处罚金1万元至20万元不等；判处涉案九家源头企业与各被告人在各自非法处置污泥的数量范围内承担相应的环境侵权损害赔偿责任，包括因非法倾倒污泥产生的应急处理费用、生态环境修复费用和鉴定评估费用，并应就本次污染环境行为在安徽省省级新闻媒体上向社会公开赔礼道歉，赔礼道歉的内容及媒体、版面、字体须经法院审核，如未履行上述义务，则由法院选择媒体刊登判决主要内容，所需费用由上述被告人、附带民事诉讼被告人、附带民事诉讼被告单位连带负担。

（三）典型意义

加强长江流域生态环境保护，是检察机关依法全面履行法律监督职能的必然要求，也是检察工作服务和保障长江流域"共抓大保护"的重要内容。当前长江流域沿线破坏生态环境类型多样，跨省市倾倒固体废物案件时有发生，行为手段隐蔽，危害后果严重。在长江流域生态保护中，通过刑事附带民事公益诉讼的提起，综合发挥刑事、民事、行政检察公益诉讼多元职能的作用，既依法严惩危害长江流域生态环境犯罪，又充分履行了公益诉讼职能，加强了长江流域生态环境公益保护，同时通过责令涉事企业和个人承担环境损害赔偿金，为生态修复提供保障。此外，作为入选全国检察公益诉讼十大典型案例之一，本案对于理解刑事附带民事公益诉讼理论及程序规则具有重要意义。

二、教学手册

（一）教学目标

本案例着重要求学生掌握以下六个方面的知识：（1）为何设立刑事附带民事公益诉讼制度；（2）刑事附带民事公益诉讼与刑事附带民事诉讼的异同；（3）刑事附带民事公益诉讼是否应履行诉前公告程序；（4）如何确定刑事附带民事公益诉讼被告的范围；（5）如何理解刑事附带民事公益诉讼的管辖规则；（6）刑事附带民事公益诉讼的诉讼请求有哪些。

（二）教学内容

1.刑事附带民事公益诉讼制度价值

2018年3月2日起施行的《检察公益诉讼解释》第20条规定了刑事附带民事公益诉讼制度。刑事附带民事公益诉讼制度，在检察民事公益诉讼和检察行政公益诉讼的基础上进一步丰富了检察机关的法律监督手段，拓宽了检察机关的法律监督职能。概言之，刑事附带民事公益诉讼具有以下两方面价值或功能：

（1）效益价值。作为刑事诉讼和民事公益诉讼的复合体，刑事附带民事公益诉讼能够增强刑事和民事公益诉讼的功能效应，促进法益保护和公益保护功能的协同共进。[3] 第一，有利于维护司法公正。刑事附带民事公益诉讼能够对事实、证据和法律适用等问题一并考量，从而有效避免刑罚畸轻畸重。第二，有利于全面保护法益。尤其在生态环境保护领域，一方面，弥补了刑法未将生态环境利益纳入保护法益的缺憾；另一方面，在追究刑事责任时一并科以生态修复、赔礼道歉等民事责任，令被告人能够更加全面地认识到其犯罪行为的危害后果，既提升了司法治理的全面性，又提升了环境刑事制裁的威慑力。

（2）效率价值。与《中华人民共和国刑事诉讼法》（以下简称《刑事诉讼法》）第一编第七章规定的刑事附带民事诉讼制度一样，刑事附带民事公益诉讼制度设立的首要价值是在维护法律公正的前提下，兼顾效率。在法定条件下，将刑事诉讼和民事公益诉讼合并到一个诉讼中，由同一个审判组织审理，可以避免“民刑矛盾”，有效节约诉讼资源，提高诉讼效率。

本案中，各被告人被判处在承担刑事责任的同时，承担环境侵权损害赔偿和赔礼道歉的民事责任，使受到损害的社会公共利益得到全面救济，被告人对其犯罪行为的危害亦有了更深刻的认识。

2.刑事附带民事公益诉讼与公益刑事附带民事诉讼

依据《刑事诉讼法》第101条第2款的规定，犯罪行为如若导致国家财产、集体财产遭受损失的，检察机关可提起刑事附带民事诉讼，被称为公益刑事附带民事诉讼；而依据《检察公益诉讼解释》第20条的规定，检察机关可以对破坏生态环境和资源保护，食品药品安全领域侵害众多消费者合法权益，侵害英雄烈士等的姓名、肖像、名誉、荣誉等损害社会公共利益的犯罪行为提起刑事附带民事公益诉讼。由此，刑事附带民事公益诉讼，究竟是公益刑事附带民事诉讼的一种类型、适用《刑事诉讼法》第一编第七章有关刑事附带民事诉讼的规定，还是检察公益诉讼的一种类型、适用《民事诉讼法》及相关司法解释关于检察公益诉讼的规定？

对于上述问题，学术界目前存在争议，有待今后的立法予以明确。但从规范分析的视角，刑事附带民事公益诉讼与公益刑事附带民事诉讼之间存在明显差异。

2016年1月，最高人民检察院法律政策研究室时任主任万春在第八批指导性案例（检例第28号至第32号）新闻发布会上指出，检察民事公益诉讼和公益刑事附带民事诉讼存在三方面本质区别：（1）涉案范围不同。检察机关提起刑事附带民事诉讼的前提是犯罪行为致使国家财产、集体财产遭受具体的物质损失；检察机关提起民事公益诉讼的前提是范围比国家财产、集体财产更为宽泛的公共利益受到损害。（2）涉及领域不同。检察民事公益诉讼的领域具有特定性，而检察机关提起刑事附带民事诉讼则没有领域的限制。（3）诉讼前提不同。公益刑事附带民事诉讼以犯罪行为发生且提起公诉为前提，而检察机关提起民事公益诉讼以没有适格主体或适格主体不起诉为前提。[4]

就本案而言，法院作出判决的依据包括：《刑法》第338条、第23条、第25条第1款、第26条、第27条、第67条第1款和第3款、第52条、第53条第1款、第64条；《最高人民法院、最高人民检察院关于办理环境污染刑事案件适用法律若干问题的解释》第1条第（九）项、第3条第（五）项；《侵权责任法》第4条、第5条、第15条、第65条；《最高人民法院关于审理环境侵权责任纠纷案件适用法律若干问题的解释》第1条第1款、第2条；《最高人民法院关于审理环境民事公益诉讼案件适用法律若干问题的解释》第22条及《民事诉讼法》第144条。[5] 可见，至少在本案中，法院并没有将《刑事诉讼法》列为刑事附带民事公益诉讼的法律依据。

此外，刑事附带民事公益诉讼与公益刑事附带民事诉讼的责任承担方式亦不同。前者承担责任的方式主要是赔偿因犯罪行为引起的物质损失；后者的责任承担方式包括停止侵害、消除危险、生态修复、赔偿损失和赔礼道歉。

3.刑事附带民事公益诉讼诉前公告程序

《检察公益诉讼解释》仅用“一条两款”对刑事附带民事公益诉讼制度加以规定，并未明确刑事附带民事公益诉讼制度是否应该履行诉前公告程序。这就导致学术界众说纷纭：（1）持否定论的学者认为，“30日的诉前公告程序会导致审查起诉时间延长，影响刑事公诉和附带民事公益诉讼的协同办理”[6]，以及“无法保障罪刑法定原则的实现，亦有悖法安定性原则”[7]；（2）持肯定论的学者认为，“若按否定论者的逻辑，就刑事附带民事公益诉讼而言，检察机关将是唯一的起诉主体，检察公益诉权的谦抑性与补充性将不复存在，适格主体的公益诉权将失去用武之地”[8]。同时，实践中对未履行诉前公告程序的刑事附带民事公益诉讼的做法不一，有的法院予以受理，有的法院则不予受理。

例如，本案虽没有履行诉前公告程序，但被受理。

在2018年11月22日的第二次全国法院环境资源审判工作会议上，最高人民法院环境资源庭要求各级环境资源庭在刑事附带民事公益诉讼立案时应当审查人民检察院是否履行了诉前公告程序。[9] 2019年，最高人民法院、最高人民检察院联合发布《关于人民检察院提起刑事附带民事公益诉讼应否履行诉前公告程序问题的批复》（以下简称《批复》），《批复》明确规定，人民检察院提起刑事附带民事公益诉讼，应履行诉前公告程序。对于未履行诉前公告程序的，人民法院应当进行释明，告知人民检察院公告后再行提起诉讼；与此同时，为保证刑事诉讼程序依法顺利进行、避免超期羁押，该《批复》同时规定，因人民检察院履行诉前公告程序，可能影响相关刑事案件审理期限的，人民检察院可以另行提起民事公益诉讼。该《批复》自2019年12月6日起施行。

由此，刑事附带民事公益诉讼应当履行诉前公告程序，这也成为刑事附带民事公益诉讼与刑事附带民事诉讼的区别之一。

4.刑事附带民事公益诉讼被告的范围

由于刑事责任与民事责任的认定依据和证明标准不同，在刑事附带民事公益诉讼中可能出现刑事诉讼的被告人与附带的民事公益诉讼的被告人不一致的情形。例如，刑事诉讼程序中部分被告人逃逸而另案处理、犯罪嫌疑人因犯罪情节显著轻微不构成犯罪而未被追诉等情形，但民事公益诉讼程序中共同侵权人为共同被告。那么，在存在前述情形下究竟应该如何确定附带民事公益诉讼的被告人呢?

首先，学术界对此存在相互对立的两种观点：（1）附带民事公益诉讼案件的起诉不以犯罪嫌疑人确定有罪为前提，意即在刑事附带民事公益诉讼中应将所有侵权人作为被告;[10] （2）从附带民事公益诉讼的附属性来看，如果刑事诉讼犯罪嫌疑人另案处理或在逃，则可能出现刑事诉讼与民事公益诉讼当事人分离情况，此时就不宜再提起附带民事公益诉讼，而由检察机关直接提起公益诉讼。[11]

其次，实践中，刑事附带民事公益诉讼的被告与刑事被告人的关系可分为全同模式、全异模式、交叉模式、包含模式和包含于模式，后四种模式的出现意味着实践中刑事附带民事公益诉讼被告与刑事被告人不一致。[12] 例如在本案中，被判处承担民事责任的九家涉案源头企业就不是本案的刑事被告人。

最后，从规范解释的视角，“刑事附带民事公益诉讼被告与刑事被告人应一致”更符合《检察公益诉讼解释》第20条的意旨。2018年3月，最高人民法院时任副院长江必新解读《检察公益诉讼解释》时指出，新增刑事附带民事公益诉讼的基础在于“刑事诉讼和民事公益诉讼的诉讼主体一致，基本事实相同”，目的在于“节约诉讼资源，提高诉讼效率，妥善确定犯罪嫌疑人的刑事责任和民事责任”。[13] 在2018年11月召开的第二次全国法院环境资源审判工作会议上，最高人民法院环境资源审判庭时任副庭长王旭光明确指出：“在刑事附带民事公益诉讼案件中，如果存在附带民事公益诉讼被告与刑事被告人范围不一致等不符合附带审理条件的，可以释明民事公益诉讼应当单独提起。”[14]

5.刑事附带民事公益诉讼的管辖

依据《检察公益诉讼解释》第20条第2款的规定，刑事附带民事公益诉讼案件由审理刑事案件的法院管辖；依据《刑事诉讼法》第二章关于管辖的规定，危害国家安全、恐怖活动的第一审刑事案件和可能判处无期徒刑、死刑的第一审刑事案件，方由中级人民法院管辖。

生态环境领域涉及的罪名包括：（1）《刑法》第二编第六章第六节“破坏环境资源保护罪”，即第338条至第345条所规定的污染环境罪，非法处置进口的固体废物罪，擅自进口固体废物罪，非法捕捞水产品罪，危害珍贵、濒危野生动物罪，非法狩猎罪，非法猎捕、收购、运输、出售陆生野生动物罪，非法占用农用地罪，破坏自然保护地罪，非法采矿罪，破坏性采矿罪，危害国家重点保护植物罪，非法引进、释放、丢弃外来入侵物种罪，盗伐林木罪，滥伐林木罪，非法收购、运输盗伐、滥伐林木罪；（2）《刑法》第二编第二章“危害公共安全罪”之第125条第2款规定的非法制造、买卖、运输、储存危险物质罪；第136条规定的“危险物品肇事罪”；（3）《刑法》第二编第三章第二节“走私罪”之第152条第2款规定的走私废物罪。

食品安全领域涉及的罪名主要集中在《刑法》第二编第三章第一节“生产、销售伪劣商品罪”，即第140条至第148条所规定的生产、销售伪劣产品罪，生产、销售、提供假药罪，生产、销售、提供劣药罪，妨碍药品管理罪，生产、销售不符合安全标准的食品罪，生产、销售有毒、有害食品罪，生产、销售不符合标准的医用器材罪，生产、销售不符合安全标准的产品罪，生产、销售伪劣农药、兽药、化肥、种子罪，生产、销售不符合卫生标准的化妆品罪。

最高法定刑为无期徒刑的罪名有5个：生产、销售伪劣产品罪，生产、销售、提供劣药罪，生产、销售不符合安全标准的食品罪，生产、销售不符合标准的医用器材罪，生产、销售伪劣农药、兽药、化肥、种子罪；最高法定刑为死刑的罪名有3个：非法制造、买卖、运输、储存危险物质罪，生产、销售、提供假药罪，生产、销售有毒、有害食品罪。

综上，刑事附带民事公益诉讼一审案件的管辖与民事公益诉讼一审案件的管辖不同，前者在实然层面几乎全是由基层检察院提起并由基层法院审理的；后者依据《检察公益诉讼解释》第5条第1款的规定基本上应由市（分、州）检察院提起并由中级法院审理。例如，本案就是由镜湖区人民检察院提起并由镜湖区人民法院审理。

6.刑事附带民事公益诉讼的诉讼请求

刑事附带民事公益诉讼是民事公益诉讼的一种特殊类型，检察机关可以提出停止侵害、排除妨碍、消除危险、恢复原状、赔偿损失、赔礼道歉等诉讼请求。从当前司法实践来看，不同领域刑事附带民事公益案件的诉讼请求存在一定差异。

首先，生态环境领域的诉讼请求可分为三种：（1）单独提起生态修复或承担生态修复等费用的诉讼请求，例如林地恢复性种植；（2）同时提起“生态修复”“赔礼道歉”两项诉讼请求；（3）单独提起赔礼道歉的诉讼请求。[15]本案诉讼请求采取的就是同时提起两项诉讼请求的模式，既要求附带民事公益诉讼被告承担因非法倾倒污泥产生的应急处理费用、生态环境修复费用和鉴定评估费用，又要求就其污染行为公开赔礼道歉。

其次，食品安全领域的诉讼请求主要包括：（1）停止侵害，一般是指生产、销售有毒、有害食品的行为仍然处于持续状态，需要立即停止生产和销售；（2）消除危险，是指对于已经销售的有毒、有害或者不符合安全标准的食品，应当责令生产者和销售者追回，消除仍然处于流通状态的危险；（3）赔偿损失，是指生产、销售有毒、有害或者不符合安全标准食品对社会公众造成的损失，应该予以赔偿；（4）赔礼道歉，是指有毒、有害或者不符合安全标准食品的生产者和销售者应该公开赔礼道歉，以起到警示作用。[16]

（三）问题与思考

（1）什么是刑事附带民事公益诉讼？为何设立刑事附带民事公益诉讼制度？

（2）思考刑事附带民事公益诉讼制度与公益刑事附带民事诉讼的异同，以及我国刑事附带民事公益诉讼制度构建的逻辑进路。

（3）思考刑事附带民事公益诉讼诉前公告程序的目的、理论基础，以及如何完善相关规则。

（4）思考刑事附带民事公益诉讼的起诉条件，以及如何完善目前有关刑事附带民事公益诉讼被告范围、管辖的规定。

（5）刑事附带民事公益诉讼中是否可以提出惩罚性赔偿请求？如果可以，如何协调罚金、生态环境损害赔偿与惩罚性赔偿责任之间的关系？

（6）刑事诉讼与附带民事公益诉讼如何协同？生态环境损害赔偿诉讼、环境民事公益诉讼与刑事附带民事公益诉讼如何衔接？

（四）法条链接

1.《中华人民共和国刑法》

第三百三十八条 违反国家规定，排放、倾倒或者处置有放射性的废物、含传染病病原体的废物、有毒物质或者其他有害物质，严重污染环境的，处三年以下有期徒刑或者拘役，并处或者单处罚金；情节严重的，处三年以上七年以下有期徒刑，并处罚金；有下列情形之一的，处七年以上有期徒刑，并处罚金：

（一）在饮用水水源保护区、自然保护地核心保护区等依法确定的重点保护区域排放、倾倒、处置有放射性的废物、含传染病病原体的废物、有毒物质，情节特别严重的；

（二）向国家确定的重要江河、湖泊水域排放、倾倒、处置有放射性的废物、含传染病病原体的废物、有毒物质，情节特别严重的；

（三）致使大量永久基本农田基本功能丧失或者遭受永久性破坏的；

（四）致使多人重伤、严重疾病，或者致人严重残疾、死亡的。

有前款行为，同时构成其他犯罪的，依照处罚较重的规定定罪处罚。

2.《中华人民共和国民法典》

第一百八十七条 民事主体因同一行为应当承担民事责任、行政责任和刑事责任的，承担行政责任或者刑事责任不影响承担民事责任；民事主体的财产不足以支付的，优先用于承担民事责任。

第一千一百七十八条 本法和其他法律对不承担责任或者减轻责任的情形另有规定的，依照其规定。

第一千二百二十九条 因污染环境、破坏生态造成他人损害的，侵权人应当承担侵权责任。

3.《中华人民共和国刑事诉讼法》

第二十条 基层人民法院管辖第一审普通刑事案件，但是依照本法由上级人民法院管辖的除外。

第二十一条 中级人民法院管辖下列第一审刑事案件：

（一）危害国家安全、恐怖活动案件；

（二）可能判处无期徒刑、死刑的案件。

第二十二条 高级人民法院管辖的第一审刑事案件，是全省（自治区、直辖市）性的重大刑事案件。

第二十三条 最高人民法院管辖的第一审刑事案件，是全国性的重大刑事案件。

第一百零一条 被害人由于被告人的犯罪行为而遭受物质损失的，在刑事诉讼过程中，有权提起附带民事诉讼。被害人死亡或者丧失行为能力的，被害人的法定代理人、近亲属有权提起附带民事诉讼。

如果是国家财产、集体财产遭受损失的，人民检察院在提起公诉的时候，可以提起附带民事诉讼。

第一百零二条 人民法院在必要的时候，可以采取保全措施，查封、扣押或者冻结被告人的财产。附带民事诉讼原告人或者人民检察院可以申请人民法院采取保全措施。人民法院采取保全措施，适用民事诉讼法的有关规定。

第一百零三条 人民法院审理附带民事诉讼案件，可以进行调解，或者根据物质损失情况作出判决、裁定。

第一百零四条 附带民事诉讼应当同刑事案件一并审判，只有为了防止刑事案件审判的过分迟延，才可以在刑事案件审判后，由同一审判组织继续审理附带民事诉讼。

4.《最高人民法院、最高人民检察院关于检察公益诉讼案件适用法律若干问题的解释》

第五条 市（分、州）人民检察院提起的第一审民事公益诉讼案件，由侵权行为地或者被告住所地中级人民法院管辖。

第二十条 人民检察院对破坏生态环境和资源保护，食品药品安全领域侵害众多消费者合法权益，侵害英雄烈士等的姓名、肖像、名誉、荣誉等损害社会公共利益的犯罪行为提起刑事公诉时，可以向人民法院一并提起附带民事公益诉讼，由人民法院同一审判组织审理。

人民检察院提起的刑事附带民事公益诉讼案件由审理刑事案件的人民法院管辖。

5.《最高人民法院关于审理环境侵权责任纠纷案件适用法律若干问题的解释》

第一条 因污染环境、破坏生态造成他人损害，不论侵权人有无过错，侵权人应当承担侵权责任。

侵权人以排污符合国家或者地方污染物排放标准为由主张不承担责任的，人民法院不予支持。

侵权人不承担责任或者减轻责任的情形，适用海洋环境保护法、水污染防治法、大气污染防治法等环境保护单行法的规定；相关环境保护单行法没有规定的，适用民法典的规定。

6.《最高人民法院关于审理环境民事公益诉讼案件适用法律若干问题的解释》

第二十二条 原告请求被告承担以下费用的，人民法院可以依法予以支持：

（一）生态环境损害调查、鉴定评估等费用；

（二）清除污染以及防止损害的发生和扩大所支出的合理费用；

（三）合理的律师费以及为诉讼支出的其他合理费用。

7.《人民检察院公益诉讼办案规则》

第九十七条 人民检察院在刑事案件提起公诉时，对破坏生态环境和资源保护，食品药品安全领域侵害众多消费者合法权益，侵犯未成年人合法权益，侵害英雄烈士等的姓名、肖像、名誉、荣誉等损害社会公共利益的违法行为，可以向人民法院提起刑事附带民事公益诉讼。

注释

1.最高人民检察院第八检察厅.民事公益诉讼典型案例实务指引[M].北京：中国检察出版社，2019：229.

2.安徽省芜湖市镜湖区人民法院刑事附带民事判决书（〔2018〕皖0202刑初283号）。

3.刘艺.刑事附带民事公益诉讼的协同问题研究[J].中国刑事法杂志，2019（5）：79-84.

4.刘加良.刑事附带民事公益诉讼的困局与出路[J].政治与法律，2019（10）：86.

5.同注2。

6.周伟.湖北省利川市人民检察院诉吴明安等人生产销售不符合安全标准食品刑事附带民事公益诉讼案[J].中国检察官，2018（14）：6.

7.刘艺.刑事附带民事公益诉讼的协同问题研究[J].中国刑事法杂志，

2019（5）：83.

8.刘加良.刑事附带民事公益诉讼的困局与出路[J].政治与法律，2019（10）：87.

9.同注7。

10.张建春，咸思杰，吕玉琴.检察机关提起刑事附带民事公益诉讼相关问题的研究[J].发展，2018（9）：86-88.

11.毋爱斌.检察院提起刑事附带民事公益诉讼诸问题[J].郑州大学学报，2020（7）：29.

12.刘加良.刑事附带民事公益诉讼的困局与出路[J].政治与法律，2019（10）：92-93.

13.江必新.认真贯彻落实民事诉讼法、行政诉讼法规定全面推进检察公益诉讼审判工作——《最高人民法院、最高人民检察院关于检察公益诉讼案件适用法律若干问题的解释》的理解与适用[N].人民法院报，2018-03-05.

14.王玮.如何判断被诉行政机关是否依法履职[N].中国环境报，2018-11-29.

15.胡巧绒，舒平安.刑事附带民事公益诉讼运行实证观察[J].犯罪研究，2020（3）：88-105.

16.周伟.湖北省利川市人民检察院诉吴明安等人生产销售不符合安全标准食品刑事附带民事公益诉讼案[J].中国检察官，2018（7）：3-9.

第五章 刑事附带民事公益诉讼前沿问题

专题十二 刑事附带民事公益诉讼“等外”案件审理难点

知识要点（1）依据《中华人民共和国人民陪审员法》第16条第（二）项的规定，公益诉讼一审案件由人民陪审员和法官组成七人合议庭审理，但从“刑主民从”原则和诉讼经济的角度出发，由原刑事案件审判组织负责审理为宜。（2）刑事诉讼和民事公益诉讼的合并审理存在一定难度，因而，需要选择适合的审理模式，人民检察院至少应该在立案阶段就明确是否应该提起附带民事公益诉讼。（3）在刑事附带民事公益诉讼中，调解的适用应受到限制。（4）个人信息保护公益诉讼中的损害性赔偿诉讼请求有待立法予以明确。

典型案例十三
侵犯个人信息刑事附带民事公益诉讼案

一、案例材料

（一）案件背景

2019年12月至2020年1月间，庞某、邓某、崔某、王某、刘某、郑某通过微信组建以总团队、大队、大区、总监、群的架构梯级的“庞澜团队”，经营“1022红利卡”项目，并通过微信群在群内发送虚假宣传信息，以“1022红利卡”项目系国家项目、项目落地后发送福利为由吸收会员，并要求会员提供姓名、身份证号码、家庭住址等公民个人信息。“庞澜团队”总团队下设五个大队，其中，庞某任总团队队长，主要管理“庞澜团队”及项目运作；崔某任总团队统计，主要负责总团队公民个人信息的收集、整理、查重，并负责发送给上线李某；邓某任总团队助理，主要协助庞某管理团队和项目运作；王某任团队第一大队队长，主要管理第一大队及项目运作；刘某任团队第一大队统计，主要负责第一大队公民个人信息的收集、整理、查重，并负责发送给上线崔某；郑某任第一大队助理，主要协助王某管理第一大队及项目运作。经审计，“庞澜团队”通过该项目共获取478 894条公民个人信息，其中“庞澜团队”第一大队通过该项目共获取91 468条公民个人信息。

2020年1月16日，庞某、邓某、崔某、王某、刘某、郑某分别在深圳市罗湖区、湖南省长沙市雨花区、上海市嘉定区、江苏省邳州市、江西省赣州市寻乌县长宁镇、山东省济南市历下区被抓获。

（二）诉讼过程

1.诉前公告

2020年4月14日，福建省顺昌县人民检察院在“正义网”刊登了公告，拟对本案提起刑事附带民事公益诉讼。公告期满，没有法律规定的机关或社会组织针对该损害社会公共利益行为提起民事公益诉讼。基于此，顺昌县人民检察院以顺检一部刑诉〔2020〕91号起诉书指控被告人庞某、邓某、崔某、王某、刘某、郑某犯侵犯公民个人信息罪，于2020年6月23日向顺昌县人民法院提起公诉，并以顺检民公〔2020〕1号刑事附带民事公益诉讼起诉书提起刑事附带民事公益诉讼。

2.诉讼情况

顺昌县人民法院受理后，依法组成合议庭，适用普通程序，公开开庭审理了本案。顺昌县人民检察院指派检察员出庭支持公诉，并委派检察员出庭参加附带民事公益诉讼。[1]

（1）公诉机关的诉称。

在法庭审理过程中，公诉机关提供相关证据证明被告侵犯公民个人信息的事实，并认为，被告人庞某、邓某、崔某、王某、刘某、郑某非法获取公民个人信息，情节特别严重，应当以侵犯公民个人信息罪追究其刑事责任。在共同犯罪中，被告人庞某系主犯，其余被告人系从犯，鉴于各被告人认罪认罚，建议对被告人庞某从轻处罚；对被告人邓某、崔某、王某、刘某、郑某予以减轻处罚并适用缓刑。

（2）附带民事公益诉讼起诉人的诉称。

2019年12月至2020年1月间，被告人庞某、邓某、崔某、王某、刘某、郑某非法获取公民个人信息的行为不仅侵犯众多不特定人的隐私权，还存在严重威胁公民人身安全、财产安全和社会管理秩序，侵害国家和社会公共利益。

（3）被告及辩护人的辩称。

被告人庞某、邓某、崔某、王某、刘某、郑某对公诉机关庭审中指控的事实和罪名没有异议，自愿认罪认罚，同意公诉机关的量刑建议。对附带民事公益诉讼起诉人提出的诉讼请求无异议，并同意在国家级媒体上公开赔礼道歉。

被告人庞某、邓某、崔某、王某、刘某、郑某的辩护人对公诉机关指控的事实和罪名均无异议；邓某、崔某、刘某、郑某的附带民事公益诉讼委托代理人对附带民事公益诉讼起诉人提出的诉讼请求无异议。

在量刑上，庞某辩护人认为庞某到案后能如实供述自己的犯罪事实，自愿认罪认罚，并同意公开赔礼道歉，具有悔罪表现，建议对其从轻处罚。邓某辩护人同意公诉机关的量刑意见，但是考虑到邓某本人对国家对社会做了不小的贡献，本次犯罪属于初犯，没有造成严重的后果，请求法庭在公诉机关量刑建议的基础之上适当从轻。崔某辩护人认为崔某系从犯，如实供述自己的犯罪事实，认罪认罚，请求法院在公诉机关量刑幅度内予以从轻处罚，并适用缓刑。王某辩护人认为王某系初犯，如实供述自己的犯罪事实，积极预缴罚金，认罪悔罪，请求依法对其从宽处理。刘某辩护人认为刘某系从犯、初犯，如实供述犯罪事实，认罪认罚，建议减轻处罚，并适用缓刑。郑某辩护人认为郑某系初犯、从犯，如实供述相应的罪行，认罪认罚，建议对其处以一年六个月及以下的刑罚，并适用缓刑。

（4）法院判决结果。

被告人庞某、邓某、崔某、王某、刘某、郑某违反国家有关规定，通过发布虚假宣传信息，非法收集公民个人信息，涉及的条数均达到情节特别严重，其行为构成侵犯公民个人信息罪。被告人庞某在共同犯罪中起主要作用，应当按照其所参与的或者组织、指挥的全部犯罪处罚；其有前科，酌情予以从重处罚。被告人邓某、崔某、王某、刘某、郑某在共同犯罪中起次要作用，系从犯，依法应当从轻或减轻处罚。六被告人到案后如实供述自己的犯罪事实，依法可以从轻处罚。综合以上情节，在各被告人认罪认罚的基础上，对被告人庞某依法予以从轻处罚；对被告人邓某、崔某、王某、刘某、郑某依法予以减轻处罚；根据被告人邓某、崔某、王某、刘某、郑某的悔罪表现，宣告缓刑对所居住社区没有重大不良影响，法院决定对被告人邓某、崔某、王某、刘某、郑某予以宣告缓刑；对公诉机关提出的量刑建议予以采纳；对各被告辩护人提出的辩护意见亦予以采纳。

被告人庞某、邓某、崔某、王某、刘某、郑某向社会公众非法收集公民个人信息并提供给“上家”，不仅侵害了不特定人的隐私权，还可能对社会大众的人身和财产带来重大损害风险，损害了社会公共利益，因此其在承担刑事责任的同时，还应依法承担民事侵权责任。附带民事公益诉讼起诉人要求被告人庞某、邓某、崔某、王某、刘某、郑某在国家级媒体上书面公开赔礼道歉的诉讼请求，符合法律规定，法院予以支持。

综上，法院依照《中华人民共和国刑法》第253条第1款与第3款、第25条、第26条第1款与第3款、第27条、第67条第3款、第72条第1款与第3款、第52条、第53条、第64条，《中华人民共和国侵权责任法》第15条，《最高人民法院、最高人民检察院关于办理侵犯公民个人信息刑事案件适用法律若干问题的解释》第5条第1款第（五）项、第2款第（三）项及《最高人民法院、最高人民检察院关于检察公益诉讼案件适用法律若干问题的解释》第20条的规定，判决如下：以侵犯公民个人信息罪判处各被告人有期徒刑或缓刑，并处罚金2万元至5万元不等；判处各被告人于判决生效之日起十日内在国家级媒体上书面公开赔礼道歉，道歉内容须经法院及公诉机关审核认可；并对公安机关依法扣押在案的物品，予以没收。

（三）典型意义

检察机关提起刑事附带民事公益诉讼是落实“四大检察”工作重要和有益的探索。检察机关作为公益诉讼起诉人具有“补充性”，即无法律规定的机关和社会组织，或法律规定的机关和社会组织不提起诉讼的，检察机关才可作为“公共利益的守护者”提起民事公益诉讼，体现出了国家对于公共利益保护的力度和坚定的决心。本案特点鲜明，系刑事附带民事公益诉讼案件，同时属于公益诉讼领域（生态环境保护、食品药品安全）的“等外”案件，具有重要的实践意义和理论研究价值。

二、教学手册

（一）教学目标

本案例着重要求学生掌握以下四个方面的知识：（1）侵犯个人信息刑事附带民事公益诉讼案件办理的难点有哪些，以及如何解决；（2）刑事附带民事公益诉讼的审判组织应如何构成；（3）刑事附带民事公益诉讼应采取什么样的审理模式，是“先刑后民”，还是“先民后刑”，刑事诉讼与附带民事公益诉讼的审理应如何协同；（4）刑事附带民事公益诉讼是否可以适用调解。

（二）教学内容

1.侵犯个人信息刑事附带民事公益诉讼

在大数据时代，个人信息与个人安全密切联系。大量的个人信息包括个人家庭住址、财产状况等，一旦泄露，极可能导致公民人身、财产安全遭受严重侵害。因此，个人信息保护问题已然成为大众关注的焦点问题之一。当前，我国公民个人信息保护相关立法正在逐步完善之中。《中华人民共和国民法典》（以下简称《民法典》）第四编第六章专门规定了“隐私权和个人信息保护”，明确个人信息保护区别于隐私权，并将“电子邮箱、健康信息、行踪信息”纳入个人信息范畴，实行严格保护。与此同时，各地检察机关也在积极履行公益诉讼职责，补齐个人信息保护司法救济短板，本案就是在此背景下发生的一起典型案例。

本案中庞某、邓某、崔某、王某、刘某、郑某非法收集公民个人信息并提供给“上家”的行为，是否构成对社会公共利益的侵害之认定，关涉检察机关能否提起附带民事公益诉讼。这也是大多数侵犯个人信息刑事附带民事公益诉讼首先需要解决的问题。本案中，被告人组建的“庞澜团队”共获取478 894条公民个人信息，公共危害性比较明显。然而，实践中有的案件涉及公民个人信息条数较少或者获利数额较小，是否也可以提起附带民事公益诉讼呢？目前缺乏统一适用的判断标准。

对此，有学者建议从以下几个方面构建裁判标准：（1）个人信息是否具有一定的有用性，以及为社会公众所需要；（2）个人信息是否具有时效性；（3）个人信息是否具有一定的规模，能被二次开发利用；（4）个人信息的违法利用是否存在于公共领域。[2]

2.刑事附带民事公益诉讼的审判组织构成

《最高人民法院、最高人民检察院关于检察公益诉讼案件适用法律若干问题的解释》第7条规定，人民法院审理人民检察院提起的第一审公益诉讼案件，适用人民陪审制。然而，自2018年4月27日《中华人民共和国人民陪审员法》（以下简称《人民陪审员法》）施行后，前述规定就因与立法相冲突而无法适用。依据《人民陪审员法》第16条第（二）项的规定，公益诉讼第一审案件，由人民陪审员和法官组成七人合议庭审理。

从规范解释的视角，《人民陪审员法》第16条第（二）项规定必须适用七人陪审合议庭的情形是“根据民事诉讼法、行政诉讼法提起的公益诉讼案件”，但刑事附带民事公益诉讼究竟是不是依据民事诉讼法提起的公益诉讼案件，目前尚无定论。

从司法实践的视角，有的案例依据《人民陪审员法》第16条第（三）项的规定，以属于“社会影响重大的案件”为由组成七人陪审合议庭审理；[3] 但在《人民陪审员法》施行后，刑事附带民事公益诉讼案件由三人陪审合议庭或独任法官审理的案例依然存在。[4] 目前学界对此亦无定论。持否定论的学者认为，刑事案件与附带民事公益诉讼案件在庭审规则上采取的是“刑主民从”原则，因而由原刑事案件审判组织负责审理，也便于查清案情和符合诉讼经济原则，对于《人民陪审员法》规定的七人陪审合议庭所追求的司法接近民意问题，则主要通过诉讼公开方式予以弥补。[5]

综上，一审法院审理刑事附带民事公益诉讼案件时是否必须适用七人陪审合议庭，成为亟待解决的一个新问题。

3.刑事附带民事公益诉讼的审理模式

刑事附带民事公益诉讼是同一违法犯罪事实引起刑事责任和民事责任的承担，是刑事犯罪案件和民事纠纷案件的合并审理，在审理中应该注意两类法律适用效果的统一。[6] 实践中，刑事诉讼和民事公益诉讼的合并审理存在一定难度，因而，需要选择适合的审理模式。

在刑事附带民事诉讼实践中，“先刑后民”这一原则沿用至今且颇受肯定。[7] 然而，依据《民法典》第187条的规定，民事主体因同一行为应当承担民事责任、行政责任和刑事责任的，承担行政责任或者刑事责任不影响承担民事责任；民事主体的财产不足以支付的，优先用于承担民事责任。基于此，对于涉及社会公共利益救济的刑事附带民事公益诉讼，“先刑后民”的原则受到挑战。[8] 从实践来看，生态环境保护领域的刑事附带民事公益诉讼案件多数采用“先民后刑”的审理模式，这样能调动被告人的积极性，促使其主动承担民事责任。[9] 但由于刑事审理期限比民事审理期限短很多，有学者建议公诉部门应该在立案阶段就明确是否应该提起附带民事公益诉讼，并且召开庭前会议交换附带民事公益诉讼的证据，提炼审理焦点，推动庭审程序公平且更有效率地进行。[10]

4.刑事附带民事公益诉讼中调解的适用

调解在检察机关提起的刑事附带民事公益诉讼中并不常见，但也确实存在。从现有的司法实践中来看，调解的方式主要有“双方达成协议”“（经法院）调解”“检察机关出具书面谅解书”“附带民事公益诉讼被告人签署生态环境复原承诺书”“（双方）达成调解协议”“（双方）达成赔偿协议”。[11]

在民事公益诉讼中，调解的适用是有条件限制的，但在刑事附带民事公益诉讼中是否也有调解的空间，或者检察机关能否与被告人达成调解协议并以调解方式结案，有待今后相关立法予以明确。就目前学术界的观点而言，只有在附带民事公益诉讼起诉人的诉讼请求提前得以实现的情形下，才可以准许检察机关撤诉，否则不允许以双方达成调解协议而结案。[12]

（三）问题与思考

（1）除了侵犯个人信息刑事附带民事公益诉讼以外，目前司法实践中检察机关还可以针对哪些公益诉讼领域（生态环境保护、食品药品安全）的“等外”案件提起刑事附带民事公益诉讼？梳理法院在这些案例中认定“损害社会公共利益”的标准。

（2）撰写一份关于刑事附带民事公益诉讼理论和实务前沿问题的文献综述。

（3）如何完善刑事附带民事公益诉讼审理规则？

（四）法条链接

1.《中华人民共和国刑法》

第二百五十三条之一　违反国家有关规定，向他人出售或者提供公民个人信息，情节严重的，处三年以下有期徒刑或者拘役，并处或者单处罚金；情节特别严重的，处三年以上七年以下有期徒刑，并处罚金。

违反国家有关规定，将在履行职责或者提供服务过程中获得的公民个人信息，出售或者提供给他人的，依照前款的规定从重处罚。

窃取或者以其他方法非法获取公民个人信息的，依照第一款的规定处罚。

单位犯前三款罪的，对单位判处罚金，并对其直接负责的主管人员和其他直接责任人员，依照各该款的规定处罚。

2.《中华人民共和国民法典》

第一百一十一条　自然人的个人信息受法律保护。任何组织或者个人需要获取他人个人信息的，应当依法取得并确保信息安全，不得非法收集、使用、加工、传输他人个人信息，不得非法买卖、提供或者公开他人个人信息。

第九百九十九条　为公共利益实施新闻报道、舆论监督等行为的，可以合理使用民事主体的姓名、名称、肖像、个人信息等；使用不合理侵害民事主体人格权的，应当依法承担民事责任。

第一千零三十条 民事主体与征信机构等信用信息处理者之间的关系，适用本编有关个人信息保护的规定和其他法律、行政法规的有关规定。

第一千零三十四条 自然人的个人信息受法律保护。

个人信息是以电子或者其他方式记录的能够单独或者与其他信息结合识别特定自然人的各种信息，包括自然人的姓名、出生日期、身份证件号码、生物识别信息、住址、电话号码、电子邮箱、健康信息、行踪信息等。

个人信息中的私密信息，适用有关隐私权的规定；没有规定的，适用有关个人信息保护的规定。

第一千零三十六条 处理个人信息，有下列情形之一的，行为人不承担民事责任：

（一）在该自然人或者其监护人同意的范围内合理实施的行为；

（二）合理处理该自然人自行公开的或者其他已经合法公开的信息，但是该自然人明确拒绝或者处理该信息侵害其重大利益的除外；

（三）为维护公共利益或者该自然人合法权益，合理实施的其他行为。

3.《中华人民共和国人民陪审员法》

第十六条 人民法院审判下列第一审案件，由人民陪审员和法官组成七人合议庭进行：

（一）可能判处十年以上有期徒刑、无期徒刑、死刑，社会影响重大的刑事案件；

（二）根据民事诉讼法、行政诉讼法提起的公益诉讼案件；

（三）涉及征地拆迁、生态环境保护、食品药品安全，社会影响重大的案件；

（四）其他社会影响重大的案件。

4.《最高人民法院、最高人民检察院关于办理侵犯公民个人信息刑事案件适用法律若干问题的解释》

第五条 非法获取、出售或者提供公民个人信息，具有下列情形之一的，应当认定为刑法第二百五十三条之一规定的“情节严重”：

（一）出售或者提供行踪轨迹信息，被他人用于犯罪的；

（二）知道或者应当知道他人利用公民个人信息实施犯罪，向其出售或者提供的；

（三）非法获取、出售或者提供行踪轨迹信息、通信内容、征信信息、财产信息五十条以上的；

（四）非法获取、出售或者提供住宿信息、通信记录、健康生理信息、交易信息等其他可能影响人身、财产安全的公民个人信息五百条以上的；

（五）非法获取、出售或者提供第三项、第四项规定以外的公民个人信息五千条以上的；

（六）数量未达到第三项至第五项规定标准，但是按相应比例合计达到有关数量标准的；

（七）违法所得五千元以上的；

（八）将在履行职责或者提供服务过程中获得的公民个人信息出售或者提供给他人，数量或者数额达到第三项至第七项规定标准一半以上的；

（九）曾因侵犯公民个人信息受过刑事处罚或者二年内受过行政处罚，又非法获取、出售或者提供公民个人信息的；

（十）其他情节严重的情形。

实施前款规定的行为，具有下列情形之一的，应当认定为刑法第二百五十三条之一第一款规定的“情节特别严重”：

（一）造成被害人死亡、重伤、精神失常或者被绑架等严重后果的；

（二）造成重大经济损失或者恶劣社会影响的；

（三）数量或者数额达到前款第三项至第八项规定标准十倍以上的；

（四）其他情节特别严重的情形。

5.《最高人民法院、最高人民检察院关于检察公益诉讼案件适用法律若干问题的解释》

第七条 人民法院审理人民检察院提起的第一审公益诉讼案件，适用人民陪审制。

第十九条 民事公益诉讼案件审理过程中，人民检察院诉讼请求全部实现而撤回起诉的，人民法院应予准许。

第二十条 人民检察院对破坏生态环境和资源保护，食品药品安全领域侵害众多消费者合法权益，侵害英雄烈士等的姓名、肖像、名誉、荣誉等损害社会公共利益的犯罪行为提起刑事公诉时，可以向人民法院一并提起附带民事公益诉讼，由人民法院同一审判组织审理。

人民检察院提起的刑事附带民事公益诉讼案件由审理刑事案件的人民法院管辖。

拓展案例

个人信息保护公益诉讼之损害赔偿系列案例

个人信息，按照《民法典》第1034条第2款的定义，指的是“以电子或者其他方式记录的，能够单独或者与其他信息结合，识别特定自然人的各种信息，包括自然人的姓名、出生日期、身份证件号码、生物识别信息、住址、电话号码、电子邮箱、健康信息、行踪信息等”。2021年11月1日，《中华人民共和国个人信息保护法》（以下简称《个人信息保护法》）正式施行，其中第69条明确了个人信息处理者的损害赔偿责任及损害赔偿金额的计算原则，第70条则赋予了人民检察院在个人信息处理者违法处理个人信息，侵害众多个人权益时，享有提起诉讼的权利。结合《中华人民共和国民事诉讼法》（以下简称《民事诉讼法》）第55条的规定内容，检察机关当然享有个人信息保护的公益诉权。根据最高人民检察院2020年9月出台的《关于积极稳妥拓展公益诉讼案件范围的指导意见》，网络侵害属于检察公益诉讼新领域，个人信息保护也是网络侵害公益诉讼案件的办案重点。[13] 就目前的立法动向而言，将公民个人信息纳入检察公益诉讼保护范畴已经达成较为统一的共识，但是检察机关在上述公益诉讼案件中能否提出损害赔偿诉讼请求却存在较大争议。

2021年4月22日，最高人民检察院发布十一件检察机关个人信息保护公益诉讼典型案例，其中案例8、案例9、案例10和案例11均为侵害消费者个人信息和权益的民事公益诉讼案件，不同之处在于上述四个案件中检察机关的诉讼请求存在差异。[14] 案例8明确支持了检察机关提出的三倍惩罚性赔偿请求。案例9中，依据现有材料暂不能确定3900元赔偿金的性质。案例10中，三被告支付的赔偿金额与三人非法获利金额一致，均为70余万元。案例11中可见检察机关查明个人信息具体受到侵害的数量为13 784条，也即受侵害的对象并非“不确定多数”，而是“确定多数”，且在该案例中并未提出损害性赔偿请求或惩罚性赔偿请求，上述受侵害权益为“众益”，而非“公益”，是否是损害性赔偿诉讼请求提出的理论障碍，有待进一步明确。

本部分将从诉讼请求角度对个人信息保护民事公益诉讼案件展开分析和介绍，旨在围绕个人信息的实体法内容补充相关知识要点。

一、案例材料

案例材料一：重庆扬啟企业营销策划有限公司侵害消费者个人信息和权益民事公益诉讼案[15]

（一）案件背景

2020年7月，媒体刊发“沙坪坝区西部物流园一冷冻仓库部分厄瓜多尔进口冻南美白虾外包装新冠病毒核酸呈阳性”的消息后，重庆扬啟企业营销策划有限公司（以下简称重庆扬啟公司）擅自将名为《重庆已购进口白虾顾客名单》的文章发布在其管理的公众号“扬啟策划推广”，并提供电子版下载。该份名单涉及10 979名消费者的住址、电话、姓名、身份证号等个人信息，几天内文章阅读数达5225次，并被转载198次。

（二）调查和诉讼

重庆市人民检察院第一分院发现该线索后，于2021年2月7日予以立案并发出诉前公告。公告后，重庆市消费者权益保护委员会（以下简称重庆市消委会）发函表示拟提起民事公益诉讼，并请求重庆市人民检察院第一分院支持起诉。2021年5月4日，重庆市消委会向重庆市第一中级人民法院提起消费民事公益诉讼，请求判令重庆扬啟公司在《消费者报》上刊登书面道歉信，公开赔礼道歉；自判决生效起一年内策划、制作、发布原创的消费领域公益宣传活动四次以上。如果被告不履行，少一次公益活动则赔偿损失2万元，赔偿金用于原告开展消费宣传、消费教育、消费体察、消费调查等公益活动。

2021年9月2日，重庆市第一中级人民法院开庭审理该案，重庆市人民检察院第一分院到庭支持起诉。由于双方没有实质性争议，本案当庭达成调解协议。重庆扬啟公司负责人汪某承认该公司的侵权行为，当庭提交了公开道歉信，表示愿意承担法律责任，按照重庆市消委会的诉求在媒体上向消费者赔礼道歉，并开展消费公益宣传。

（三）典型意义

按照《最高人民法院关于审理消费民事公益诉讼案件适用法律若干问题的解释》第13条的规定，在消费民事公益诉讼案件中，可请求被告承担停止侵害、排除妨碍、消除危险、赔礼道歉等民事责任。本案首次在消费民事公益诉讼中以行为替代补偿损失，采用教育先行、惩罚兜底的方式，要求被告“一年内进行公益宣传活动四次”，若被告不履行再执行赔偿金。该案的宣判对于

《个人信息保护法》生效后的类似案件处理具有参考和借鉴意义。当侵权人大规模侵犯个人信息时，除了科以传统的赔偿损失、赔礼道歉等责任形式之外，还可以要求其进行行为补偿。

案例材料二：李某侵害消费者个人信息和权益民事公益诉讼案

（一）案件背景

2017年以来，李某非法获取包含姓名、电话、住址等公民个人信息共计1290万余条，并伙同他人将其中1.9万余条个人信息非法出售获利。2018年1月至2019年4月，李某利用非法获取的公民个人信息，雇佣电话客服批量、随机拨打营销骚扰电话，并以收藏品公司名义，采用夸大收藏品价值和升值空间等方式，诱骗消费者购买肾宝片、纪念册、纪念币等商品，销售价款共计55.4605万元。

（二）调查和诉讼

河北省保定市人民检察院（以下简称保定市院）在审查郭某某侵犯公民个人信息刑事附带民事公益诉讼请示案件时发现，李某被判处侵犯公民个人信息罪的同时，存在利用非法获取的公民个人信息进行消费欺诈的行为。经河北省人民检察院批准，保定市院于2019年11月8日立案调查。调查期间，保定市院通过调取刑事侦查卷宗、审查电子数据、询问被调查人和证人，查清李某非法获取、出售个人信息事实；通过委托公安机关依托异地协查平台调取46名消费者陈述，审查电话客服证言、话术音频、商品检测报告，证实李某利用个人信息批量、随机进行电话滋扰和欺诈的事实；通过调取快递公司快递收发记录、资金结算书证和李某银行账户流水资料，并委托出具会计专业分析报告，查清李某消费欺诈金额。同时，保定市院邀请河北大学公益诉讼研究基地的专家对该案进行论证并开展问卷调查，专家论证和调查结果均支持检察机关对李某的侵权行为提起民事公益诉讼并提出惩罚性赔偿诉讼请求。

保定市院经公告，并函询河北省消费者权益保护委员会意见，没有法律规定的机关和有关组织提起诉讼。2020年7月20日，保定市院向保定市中级人民法院提起民事公益诉讼，请求依法判令被告李某支付三倍惩罚性赔偿金共计166.3815万元；采取有效措施删除所有非法持有的公民个人信息数据；在国家级媒体上公开赔礼道歉。

2020年11月4日，保定市中级人民法院公开开庭审理本案。庭审中，公益诉讼起诉人出示、宣读了上述调取的证据，证明李某非法获取、出售公民个人信息，并利用非法获取的公民个人信息进行消费欺诈，侵害公民个人信息安全和消费者合法权益，损害了社会公共利益。2020年12月30日，保定市中级人民法院作出判决，支持了检察机关全部诉讼请求。

（三）典型意义

个人信息泄露、电话营销欺诈严重侵害公民个人信息安全和消费者合法权益，是民生痛点。本案中，检察机关通过专家论证和问卷调查，对非法获取、出售公民个人信息，并利用个人信息进行消费欺诈的行为提起惩罚性赔偿公益诉讼，对充分运用公益诉讼职能，惩治和预防个人信息保护领域的损害公益行为，真正实现“让违法者痛到不敢再犯”的目的，具有积极的引领、示范和指导作用。

二、教学手册

（一）教学目标

系列拓展案例着重要求学生掌握以下几个方面的知识：（1）个人信息的定义及法律属性；（2）我国对个人信息进行保护的相关立法规定；（3）个人信息纳入公益诉讼保护范畴的立法依据；（4）互联网个人信息保护具有公共利益属性；（5）个人信息保护公益诉讼中的诉讼请求类型设置。

（二）教学内容

1.个人信息的定义及法律属性

（1）定义。个人信息，按照《民法典》第1034条第2款的定义，指的是“以电子或者其他方式记录的，能够单独或者与其他信息结合识别特定自然人的各种信息，包括自然人的姓名、出生日期、身份证件号码、生物识别信息、住址、电话号码、电子邮箱、健康信息、行踪信息等”。《民法典》第1035~1038条分别规定了个人信息的处理原则及处理需要符合的条件，个人信息处理者的免责情形，自然人享有查阅、复制、更正删除等权利，信息处理者负担的个人信息保护义务。

（2）法律属性。《民法典》第110条规定：“自然人享有生命权、身体权、健康权、姓名权、肖像权、名誉权、荣誉权、隐私权、婚姻自主权等权利。”第111条规定：“自然人的个人信息受法律保护。”虽然《民法典》明确了公民的个人信息应受法律的保护，但对于个人信息的法律属性始终未作出明确的定义。总体而言有四种主要学说，分别是一般人格权说、财产权说、隐私权说和独立人格权说。

一般人格权说，依据大陆法系人格权理论，凡是可以反映人格独立、人格自由以及人格尊严的事物，都可以成为人格权保护的客体，而个人信息表现为自然人的内在属性和社会属性，应在人格权的保护范围中。德国法中，信息自决权是德国宪法法院为了满足当时社会面临个人信息数据化处理的现实风险，从一般人格权中发展出来的，在宪法法院的判决和案例中逐步形成制度。在效力上，信息自决权是一项基本法上的权利，依靠间接第三人效力理论，无论是在理论界还是实务界，都承认信息自决权可以规范和调整私法主体之间的信息保护关系。在其限制上，其保护的效力在于只要信息的收集或者处理过程违背了本人的意思，就需要进行救济，而不考虑私人生活受到侵犯与否，因此其保护效力较强。

财产权说认为，个人信息体现出一定的财产属性。一方面，个人信息归属于权利主体所有，权利主体具有控制、支配、处分等权能，可以自由处分自己的信息并不受他人的干扰，如同意他人获取自己的信息。另一方面，在大数据时代，个人信息具有显著的商业价值，不仅对个人，对整个社会都是一种重要资源。如网络交易平台对海量的个人信息进行收集、使用，给平台经济带来了成本的降低和效率的提升；国家通过对个人信息进行大数据分析，从而掌握整个社会的发展动态，制定更加有效的政策。因此，明确个人信息的财产属性，不仅有助于采用权利化模式保护消费者的个人法益，明确个人对自己的信息享有控制权，同时可以兼顾社会公共利益，实现数据化管理。

隐私权说，在美国法体系中，隐私权制度的形成是在对大量判决的总结和细化的基础上形成的。由于隐私概念具有模糊性和开放性，法官在必要时可以作出解释，对个人信息的保护就是利用了隐私权的这种框架性、一般性的特点，将个人信息归入隐私权的保护范畴，防止随意泄露和修改个人信息，从而保护个人信息的自主价值和使用价值。隐私权说的基础就在于公共领域与私人领域之间设定明确的界限，以应对大数据时代背景下个人信息的保护问题。在以权利对抗权力的传统法律架构下，通过个人信息的自我控制防止公权力滥用造成对个人隐私的侵害。

独立人格权说首先反驳了财产权说，认为财产权说忽略了个人信息权所体现的人格利益，无法体现人格尊严，因此反对以财产权的形式对个人信息进行保护。消费者的个人信息为特定公民所专有，无法进行转让、继承，并不满足财产权的特征。同时，以个人意志决定个人信息的使用也不具有确定性。现代社会的发展离不开大数据的基础，公民的部分信息出于社会管理的需要可以被国家合理运用，一旦承认个人信息属于人格权的范畴，信息在公共领域的使用则会显得捉襟见肘。同时独立人格权说从隐私权与个人信息权之间存在界分这个角度进行分析，进一步认为个人信息权应是一项独立人格权，难以被隐私权完全覆盖。一方面，隐私权保护的对象是本人不愿意公开的信息，而个人信息权保护的对象还包括已经公开的信息，其主要目的在于防止该信息被滥用而非简单的反对公开。另一方面，隐私权的保护主要集中在受到侵害之后，属于消极的防御性的权利，而个人信息可以主动转化为财产利益。二者在权利属性、保护对象、保护方式等方面的区别决定了不可简单地将二者等同，因此应当将个人信息权作为一项独立人格权予以保护。

2.我国对个人信息进行保护的相关立法规定

根据时间先后，对我国与个人信息保护相关的主要法律法规作如下梳理：

2012年12月施行的《全国人民代表大会常务委员会关于加强网络信息保护的决定》规定了侵害公民个人信息的行为方式包括如下几种：窃取或以其他非法方式获取、出售、非法向他人提供、非法泄露、非法篡改、非法毁损、丢失公民个人电子信息；违法发送电子信息侵扰生活安宁；泄露公民个人电子信息或侵扰他人电子信息未及时采取补救措施；其他侵害公民个人电子信息的侵权行为。[16]

2014年3月第二次修正后施行的《中华人民共和国消费者权益保护法》（以下简称《消费者权益保护法》）第14条确认了消费者个人信息依法得到保护的权利，第29条明确了经营者收集、使用消费者个人信息应当遵循的原则，并确认了经营者侵害消费者个人信息的侵权行为包括非法收集、违法使用、泄露、出售、非法向他人提供、丢失以及非法向消费者发送商业性消息等形式。该法第50条则规定了经营者侵害消费者个人信息应当承担的侵权责任包含停止侵害、恢复名誉、消除影响、赔礼道歉、赔偿损失等。

2015年11月施行的《中华人民共和国刑法修正案（九）》修改了第253条，即确立了侵犯公民个人信息罪。该条明确规定了违反国家有关规定向他人出售或者提供公民个人信息、违反国家有关规定将在履职或者提供服务过程中获取的公民个人信息出售或者提供给他人、窃取或者以其他非法手段获取公民个人信息等情形将被判处有期徒刑或者拘役、罚金等刑事处罚。

2017年6月施行的《中华人民共和国网络安全法》（以下简称《网络安全法》）第22条、第37条、第41条、第42条、第43条较为全面地规定了网络产品、服务提供者和网络运营者应当承担的个人信息保护义务，该法第44条、第45条对任何个人和组织、依法负有网络安全监督管理职责的部门及其工作人员侵害个人信息的侵权行为作出了列举式规定。该法第64条和第65条规定了网络运营者、网络产品或者服务的提供者侵害个人信息应当承担的由有关主管部门责令改正、警告、没收违法所得、处违法所得一倍以上十倍以下罚款、暂停相关业务、停业整顿、关闭网站、吊销相关业务许可证或者吊销营业执照等责任。

2017年6月施行的《最高人民法院、最高人民检察院关于办理侵犯公民个人信息刑事案件适用法律若干问题的解释》对侵犯公民个人信息刑事案件适用法律规定了详细的规则，尤其是通过条文内容的细化，明确了定罪量刑的标准，在惩治侵害公民个人信息犯罪行为、保护权利人的个人信息方面，具有很强的操作性，作用十分重要。

2019年1月施行的《中华人民共和国电子商务法》中有关个人信息保护的条文有七条，分别提及了电子商务经营者、有关主管部门及其工作人员在个人信息保护中承担的义务以及违反有关法律法规应当承担的法律责任。

2021年11月1日，《个人信息保护法》正式施行，其中第69条明确了个人信息处理者的损害赔偿责任及损害赔偿金额的计算原则。《个人信息保护法》第69条规定："处理个人信息侵害个人信息权益造成损害，个人信息处理者不能证明自己没有过错的，应当承担损害赔偿等侵权责任。前款规定的损害赔偿责任按照个人因此受到的损失或者个人信息处理者因此获得的利益确定；个人因此受到的损失和个人信息处理者因此获得的利益难以确定的，根据实际情况确定赔偿数额。"

3.个人信息纳入公益诉讼保护范畴的立法依据

《个人信息保护法》第70条规定："个人信息处理者违反本法规定处理个人信息，侵害众多个人的权益的，人民检察院、法律规定的消费者组织和国家网信部门确定的组织可以依法向人民法院提起诉讼。"该条内容明确了检察机关提起个人信息保护公益诉讼的主体资格合法性。

另外，《民事诉讼法》第55条规定："对污染环境、侵害众多消费者合法权益等损害社会公共利益的行为，法律规定的机关和有关组织可以向人民法院提起诉讼。人民检察院在履行职责中发现破坏生态环境和资源保护、食品药品安全领域侵害众多消费者合法权益等损害社会公共利益的行为，在没有前款规定的机关和组织或者前款规定的机关和组织不提起诉讼的情况下，可以向人民法院提起诉讼。前款规定的机关或者组织提起诉讼的，人民检察院可以支持起诉。”结合《消费者权益保护法》第50条的内容，经营者侵害众多不特定消费者个人信息损害社会公共利益的行为应当纳入公益诉讼保护范畴。

事实上，根据最高人民检察院2020年9月出台的《关于积极稳妥拓展公益诉讼案件范围的指导意见》，网络侵害属于检察公益诉讼新领域，个人信息保护也是作为网络侵害公益诉讼案件的办案重点。[17] 在此，需要明确的是网络侵害领域的个人信息保护与消费领域的个人信息保护之间的关系属于包含与被包含的关系，前者的范畴更加广泛，不仅仅局限在消费领域。从前述立法条文中设定的主体可见一斑，如《个人信息保护法》规定的侵权责任主体是“个人信息处理者”，《网络安全法》规定的是“网络产品、服务提供者和网络运营者，任何个人和组织，依法负有网络安全监督管理职责的部门及其工作人员”等，足见将个人信息保护纳入网络侵害案件拓展范围相较于纳入消费民事案件领域保护力度更大。并且，根据《最高人民法院关于审理消费民事公益诉讼案件适用法律若干问题的解释》的释义，该司法解释第2条对关于消费领域损害社会公共利益的类型化进行了规定，其中第（五）项“其他侵害众多不特定消费者合法权益或者具有危及消费者人身、财产安全危险等损害社会公共利益的行为”对个人信息保护纳入公益诉讼案件范围留出了空间，需要进一步在司法实践中进行探索。

4.互联网个人信息保护具有公共利益属性

所谓公共利益，通说认为是“不确定多数人”之利益。由此推之，由于个人信息所具有的经济价值和社会价值，将不确定多数人的个人信息遭受侵害认定为公共利益受损符合一般大众的价值判断标准。但是，也有学者主张从解释论上将众益诉讼并入公益诉讼制度[18]，认为众多确定多数人的利益集合可以认定为公共利益。

值得注意的是，个人信息保护公益诉讼与侵害众多消费者合法权益的公益诉讼有所不同，个人信息侵权通常能够确定被侵权人的范围，即个人信息被侵害的数量和对象能够予以明确。这一点与消费民事公益诉讼中食品药品侵权不同，面向市场销售的食品，如硫磺熏制的辣椒、病死猪肉流向市场时，难以确定实际购买者数量，也难以确定消费者受到的具体损失。个人信息侵权相对消费民事公益诉讼更容易估算每条信息的获利金额，根据信息指向的内容也可以确定遭受个人信息侵害的主体。对于这类并非“不特定多数”的受损个人信息利益集合，虽然应当划归“特定多数”的众益诉讼范畴，但将其认定为公共利益具有现实必要性。如前述案例中遭受个人信息侵权的多个小区业主，共计受到损害的个人信息数量为13 784条，损害的不仅是众多确定的自然人的个人信息，更是社会经济管理秩序，如果不对上述不法行为予以全方面的惩治，将侵害更多潜在的业主个人信息权，最终危及社会公共利益。

5.个人信息保护公益诉讼中的诉讼请求类型设置

民事公益诉讼中的损害赔偿请求权，指的是公益诉讼中起诉主体通过法院向对方当事人提起的要求损害赔偿的权利，具体包含补偿性损害赔偿请求权、惩罚性损害赔偿请求权、撤去不法收益请求权三种类型。[19]

（1）补偿性损害赔偿请求以填补受害者不特定损失为目的，在我国立法中多为“赔偿损失”的表述。根据我国《民事诉讼法》第55条的规定，民事公益诉讼主要有环境民事公益诉讼和消费民事公益诉讼两大类型，另外还有新增的英烈名誉侵权公益诉讼。汤维建教授提出，不同领域的民事公益诉讼所配置的诉讼请求有所差异，如恢复原状、赔偿损失在环境公益诉讼中为主要的诉讼请求形式，但却在另外两种民事公益诉讼中无适用基础。[20] 汤维建教授所指的赔偿损失在消费民事公益诉讼无适用空间，主要指的是大规模侵害消费者权益类纠纷，对于此种类型的案件，通常涉及的标的额较大，与本书要探讨的个人信息侵权公益诉所保护的众多小额分散利益不同，当事人有提起诉讼的动力。因此，对此类私益性损害赔偿请求权不宜在个人信息侵权公益诉讼中集合行使，未来可以考虑在集体诉讼中建构，这也与立法本意相契合。

（2）惩罚性损害赔偿，也可称为惩戒性的赔偿或者报复性的赔偿，兼具补偿受害人损失、惩罚侵权人，以及遏制不法行为等复合功能。[21] 惩罚性损害赔偿责任是指超出被侵权人遭受的实际损失而由侵权人承担的金钱赔偿责任。按照《民法典》第179条的规定，惩罚性损害赔偿应当是新增的一种民事责任承担方式，既可以与其他11种责任方式合并适用，也可以单独适用。《消费者权益保护法》第50条规定了经营者侵害消费者个人信息时，应当承担赔偿损失的责任。此处的赔偿损失，应当作扩大理解，既包括补偿性损害赔偿，也包括惩罚性赔偿。如果能够赋予检察机关享有集合性的惩罚性赔偿请求权，不仅能够更为全面地保护自然人个人信息权，在私法保护之外增强保护力度，为众多遭受小额损失却放弃权利行使的主体提供集合性救济措施；也能够更为严厉地惩治侵害个人信息侵权行为，真正实现惩罚性赔偿具有的补偿损失、惩罚和遏制不法行为的多重功能。

（3）撤去不法收益诉讼，不在于补偿权利主体所受到的损害，而旨在撤去违法者因不法行为所获财产增益，进而对不法行为产生威慑效应。[22] 当下对个人信息的侵害主要以“小额分散”为表现形式，即单个消费者的个人信息的损害由于并不具有很高经济价值，其没有利益受损的认识，或者基于对自己权益的漠不关心，最终成了集合性的“沉默的大多数”群体。小额分散损害，是指个别侵害微不足道，但是受到侵害的个体分布广泛，人数众多的侵害类型。这一类型的小额分散性案件的损害赔偿之诉存在单个消费者诉讼力量欠缺、举证能力不足、耗时耗力等具体困难，由特定的主体针对小额分散性案件提起“撇去不法收益之诉”具有公共利益属性。[23]

（三）问题与思考

（1）以“携程大数据杀熟第一案”为例，思考检察机关能否对电商平台针对消费者进行大数据杀熟的行为提起消费民事公益诉讼。

（2）对个人信息保护提起刑事附带民事诉讼，如果刑事案件中已经对被告判处了罚金，能否在民事公益诉讼中提出惩罚性赔偿请求？试分析刑事罚金和惩罚性赔偿金的区别与联系。

（四）法条链接

1.《中华人民共和国民法典》

第一百一十条　自然人享有生命权、身体权、健康权、姓名权、肖像权、名誉权、荣誉权、隐私权、婚姻自主权等权利。

法人、非法人组织享有名称权、名誉权和荣誉权。

第一百一十一条　自然人的个人信息受法律保护。任何组织或者个人需要获取他人个人信息的，应当依法取得并确保信息安全，不得非法收集、使用、加工、传输他人个人信息，不得非法买卖、提供或者公开他人个人信息。

第一百七十九条　承担民事责任的方式主要有：

（一）停止侵害；

（二）排除妨碍；

（三）消除危险；

（四）返还财产；

（五）恢复原状；

（六）修理、重作、更换；

（七）继续履行；

（八）赔偿损失；

（九）支付违约金；

（十）消除影响、恢复名誉；

（十一）赔礼道歉。

法律规定惩罚性赔偿的，依照其规定。

本条规定的承担民事责任的方式，可以单独适用，也可以合并适用。

第一千零三十四条　自然人的个人信息受法律保护。

个人信息是以电子或者其他方式记录的能够单独或者与其他信息结合识别特定自然人的各种信息，包括自然人的姓名、出生日期、身份证件号码、生物识别信息、住址、电话号码、电子邮箱、健康信息、行踪信息等。

个人信息中的私密信息，适用有关隐私权的规定；没有规定的，适用有关个人信息保护的规定。

第一千零三十五条　处理个人信息的，应当遵循合法、正当、必要原则，不得过度处理，并符合下列条件：

（一）征得该自然人或者其监护人同意，但是法律、行政法规另有规定的除外；

（二）公开处理信息的规则；

（三）明示处理信息的目的、方式和范围；

（四）不违反法律、行政法规的规定和双方的约定。

个人信息的处理包括个人信息的收集、存储、使用、加工、传输、提供、公开等。

第一千零三十六条　处理个人信息，有下列情形之一的，行为人不承担民事责任：

（一）在该自然人或者其监护人同意的范围内合理实施的行为；

（二）合理处理该自然人自行公开的或者其他已经合法公开的信息，但是该自然人明确拒绝或者处理该信息侵害其重大利益的除外；

（三）为维护公共利益或者该自然人合法权益，合理实施的其他行为。

第一千零三十七条　自然人可以依法向信息处理者查阅或者复制其个人信息；发现信息有错误的，有权提出异议并请求及时采取更正等必要措施。

自然人发现信息处理者违反法律、行政法规的规定或者双方的约定处理其个人信息的，有权请求信息处理者及时删除。

第一千零三十八条　信息处理者不得泄露或者篡改其收集、存储的个人信息；未经自然人同意，不得向他人非法提供其个人信息，但是经过加工无法识别特定个人且不能复原的除外。

信息处理者应当采取技术措施和其他必要措施，确保其收集、存储的个人信息安全，防止信息泄露、篡改、丢失；发生或者可能发生个人信息泄露、篡改、丢失的，应当及时采取补救措施，按照规定告知自然人并向有关主管部门报告。

2.《中华人民共和国民事诉讼法》

第五十五条　对污染环境、侵害众多消费者合法权益等损害社会公共利益的行为，法律规定的机关和有关组织可以向人民法院提起诉讼。

人民检察院在履行职责中发现破坏生态环境和资源保护、食品药品安全领域侵害众多消费者合法权益等损害社会公共利益的行为，在没有前款规定的机关和组织或者前款规定的机关和组织不提起诉讼的情况下，可以向人民法院提起诉讼。前款规定的机关或者组织提起诉讼的，人民检察院可以支持起诉。

3.《中华人民共和国电子商务法》

第五条　电子商务经营者从事经营活动，应当遵循自愿、平等、公平、诚信的原则，遵守法律和商业道德，公平参与市场竞争，履行消费者权益保护、环境保护、知识产权保护、网络安全与个人信息保护等方面的义务，承担产品和服务质量责任，接受政府和社会的监督。

第二十三条　电子商务经营者收集、使用其用户的个人信息，应当遵守法律、行政法规有关个人信息保护的规定。

第二十五条　有关主管部门依照法律、行政法规的规定要求电子商务经营者提供有关电子商务数据信息的，电子商务经营者应当提供。有关主管部门应当采取必要措施保护电子商务经营者提供的数据信息的安全，并对其中的个人信息、隐私和商业秘密严格保密，不得泄露、出售或者非法向他人提供。

第三十二条　电子商务平台经营者应当遵循公开、公平、公正的原则，制定平台服务协议和交易规则，明确进入和退出平台、商品和服务质量保障、消费者权益保护、个人信息保护等方面的权利和义务。

第七十九条　电子商务经营者违反法律、行政法规有关个人信息保护的规定，或者不履行本法第三十条和有关法律、行政法规规定的网络安全保障义务的，依照《中华人民共和国网络安全法》等法律、行政法规的规定处罚。

第八十七条 依法负有电子商务监督管理职责的部门的工作人员，玩忽职守、滥用职权、徇私舞弊，或者泄露、出售或者非法向他人提供在履行职责中所知悉的个人信息、隐私和商业秘密的，依法追究法律责任。

4.《中华人民共和国消费者权益保护法》

第十四条 消费者在购买、使用商品和接受服务时，享有人格尊严、民族风俗习惯得到尊重的权利，享有个人信息依法得到保护的权利。

第二十九条 经营者收集、使用消费者个人信息，应当遵循合法、正当、必要的原则，明示收集、使用信息的目的、方式和范围，并经消费者同意。经营者收集、使用消费者个人信息，应当公开其收集、使用规则，不得违反法律、法规的规定和双方的约定收集、使用信息。

经营者及其工作人员对收集的消费者个人信息必须严格保密，不得泄露、出售或者非法向他人提供。经营者应当采取技术措施和其他必要措施，确保信息安全，防止消费者个人信息泄露、丢失。在发生或者可能发生信息泄露、丢失的情况时，应当立即采取补救措施。

经营者未经消费者同意或者请求，或者消费者明确表示拒绝的，不得向其发送商业性信息。

第五十五条 经营者提供商品或者服务有欺诈行为的，应当按照消费者的要求增加赔偿其受到的损失，增加赔偿的金额为消费者购买商品的价款或者接受服务的费用的三倍；增加赔偿的金额不足五百元的，为五百元。法律另有规定的，依照其规定。

经营者明知商品或者服务存在缺陷，仍然向消费者提供，造成消费者或者其他受害人死亡或者健康严重损害的，受害人有权要求经营者依照本法第四十九条、第五十一条等法律规定赔偿损失，并有权要求所受损失二倍以下的惩罚性赔偿。

5.《中华人民共和国网络安全法》

第二十二条 网络产品、服务应当符合相关国家标准的强制性要求。网络产品、服务的提供者不得设置恶意程序；发现其网络产品、服务存在安全缺陷、漏洞等风险时，应当立即采取补救措施，按照规定及时告知用户并向有关主管部门报告。

网络产品、服务的提供者应当为其产品、服务持续提供安全维护；在规定或者当事人约定的期限内，不得终止提供安全维护。

网络产品、服务具有收集用户信息功能的，其提供者应当向用户明示并取得同意；涉及用户个人信息的，还应当遵守本法和有关法律、行政法规关于个人信息保护的规定。

第三十七条 关键信息基础设施的运营者在中华人民共和国境内运营中收集和产生的个人信息和重要数据应当在境内存储。因业务需要，确需向境外提供的，应当按照国家网信部门会同国务院有关部门制定的办法进行安全评估；法律、行政法规另有规定的，依照其规定。

第四十一条 网络运营者收集、使用个人信息，应当遵循合法、正当、必要的原则，公开收集、使用规则，明示收集、使用信息的目的、方式和范围，并经被收集者同意。

网络运营者不得收集与其提供的服务无关的个人信息，不得违反法律、行政法规的规定和双方的约定收集、使用个人信息，并应当依照法律、行政法规的规定和与用户的约定，处理其保存的个人信息。

第四十二条 网络运营者不得泄露、篡改、毁损其收集的个人信息；未经被收集者同意，不得向他人提供个人信息。但是，经过处理无法识别特定个人且不能复原的除外。

网络运营者应当采取技术措施和其他必要措施，确保其收集的个人信息安全，防止信息泄露、毁损、丢失。在发生或者可能发生个人信息泄露、毁损、丢失的情况时，应当立即采取补救措施，按照规定及时告知用户并向有关主管部门报告。

第四十三条 个人发现网络运营者违反法律、行政法规的规定或者双方的约定收集、使用其个人信息的，有权要求网络运营者删除其个人信息；发现网络运营者收集、存储的其个人信息有错误的，有权要求网络运营者予以更正。网络运营者应当采取措施予以删除或者更正。

第四十四条 任何个人和组织不得窃取或者以其他非法方式获取个人信息，不得非法出售或者非法向他人提供个人信息。

第四十五条 依法负有网络安全监督管理职责的部门及其工作人员，必须对在履行职责中知悉的个人信息、隐私和商业秘密严格保密，不得泄露、出售或者非法向他人提供。

第六十四条 网络运营者、网络产品或者服务的提供者违反本法第二十二条第三款、第四十一条至第四十三条规定，侵害个人信息依法得到保护的权利的，由有关主管部门责令改正，可以根据情节单处或者并处警告、没收违法所得、处违法所得一倍以上十倍以下罚款，没有违法所得的，处一百万元以下罚款，对直接负责的主管人员和其他直接责任人员处一万元以上十万元以下罚款；情节严重的，并可以责令暂停相关业务、停业整顿、关闭网站、吊销相关业务许可证或者吊销营业执照。

违反本法第四十四条规定，窃取或者以其他非法方式获取、非法出售或者非法向他人提供个人信息，尚不构成犯罪的，由公安机关没收违法所得，并处违法所得一倍以上十倍以下罚款，没有违法所得的，处一百万元以下罚款。

第六十五条 关键信息基础设施的运营者违反本法第三十五条规定，使用未经安全审查或者安全审查未通过的网络产品或者服务的，由有关主管部门责令停止使用，处采购金额一倍以上十倍以下罚款；对直接负责的主管人员和其他直接责任人员处一万元以上十万元以下罚款。

6.《中华人民共和国刑法》

第二百五十三条之一 违反国家有关规定，向他人出售或者提供公民个人信息，情节严重的，处三年以下有期徒刑或者拘役，并处或者单处罚金；情节特别严重的，处三年以上七年以下有期徒刑，并处罚金。

违反国家有关规定，将在履行职责或者提供服务过程中获得的公民个人信息，出售或者提供给他人的，依照前款的规定从重处罚。

窃取或者以其他方法非法获取公民个人信息的，依照第一款的规定处罚。

单位犯前三款罪的，对单位判处罚金，并对其直接负责的主管人员和其他直接责任人员，依照各该款的规定处罚。

7.《最高人民法院、最高人民检察院关于办理侵犯公民个人信息刑事案件适用法律若干问题的解释》

第一条 刑法第二百五十三条之一规定的“公民个人信息”，是指以电子或者其他方式记录的能够单独或者与其他信息结合识别特定自然人身份或者反映特定自然人活动情况的各种信息，包括姓名、身份证号码、通信通讯联系方式、住址、账号密码、财产状况、行踪轨迹等。

第二条 违反法律、行政法规、部门规章有关公民个人信息保护规定的，应当认定为刑法第二百五十三条之一规定的“违反国家有关规定”。

第三条 向特定人提供公民个人信息，以及通过信息网络或者其他途径发布公民个人信息的，应当认定为刑法第二百五十三条之一规定的“提供公民个人信息”。

未经被收集者同意，将合法收集的公民个人信息向他人提供的，属于刑法第二百五十三条之一规定的“提供公民个人信息”，但是经过处理无法识别特定个人且不能复原的除外。

第四条 刑法第二百五十三条之一规定的“公民个人信息”，是指以电子或者其他方式记录的能够单独或者与其他信息结合识别特定自然人身份或者反映特定自然人活动情况的各种信息，包括姓名、身份证号码、通信通讯联系方式、住址、账号密码、财产状况、行踪轨迹等。

第五条 违反法律、行政法规、部门规章有关公民个人信息保护规定的，应当认定为刑法第二百五十三条之一规定的“违反国家有关规定”。

第六条 向特定人提供公民个人信息，以及通过信息网络或者其他途径发布公民个人信息的，应当认定为刑法第二百五十三条之一规定的“提供公民个人信息”。

未经被收集者同意，将合法收集的公民个人信息向他人提供的，属于刑法第二百五十三条之一规定的“提供公民个人信息”，但是经过处理无法识别特定个人且不能复原的除外。

8.《中华人民共和国个人信息保护法》

第六十九条 处理个人信息侵害个人信息权益造成损害，个人信息处理者不能证明自己没有过错的，应当承担损害赔偿等侵权责任。

前款规定的损害赔偿责任按照个人因此受到的损失或者个人信息处理者因此获得的利益确定；个人因此受到的损失和个人信息处理者因此获得的利益难以确定的，根据实际情况确定赔偿数额。

第七十条 个人信息处理者违反本法规定处理个人信息，侵害众多个人的权益的，人民检察院、法律规定的消费者组织和由国家网信部门确定的组织可以依法向人民法院提起诉讼。

9.《最高人民法院关于审理消费民事公益诉讼案件适用法律若干问题的解释》

第二条 经营者提供的商品或者服务具有下列情形之一的，适用消费者权益保护法第四十七条规定：

（一）提供的商品或者服务存在缺陷，侵害众多不特定消费者合法权益的；

（二）提供的商品或者服务可能危及消费者人身、财产安全，未作出真实的说明和明确的警示，未标明正确使用商品或者接受服务的方法以及防止危害发生方法的；对提供的商品或者服务质量、性能、用途、有效期限等信息作虚假或引人误解宣传的；

（三）宾馆、商场、餐馆、银行、机场、车站、港口、影剧院、景区、体育场馆、娱乐场所等经营场所存在危及消费者人身、财产安全危险的；

（四）以格式条款、通知、声明、店堂告示等方式，作出排除或者限制消费者权利、减轻或者免除经营者责任、加重消费者责任等对消费者不公平、不合理规定的；

（五）其他侵害众多不特定消费者合法权益或者具有危及消费者人身、财产安全危险等损害社会公共利益的行为。

注释

1.《福建省顺昌县人民法院刑事附带民事判决书》（〔2020〕闽0721刑初129号）。

2.孙传玺，崔雪.侵犯公民个人信息刑事附带民事公益诉讼案件难点破解[J].中国检察官，2020（7）：69.

3.蔡新华，徐璐.两男子利用雨水窨井偷排毒水获刑——上海首例七人大合议庭审理污染环境刑事案件开庭纪实[N].中国环境报，2018.

4.刘加良.刑事附带民事公益诉讼的困局与出路[J].政治与法律，2019（10）：88.

5.毋爱斌.检察院提起刑事附带民事公益诉讼诸问题[J].郑州大学学报，2020（7）：30.

6.张永泉.法秩序统一视野下的诉讼程序与法律效果的多元性：以竞合型刑民交叉案件为视角[J]. 法学杂志，2017（3）：44–54.

7.刘艺.刑事附带民事公益诉讼的协同问题研究[J].中国刑事法杂志，2019（5）：91.

8.叶榅平，常霄.刑事附带环境民事公益诉讼的审理模式选择[J]. 南京工业大学学报，2020（6）：13–22.

9.田雯娟.刑事附带环境民事公益诉讼的实践与反思[J].兰州学刊，2019（9）：110–125.

10.同注5。

11.胡巧绒，舒平安.刑事附带民事公益诉讼运行实证观察[J].犯罪研究，2020（3）：98.

12.张旭勇，潘慕元.民事公益诉讼调解协议公告审查制度及其完善[J].河南财经政法大学学报，2019（4）.

13.根据《第十三届全国人民代表大会第三次会议关于最高人民检察院工作报告的决议》内容，检察机关将突出办理全国人大及其常委会明确提出的“积极、稳妥办理安全生产、公共卫生、生物安全、妇女儿童及残疾人权益保护、网络侵害、扶贫、文物和文化遗产保护等领域公益损害案件”。

14.北大法宝.最高人民检察院发布11件检察机关个人信息保护公益诉讼典型案例[EB/OL].（2021–04–12）[2021–06–19].http：//gfggi66f6a8ad06ba47d9sqv0qqo96ccn969nf.fbch.oca.swupl.edu.cn/pal/a3ecfd5d734f711d556407061153ba1808d05ef52d381e34bdfb.html.

15.重庆市第一中级人民法院民事调解书（〔2021〕渝01民初308号）。

16.杨立新.私法保护个人信息存在的问题及对策[J].社会科学战线：2021（1）：194.

17.同注13。

18.肖建国，黄忠顺.消费公益诉讼中的当事人适格问题研究——兼评《消费者权益保护法修正案（草案）》第十九条[J].山东警察学院学报，2013（6）：7.

19.损害赔偿请求权的种类主要针对域外消费者团体公益诉讼、集团诉讼中的诉讼请求进行的整理分类。陶建国，等.消费者公益诉讼研究[M].

北京：人民出版社，2013：336-344；柯阳友.民事公益诉讼重要疑难问题研究[M].北京：法律出版社，2017：119-123.

20.汤维建，王德良，任靖.检察民事公益诉讼请求之确定[J].人民检察，2021（5）.

21.王利明.美国惩罚性赔偿制度研究[J].比较法研究，2003（5）：1.

22.吴泽勇.论德国《反不正当竞争法》上的撇去不法收益之诉[J].当代法学，2010（3）：74.

23.黄忠顺.消费者集体性损害赔偿诉讼的二阶构造[J].环球法律评论，2014（5）：81.

第三编

行政公益诉讼

知识概论

行政公益诉讼是指当行政主体的违法作为或不作为对公共利益造成侵害或有侵害之虞时，法律容许无直接利害关系人为维护公共利益而向法院提起行政诉讼的制度。[①]曾经，对于行政公益诉讼的讨论焦点主要集中在行政公益诉讼的诉讼主体、诉讼客体及诉讼目的等方面，其中行政公益诉讼的原告资格是争议最大的内容。根据原告身份的不同，可以将行政公益诉讼分为民众诉讼和行政公诉。民众诉讼指的是当行政主体的违法行政行为侵害了公共利益时，法律允许无直接利害关系人为维护公共利益而向人民法院提起行政诉讼的制度。[②]行政公诉指的是由检察机关作为原告提起的旨在维护公共利益的行政公益诉讼制度，从而实现其法律监督职能。[③]目前，我国的行政公益诉讼的适格原告只有检察机关。可以提起行政公益诉讼的案件范围集中在生态环境和资源保护、食品药品安全、国有财产保护、国有土地使用权出让等领域。行政公益诉讼与行政诉讼、民事公益诉讼均存在制度上的差异，通过案例对其展开分析有助于加深对上述知识内容的理解。

---

①有学者认为，公益诉讼是指与自己没有直接的利害关系的诉讼，就是诉讼针对的行为损害的是社会公共利益，而没有直接损害原告的利益。这里使用的是“没有直接损害”一语，当然损害社会公共利益最终要损害个人的利益，但这里要做狭义理解，只是指没有“直接损害”。行政公益诉讼的对象是国家机关及公务员，审查的是国家机关的作为和不作为。梁慧星.关于公益诉讼[M]//.吴汉东.私法研究（创刊号）.北京：中国政法大学出版社，2002：361.有学者认为，行政公益诉讼是指“公民为维护公益，就与自己权利及法律上利益无直接利害关系的事项，对行政机关及其工作人员的违法作为或不作为所提起的诉讼”。马怀德.行政诉讼原理[M].北京：法律出版社，2003：151.有学者认为，“行政公益诉讼是指当行政主体的违法行为或不行为对公共利益造成侵害或有侵害之虞时，法律容许无直接利害关系人为维护公共利益向法院提起行政诉讼，追究行政主体法律责任的诉讼活动”。颜运秋.公益诉讼理念研究[M].北京：法律出版社，2019：50.

②郑春燕.论民众诉讼[J].法学，2001（4）：14.

③有学者认为，行政公诉是相对于行政自诉而言的，不能与行政公益诉讼相混淆。但是，上述比较是从形式角度出发，基于行政公诉的主要功能在于公共利益的维护，将其作为行政公益诉讼的一种类型也是不矛盾的。

第六章
生态环境保护领域行政公益诉讼

专题十三　环境污染类行政公益诉讼

知识要点（1）行政公益诉讼与一般行政诉讼存在诉讼请求、第三人设置、举证责任分配、撤诉条件、法律效果等方面的不同，具有其独有的特征。（2）行政公益诉讼与民事公益诉讼在受案范围、管辖主体、监督对象、诉前程序等方面也存在区别。（3）行政公益诉讼诉前程序为向行政机关发出检察建议，督促其依法履职，诉前程序是检察机关提起行政公益诉讼的前置程序。（4）在判断行政机关是否依法履职时，应当考虑行政机关接到检察建议后是否已经及时启动行政处罚的立案、调查等程序，以及是否存在未能在两个月内履职完毕的客观障碍。（5）在行政公益诉讼案件审理过程中，被告纠正违法行为或者依法履行职责而使人民检察院的诉讼请求全部实现，人民检察院撤回起诉的，人民法院应当裁定准许；人民检察院变更诉讼请求，请求确认原来行政行为违法的，人民法院应当判决确认违法。（6）掌握行政公益诉讼案件的四种类型，以及生态环境保护领域行政公益诉讼案件主要包括因自然因素和人为因素造成的污染环境案件类型。掌握大气污染、水污染、土壤污染、固体废物污染的具体表现形式，有助于加深对此类行政公益诉讼的理解。

典型案例十四
贵州省黔东南苗族侗族自治州锦屏县人民检察院诉锦屏县环境保护局不作为公益诉讼案

一、案例材料[1]

（一）案件背景

2014年，贵州省黔东南苗族侗族自治州锦屏县人民检察院（以下简称锦屏县检察院）在全省检察机关督促起诉专项工作中，发现锦屏县鸿发石材公司、雄军石材公司等七家石材公司在未依法建设环保设施的情况下长期违法生产，并将未经沉淀处理的生产废水直接排入清水江。锦屏县环境保护局虽责令相关石材企业限期改正，但部分企业在收到《环境违法行为限期改正通知书》后，仍然继续生产和违法排污。

2014年8月15日和2015年4月16日，锦屏县检察院分两次履行了诉前程序，向该县环境保护局发出检察建议，督促其履行监管职责，对排污企业的违法行为进行监管和处罚，并要求其在一个月内将办理情况书面回复检察机关。但是，锦屏县环境保护局既不予以回复，也未履行监管职责，相关企业仍然存在违法生产排污行为，国家和社会公共利益持续处于受侵害的状态。

（二）诉讼过程

2015年12月18日，锦屏县检察院向贵州省福泉市人民法院提起公益诉讼。2016年1月13日，该法院公开开庭进行了审理。

1.诉讼请求

原告请求法院判令：（1）确认被告对鸿发石材公司、雄军石材公司等企业违法生产的行为怠于履行监管职责的行为违法；（2）判令被告履行行政监管职责，依法对鸿发石材公司、雄军石材公司进行处罚。

2.双方意见

（1）公益诉讼起诉人锦屏县检察院的诉称。

2014年，被告锦屏县环境保护局环境监察执法人员进行现场执法时发现，鸿发石材公司、雄军石材公司等七家企业未按照建设项目环保“三同时”要求配套建设环境保护设施就进行生产，并将废水直接排入清水江。同年8月5日，被告分别作出锦环限改字〔2014〕02-08号《环境违法行为限期改正通知书》，责令鸿发石材公司、雄军石材公司等七家企业立即停止生产，于同年9

月30日前完成环境保护设施，并报请该局验收合格后方能投入生产。锦屏县检察院在发现上述企业的违法行为后，于2014年8月15日向被告发出《检察建议书》，建议其对以上七家企业是否有擅自开工的行为进行核实，跟进对以上七家企业的督促和检查，确保在限期改正通知书要求的时间内完成整改，对于不按要求整改的企业依法进行处罚。同时要求在收到检察建议书后一个月内将处理结果书面回复该院。被告在限期内未予答复，亦没有履行监管职责。2015年4月，锦屏县检察院在对上述企业回访时，发现鸿发石材公司和雄军石材公司违法生产的情形仍然存在，于4月16日再次向被告发出《检察建议书》，督促其履行监管职责，及时对上述两家企业违法行为进行制止和处罚，要求在一个月内将查处情况书面回复检察机关。被告未予答复，也未对两家企业的违法行为进行制止和处罚。除上述两家企业外，经现场检查，还有多个企业均存在违法生产排污行为，被告均未尽到监督管理职责。经邀请相关专家进行检测，石材厂产生的环境污染主要属于物理污染，其次是化学污染，长期大量含有高浓度悬浮物的废水对清水江水质及水生生物的生存环境构成了较大的威胁，对下游挂治水电站库区将产生不利影响。被告作为锦屏县的环境保护主管部门，监督管理本县生态环境是其法定职责。被告在发现鸿发石材公司、雄军石材公司和其他石材公司的违法行为后，虽然责令违法企业限期改正，但并未就整改情况进行监督管理，导致企业的违法行为未能得到及时制止，因此被告存在不履行职责的行为。

（2）被告锦屏县环境保护局的辩称。

①公益诉讼起诉人诉被告对鸿发石材公司、雄军石材公司等企业违法生产的行为怠于履行监管职责，与事实不符。2014年5月，被告在全省环保系统开展“利剑”专项执法行动中，依法对鸿发石材公司、雄军石材公司等七家石材加工企业进行执法检查，发现七家企业存在未建设污染保护措施，主体工程已经投入生产，且直接向环境中排放废水的环境违法行为，于是向七家企业下达了《环境违法行为限期改正通知书》，通知下达后，部分加工厂建设污染防治措施，部分加工厂停产和关停，雄军石材公司建有部分污染防治措施，本案诉请处罚的企业处于停产或半停产状态。

②公益诉讼起诉人诉称被告两次收到检察建议书后，未履行监管职责与事实不符。作为锦屏县环境主管部门，被告严格实施环境监管，对各类污染环境和破坏生态的违法行为，与其他执法部门协调衔接联合执法，对于涉案的鸿发石材公司、雄军石材公司的违法情形，被告已经履行监管义务，在2015年4月和9月召集本案涉及的鸿发石材公司、雄军石材公司开会学习，并要求整改，

严禁企业一切违法排污行为。2015年11月11日，已经对二企业作出了处罚，现在二企业处于停产状态。

③被告依法履行职责，锦屏县内清水江流域水质已经逐年改善。

综上，被告认为全国人大常委会授权检察机关提起行政公益诉讼的目的是有效保护公共利益，提起诉讼的前提是行政机关拒不纠正违法行为或者不履行法定职责。但被告在诉前已经对本案诉请的违法企业进行处罚，所诉的违法行为已经不存在。故本案并不存在社会公共利益受侵害而行政机关拒不履行法定职责的情形，请求人民法院驳回公益诉讼起诉人的全部诉请。

3.一审法院查明的事实

2014年8月5日，被告环境检测执法人员在现场执法检查中发现鸿发石材公司、雄军石材公司等七家石材加工企业均存在自建成投产以来，未按照建设项目环保“三同时”要求配套建设环境保护措施，主体工程已经投入使用，并将生产中的废水直接排入清水江，造成环境危害的现象。被告向鸿发石材公司、雄军石材公司等七家石材加工企业发出《环境违法行为限期改正通知书》，根据《建设项目环境保护管理条例》（1998）第16条“建设项目需要配套建设的环境保护措施，必须与主体工程同时设计、同时施工、同时投产使用”，第23条“建设项目需要配套建设的环境保护设施验收合格，该建设项目方可正式投入生产或者使用”的要求，以及《贵州省政府关于实施严格环境监管措施的通告》的规定，责令鸿发石材公司、雄军石材公司等七家石材加工企业立即停止生产，并于2014年9月30日前建设完成环境保护设施，并报被告验收合格后，方能投入生产。如在环境保护设施未建设完成前擅自投入生产，将按照环保法律法规的规定，予以从严处罚。

锦屏县检察院在开展督促起诉专项工作中发现鸿发石材公司、雄军石材公司等七家石材加工企业存在被告下达《环境违法行为限期改正通知书》后，未建设完成环境保护设施的情形下擅自开工投入生产的行为。于2014年8月15日向锦屏县环境保护局发出锦检民（行）行政违监〔2014〕52262800015-1号检察建议书，建议锦屏县环境保护局在下达限期改正通知书后，及时跟进对上述七家企业的督促与检查，确保在限期改正通知书规定时间内上述七家企业能够完成所需的整改要求，对于不按要求整改的企业依法依规进行处罚，并在一个月内将情况处理结果书面回复检察院。

2015年4月16日，锦屏县检察院在开展生态环境保护专项活动中，发现雄军石材公司和鸿发石材公司仍未修建环保设施且一直生产，被告对该企业的违法行为未予以制止和处罚，向被告发出锦检民（行）行政违监〔2015〕

52262800004号、锦检民（行）行政违监〔2015〕52262800005号检察建议书，督促被告履行监管职责，对雄军石材公司和鸿发石材公司的违法行为进行制止和处罚。并在一个月内作出处理结果书面回复。上述两次检察建议书，被告与其均未答复。

2015年7月9日，锦屏县检察院工作人员在走访中发现鸿发石材公司仍未建设环保设施，却在开工进行生产活动，雄军石材公司在环保设施未建成的情况下将生产中的废水直接排入清水江。同年10月16日，锦屏县检察院走访锦屏县打岩塘沿线石材企业时再次发现鸿发石材公司、雄军石材公司等七家企业仍存在在未建成环保设施或环保设施不合格等的情况下开工生产的情形。2015年12月18日，锦屏县检察院向法院提起诉讼，请求判令：（1）确认被告对鸿发石材公司、雄军石材公司等企业违法生产行为怠于履行监管职责的行为违法；（2）判令被告履行行政监管职责，依法对鸿发石材公司、雄军石材公司进行处罚。

同时查明，2015年11月11日，被告对雄军石材公司作出锦（环）责改字〔2015〕91号《责令改正违法行为决定书》，并对雄军石材公司和鸿发石材公司作出锦环罚字〔2015〕8号和3号《行政处罚决定书》，对两家企业分别罚款1万元。同年12月24日，被告对锦检民（行）行政违监〔2015〕52262800004号、〔2015〕52262800005号检察建议书予以回复，称其已经对雄军石材公司予以了处罚。

2015年12月29日，锦屏县检察院对鸿发石材公司和雄军石材公司进行现场查看时，两公司仍在生产，且修建的环保设施不符合标准，未达到环保效果，废水等同于直排。

另查明，锦屏县检察院提起公益诉讼后，锦屏县人民政府组织国土、环保、安监等部门，开展非煤矿山集中整治专项行动，于2015年12月31日对清水江沿河两岸包括鸿发石材公司、雄军石材公司在内存在环境违法行为的石材加工企业全部实行关停。

4. 一审判决结果

贵州省福泉市人民法院审理后认为，《中华人民共和国环境保护法》（以下简称《环境保护法》）第10条规定："县级以上地方人民政府环境保护主管部门，对本行政区域环境保护工作实施统一监督管理。"被告应当依照职权，积极履行对锦屏县生态环境的保护和管理职责。按照《环境保护法》第41条"建设项目中防治污染的设施，应当与主体工程同时设计、同时施工、同时投入生产使用。防治污染的设施应当符合经标准的环境影响评价文件的要求，不得擅自拆除或者闲置”和《建设项目环境保护条例》（1998）第28条“违反本条例规定，建设项目需要配套建设的环境保护设施未建成、未经验收或者验收不合格，主体工程正式投入生产或者使用的，由审批该建设项目环境影响报告书、环境影响报告表或者环境影响登记表的环境保护行政主管部门责令停止生产或者使用，可以处10万元以下的罚款”的规定，被告作为锦屏县境内石材加工企业环评登记的审批机关，应当对企业在建设和生产过程中是否存在环境违法行为进行管理和监督，对企业已经发生的环境违法行为，应当按照法律法规的规定进行立案查处。被告在执法检查中发现鸿发石材公司、雄军石材公司等七家石材加工企业存在环境违法行为，于2014年8月5日对上述企业发出立即停止生产，并于2014年9月30日前建设完成环境保护设施，并报被告验收合格后，方能投入生产的《环境违法行为限期改正通知书》，上述企业在未按要求完成环保设施建设的情况下仍然继续违法生产，公益诉讼人发现上述企业环境违法行为后，于2014年8月15日、2015年4月16日两次向被告发出检察建议，要求被告履行行政职责，被告于2015年11月11日、12月1日对雄军石材公司、鸿发石材公司作出立即停止生产和罚款1万元的行政处罚。但被告在2014年8月5日、2015年11月11日对鸿发石材公司、雄军石材公司等石材企业作出《环境违法行为限期改正通知书》和2015年12月1日作出行政处罚后未及时履行监管责任，致使鸿发石材公司、雄军石材公司等石材企业违法生产至2015年12月31日。因此，原告诉请确认被告对鸿发石材公司、雄军石材公司等企业违法生产行为怠于履行监管职责的行为违法理由成立，法院予以支持。本案涉及的鸿发石材公司及雄军石材公司等企业，锦屏县检察院提起诉讼后，锦屏县人民政府在2015年12月31日开展权限非煤矿山集中整治专项行动中已予以关停，被告也已对鸿发石材公司、雄军石材公司予以了相应处罚，原告诉请判令被告履行行政监管职责，依法对鸿发石材公司、雄军石材公司进行处罚的目的已经得到实现。在庭审中，原告基于此，申请撤回该项诉请，符合法律规定，法院应予准许。据此，一审法院依照《中华人民共和国行政诉讼法》第74条第2款之规定，判决确认被告在2014年8月5日至2015年12月31日对鸿发石材公司、雄军石材公司等企业违法生产行为怠于履行监管职责的行为违法。

二、教学手册

（一）教学目标

本案例着重要求学生掌握以下几个方面的知识：（1）本案中的管辖主体

是否合法；（2）公益行政诉讼的起诉条件；（3）锦屏县环境保护局的行为是否属于怠于履职；（4）本案诉讼请求的确定及检察机关行使撤诉权的条件；（5）行政机关未依法全面履行职责的情形和判断标准；（6）环境行政公益诉讼的特点。

（二）教学内容

1.试点期间本案中公益诉讼主体资格的确定依据[2]

2015年7月1日发布的《全国人民代表大会常务委员会关于授权最高人民检察院在部分地区开展公益诉讼试点工作的决定》授权最高人民检察院在生态环境和资源保护、国有资产保护、国有土地使用权出让、食品药品安全等领域开展公益诉讼试点，试点地区包括北京、内蒙古、江苏、贵州等十三个省、自治区、直辖市，贵州省作为试点地区之一。《检察机关提起公益诉讼试点方案》规定："提起行政公益诉讼试点案件范围包括：检察机关在履行职责中发现生态环境和资源保护、国有资产保护、国有土地使用权出让等领域负责监管职责的行政机关行使职权或者不作为，造成国家和社会公共利益受到侵害，公民、法人和其他社会组织由于没有直接利害关系，没有也无法提起诉讼的，可以向人民法院提起行政公益诉讼。试点期间，重点对生态环境和资源保护领域的案件提起行政公益诉讼。"《贵州省人民检察院开展提起公益诉讼试点的实施方案》确定在贵阳、毕节、铜仁、六盘水、黔东南、黔西南六个市州检察机关开展公益诉讼试点。锦屏作为贵州的试点地区之一，因此锦屏县检察院对该案件享有管辖权。

2.本案是否符合起诉标准

《环境保护法》第10条第1款规定："国务院环境保护主管部门，对全国环境保护工作实施统一监督管理；县级以上地方人民政府环境保护主管部门，对本行政区域环境保护工作实施统一监督管理。"锦屏县环境保护局作为该县环境保护主管部门，负有对该县生态环境的保护和管理职责。《环境保护法》第41条规定："建设项目中防治污染的设施，应当与主体工程同时设计、同时施工、同时投产使用。防治污染的设施应当符合经批准的环境影响评价文件的要求，不得擅自拆除或者闲置。"《建设项目环境保护管理条例》（2017）第15条规定："建设项目需要配套建设的环境保护设施，必须与主体工程同时设计、同时施工、同时投产使用。"第19条规定："编制环境影响报告书、环境影响报告表的建设项目，其配套建设的环境保护设施经验收合格，方可投入生产或者使用；未经验收或者验收不合格的，不得投入生产或者使用。前款规定的建设项目投入生产或者使用后，应当按照国务院环境保护行政主管部门的规定开展环境影响后评价。”第23条规定：“违反本条例规定，需要配套建设的环境保护设施未建成、未经验收或者验收不合格，建设项目即投入生产或者使用，或者在环境保护设施验收中弄虚作假的，由县级以上环境保护行政主管部门责令限期改正，处20万元以上100万元以下的罚款；逾期不改正的，处100万元以上200万元以下的罚款；对直接负责的主管人员和其他责任人员，处5万元以上20万元以下的罚款；造成重大环境污染或者生态破坏的，责令停止生产或者使用，或者报经有批准权的人民政府批准，责令关闭。违反本条例规定，建设单位未依法向社会公开环境保护设施验收报告的，由县级以上环境保护行政主管部门责令公开，处5万元以上20万元以下的罚款，并予以公告。”锦屏县鸿发石材公司、雄军石材公司等企业，自投产以来一直未修建环境保护设施，废水直接排入清水江，导致清水江水体被污染。锦屏县鸿发石材公司、雄军石材公司等企业的行为违反上述规定，锦屏县环境保护局作为环境保护主管部门，应当依职权积极履行对本县生态环境的保护和管理职责，依法追究其法律责任。但是在锦屏县检察院两次发出检察建议书要求其履行监管职责后，均未在规定期限内予以回复，也未履行监管职责，社会公共利益持续受到侵害。根据最高人民检察院《检察机关提起公益诉讼试点方案》和《贵州省人民检察院开展提起公益诉讼试点的实施方案》的相关规定，本案符合起诉标准。

3.锦屏县环境保护局是否存在怠于履职的行为

被告锦屏县环境保护局称已经对鸿发石材公司、雄军石材公司作出了行政处罚，不存在怠于履职行为。但是，根据《环境行政处罚办法》的规定，被告应当在七个工作日内决定立案，并自立案之日其三个月内作出处理决定。从2014年8月发现该案至2015年12月被告才对上述企业作出行政处罚，时间跨度长达十六个月之久，应当认定为怠于履职行为。并且，锦屏县环境保护局对鸿发石材公司、雄军石材公司作出罚款的行政处罚后，该二企业仍然存在违法生产排污行为，国家和社会公共利益仍然处于受侵害状态，未达到保护生态环境的目的。

4.本案诉讼请求的确定，以及检察机关的撤诉条件

锦屏县检察院于2015年12月18日对锦屏县环境保护局提起公益诉讼，诉讼请求为：（1）确认被告对鸿发石材公司、雄军石材公司等企业违法生产的行为怠于履行监管职责的行为违法；（2）判令被告履行监管职责，依法对鸿发石材公司、雄军石材公司进行处罚。上述请求经审查后，法院判决支持了第一个诉讼请求，第二个诉讼请求由于锦屏县环境保护局已经于2015年11月11

日对上述两家企业进行了行政处罚，检察机关申请撤回第二项诉讼请求，法院予以准许。本案中，锦屏县检察院于2015年12月18日提起公益诉讼后，经过现场调查走访，跟进调查核实，发现2015年12月25日至2015年12月29日期间仍有两家企业在进行生产，且修建的环保设施不符合标准，未达到环保效果，并对上述违法排污行为进行了视频取证。锦屏县检察院也正是基于锦屏县环境保护局对上述企业进行行政处罚后污染行为仍然存在的事实，提起了上述第二个诉讼请求。但是，锦屏县人民政府于2015年12月31日组织国土、环保、安监等部门，开展非煤矿山集中整治专项行动，对打岩塘沿线的石材企业进行了清理整顿，案涉石材企业已经停产关闭。上述事实发生在锦屏县检察院起诉之后，此时第二个诉讼请求已经实现，因此撤回该诉讼请求应得到法院准许。

上述判决中允许检察机关撤回部分诉讼请求，现阶段也可以《最高人民法院、最高人民检察院关于检察公益诉讼案件适用法律若干问题的解释》第24条的规定作为依据，其内容为："在行政公益诉讼案件审理过程中，被告纠正违法行为或者依法履行职责而使人民检察院的诉讼请求全部实现，人民检察院撤回起诉的，人民法院应当裁定准许；人民检察院变更诉讼请求，请求确认原来行政行为违法的，人民法院应当判决确认违法。"该条内容也是关于检察机关诉讼请求全部实现后的处理规定。正确理解该条款，还应把握以下三方面内容：一是在诉前或者诉讼中，人民法院宣告判决或者裁定前，被告改变其所作的行政行为，纠正了违法行为或者依法履行了职责；二是人民检察院的诉讼请求全部实现，并且提出撤诉申请；三是检察机关以其他理由申请撤诉，需要审查是否影响了行政诉讼监督被告依法行使职权，以及维护国家利益和社会公共利益目的的实现。如果准许检察机关退出诉讼，将导致行政机关实施违法行政行为或者不履行法定职责行为处于持续状态，或者没有实现保护国家利益或者社会公共利益立法目的，应当裁定不予准许。

5.行政机关未依法全面履行职责的情形和判断标准

行政机关未依法履行职责的情形主要有：（1）行政机关收到检察建议后，明确表示不进行整改的；（2）行政机关虽然回复采纳检察建议并采取整改措施，但实际上行动迟缓、敷衍应付、没有作为的；（3）行政机关仅纠正部分行政违法行为的；（4）行政机关虽然采取了履职措施，但履职仍然不完全、不充分，无法达到监管目的，且没有进一步行使其他监管职权等情形。另外，需要注意的是，在判断行政机关是否依法履职时，应当考虑行政机关接到检察建议后是否已经及时启动行政处罚的立案、调查等程序，是否存在未能在规定期限内履职完毕的客观障碍。对于恢复植被、修复土壤、治理污染等特殊情形，被诉行政机关主观上有整改意愿，但由于受季节气候条件、施工条件、工期等客观原因限制，无法在检察建议回复期内整改完毕的，不宜简单认定为未依法履行职责。

综上，在判断行政机关是否符合全面履行职责的标准时，可以从“行为要件+结果要件+职权要件”三方面进行考察。首先，从行为要件上看，违法行为是否得到有效制止。相关主体的违法行为直接损害公益，如果这些违法行为没有停止，公益损害必然会持续发生，负有相关监管职能的行政主体的“全面履职”就无从谈起。其次，从结果要件上看，受损公益是否得到有效恢复。即使违法行为不再持续，但受损的公益并未得到有效恢复，公益受侵害的状态仍在持续，负有相关监管职能的行政主体当然不能袖手旁观。最后，从职权要件上看，在前面两者要件均未达到的情形下，是否穷尽行政手段。具体而言，如果已经保护了公益，并且不存在新的公益侵害，一般也就失去了督促其依法履职的诉讼空间。而如果前两个要件均未实现，但是行政主体已经穷尽了法定的履职手段，就不宜再对行政机关进行督促。上述三个要件遵循递进的先后适用顺序，以前两个要件为先进行判断，“穷尽法定履职手段”是判断行政机关是否全面履职的最终标准。

6.环境行政公益诉讼的主要特点[3]

第一，以保护环境公共利益为优先。环境公共利益是所有公共利益中最基本的利益，也是追求个人利益的前提和基础。环境公共利益的丧失将导致人类的生产和发展失去根据，对环境公共利益的维护比对其他公共利益的维护具有优先性。

第二，环境行政公益诉讼的对象是行政机关的环境行政违法行为。行政机关作为社会管理者，行使环境管理职权，承担维护社会环境公共利益的职责。行政机关作出合法合规、科学严谨的环境行政行为是维护环境公益的重要保障。环境行政行为一旦出现偏差，就可能对环境公共利益造成重大影响。因此，国家有必要将环境行政行为纳入司法监管体系，通过诉讼机制对其进行监督和调整。

第三，环境行政公益诉讼不以直接利害关系作为取得起诉主体的资格标准。有学者将此类诉讼分为抽象诉讼和具体诉讼两种形式。前者指的是诉讼当事人与诉讼利益没有直接利害关系，后者则要求具有直接利害关系。[4] 环境行政违法行为的直接作用对象是环境，直接损害的是环境公共利益，这种损害在某种程度上对个人利益表现出抽象性。因此，以直接利害关系为原则确定起诉主体是传统的诉讼机制要求，并不适用于环境行政公益诉讼。

（三）问题与思考

（1）甲村集体所有的公益林地受到破坏，多年没有恢复，针对此情况，该县农林业主管部门应履行哪些监管职责？

（2）医疗机构违法处置医疗废物，哪些行政机关负有监管职责？

（3）如果你是本案例的承办检察官，请撰写一份出庭预案的框架结构。

（四）法条链接

1.《中华人民共和国环境保护法》

第十条 国务院环境保护主管部门，对全国环境保护工作实施统一监督管理；县级以上地方人民政府环境保护主管部门，对本行政区域环境保护工作实施统一监督管理。

第四十一条 建设项目中防治污染的设施，应当与主体工程同时设计、同时施工、同时投产使用。防治污染的设施应当符合经批准的环境影响评价文件的要求，不得擅自拆除或者闲置。

2.《建设项目环境保护管理条例》

第十五条 建设项目需要配套建设的环境保护设施，必须与主体工程同时设计、同时施工、同时投产使用。

第十九条 编制环境影响报告书、环境影响报告表的建设项目，其配套建设的环境保护设施经验收合格，方可投入生产或者使用；未经验收或者验收不合格的，不得投入生产或者使用。

前款规定的建设项目投入生产或者使用后，应当按照国务院环境保护行政主管部门的规定开展环境影响后评价。

第二十三条 违反本条例规定，需要配套建设的环境保护设施未建成、未经验收或者验收不合格，建设项目即投入生产或者使用，或者在环境保护设施验收中弄虚作假的，由县级以上环境保护行政主管部门责令限期改正，处20万元以上100万元以下的罚款；逾期不改正的，处100万元以上200万元以下的罚款；对直接负责的主管人员和其他责任人员，处5万元以上20万元以下的罚款；造成重大环境污染或者生态破坏的，责令停止生产或者使用，或者报经有批准权的人民政府批准，责令关闭。

违反本条例规定，建设单位未依法向社会公开环境保护设施验收报告的，由县级以上环境保护行政主管部门责令公开，处5万元以上20万元以下的罚款，并予以公告。

专题十四 资源保护类行政公益诉讼

知识要点（1）资源保护领域的行政公益诉讼案件，主要指对资源保护负有监督管理职责的行政机关对破坏资源的事实违法行使职权或者不作为，致使国家利益或者社会公共利益受到侵害的案件，常见领域有土地、矿产、林业草原等。（2）资源保护类行政公益诉讼案件的调查重点，包括国家利益或社会公共利益受到侵害的事实和负有监督管理职责的行政机关违法行使职权或不作为的事实两大方面。（3）行政机关不依法履职的情形主要包括作为和不作为两种类型，其中不作为的行政违法行为又可以具体分为完全不履行职责和不完全履行职责两种情形。（4）在检察机关提起行政公益诉讼时，诉讼请求的确定十分重要，一方面要注意和检察建议内容保持一致；另一方面在确定诉讼请求时，要注意结合行政诉讼法进行分析。

典型案例十五 铜仁市国土资源局、贵州梵净山国家级自然保护区管理局不依法履职公益诉讼案[5]

一、案例材料

（一）基本案情

贵州省铜仁市江口县人民检察院（以下简称江口县检察院）在履行职责中发现，2006年1月10日，江口县国土资源局向贵州省铜仁地区国土资源局呈报《关于要求委托我局对江口县德旺乡坝梅村杨家屯-上堰沟紫袍玉带石采矿权进行挂牌出让的请示》。2006年2月29日，贵州省铜仁地区国土资源局向江口县国土资源局下发《对江口县国土资源局〈关于要求委托我局对江口县德旺乡坝梅村杨家屯-上堰沟紫袍玉带石采矿权进行挂牌出让的请示〉的批复》，同意并委托江口县国土资源局实施杨家屯至上堰沟紫袍玉带石采矿权挂牌出让。2006年3月15日，江口县国土资源局发出江口县德旺乡坝梅村杨家屯-上堰沟紫袍玉带石采矿权挂牌出让公告，并向贵州铜仁紫玉旅游工艺品有限公司（以下简称紫玉公司）发出参加竞买通知书。2006年5月10日，江口县国土资源局与紫玉公司签订了《江口县采矿权出让合同》，将江口县德旺乡坝梅村杨家屯至上堰沟紫袍玉带石采矿权出让给紫玉公司。2006年6月，贵州省铜仁地区国土资源局向紫玉公司颁发采矿许可证，证号为5222000610002，有效期限2006年6月至2016年6月。2006年6月以来，紫玉公司进入江口县德旺乡坝梅村大火堰组杨家屯至上堰沟玉带石矿区进行探洞及建设，并开采紫袍玉带石。2014年9月13日，贵州梵净山国家级自然保护区管理局（以下简称梵净山管理局）闵孝总站向紫玉公司发出《整改通知书》，列出：（1）没有生物多样性评估手续；（2）没有环境评估手续；（3）没有按规定完善林地占用手续；（4）存在安全隐患等问题，并要求该公司于2014年10月以前完善相关手续并迅速提出整改措施，书面上报整改结果。2014年9月26日，紫玉公司向梵净山管理局闵孝总站提交《整改意见》，答复“相关手续正在完善之中，针对安全生产隐患正在或即将采取相应措施”。之后，梵净山管理局未依法对紫玉公司开矿行为进行监督和管理。

针对上述违法行为，江口县检察院于2016年10月26日先后向铜仁市国土资源局、梵净山管理局发出检察建议书，要求铜仁市国土资源局依法撤销向紫玉公司颁发的证号为5222000610002的采矿许可证，要求梵净山管理局根据《中华人民共和国自然保护区条例》（以下简称《自然保护区条例》）第35条、第38条的规定依法对紫玉公司作出处理。2016年11月25日，铜仁市国土资源局回复称：颁发江口县德旺乡坝梅村杨家屯-上堰沟紫袍玉带石矿采矿权的行政行为合法，依法不应当撤销。2016年11月29日，梵净山管理局回复称：已向紫玉公司法定代表人田某贵发出限期拆除通知书，责令田某贵限期拆除设备，不然将于2016年11月30日进行强制捣毁和对矿区进行断电。但是梵净山管理局未依法对紫玉公司采取其他监管措施。

2016年12月28日，江口县检察院到江口县德旺乡坝梅村大火堰组杨家屯至上堰沟紫袍玉带石矿区实地查看，紫玉公司仍未对矿区进行原状恢复；梵净山管理局也未依法对紫玉公司采取其他监管措施，国家和社会公共利益仍处于受侵害状态。

（二）诉讼过程

2016年12月29日，江口县检察院以铜仁市国土资源局、梵净山管理局为被告向贵州省遵义市播州区人民法院提起行政公益诉讼，该院于2017年3月1日受理立案，2017年5月25日召开庭前会议，2017年8月23日公开开庭审理本案并当庭作出判决。

1.诉讼请求

公益诉讼人请求法院判令：（1）判决确认被告铜仁市国土资源局向紫玉公司颁发采矿许可证的行政行为违法；（2）判决确认被告梵净山管理局怠于履行职责的行为违法；（3）判令被告梵净山管理局对紫玉公司的违法采矿行为履行监督管理职责；（4）判令梵净山管理局、铜仁市国土资源局对紫玉公司的违法采矿行为采取其他补救措施。

2.双方意见

（1）公益诉讼人江口县检察院的诉称。

按照《梵净山管理局关于对设计梵净山自然保护区矿区坐标点的说明图》，江口县德旺乡坝梅村杨家屯-上堰沟属于梵净山国家级自然保护区的科学实验区。根据《中华人民共和国矿产资源法》（以下简称《矿产资源法》）第20条第（五）项的规定，铜仁市国土资源局在没有取得国务院授权的有关主管部门同意的情况下，向紫玉公司颁发采矿许可证的行为明显违法。根据《自然保护区条例》第26条、第32条的规定，紫玉公司在梵净山国家级自然保护区科学实验区内建设生产设施并开采紫袍玉带石的行为是破坏生态环境的违法行为。根据《自然保护区条例》第21条第1款、第35条、第38条以及《贵州梵净山国家级自然保护区管理局机构编制方案》的规定，梵净山管理局应当对紫玉公司在保护区内的采矿行为进行监督管理。检察机关发出检察建议后，铜仁市国土资源局拒绝撤销其违法行政行为，梵净山管理局也未依法履行监管职责，国家和社会公共利益仍处于受侵害状态。

（2）被告铜仁市国土资源局的辩称。

一是该局向紫玉公司颁发采矿许可证的行为合法，依法不应当撤销。根据《矿产资源开采登记管理办法》第3条、《贵州省矿产资源管理条例》第16条的规定，铜仁市国土资源局具有紫袍玉带石采矿权许可主体资格。该局在设置案涉采矿权时，征得了梵净山管理局同意，依照《自然保护区条例》第21条的规定，梵净山管理局是适格的管理梵净山自然保护区的主体，是国务院授权的梵净山保护行政主管部门。依照《矿产资源法》第20条的规定，案涉采矿权的设置已经得到了国务院授权的有关主管部门同意。紫玉公司作为案涉采矿权的合法竞得人，按程序申请办理采矿许可证，办证要件齐全，资料符合要求，应当依法颁发采矿许可证。

二是该局颁发给紫玉公司的采矿许可证有效期至2016年6月，该采矿许可证已到期失效。公益诉讼人在2006年拟设置采矿权公告时就已经知道或者应当知道铜仁市国土资源局的行为，却于2016年10月向该局发出检察建议，之后才提起公益诉讼，已经明显超过诉讼时效。而且，公益诉讼人要求撤销已经过期失效的采矿许可证，违背相关法律规定。

三是该局将积极做好案涉采矿权的后期处置工作。案涉采矿权到期后，紫玉公司申请延续，江口县国土资源局已明确暂停办理。鉴于案涉矿区在国家级自然保护区内，铜仁市国土资源局将依法做好采矿权失效的后续工作，不再续办采矿权。该局已经编制了环境治理方案并责成第三人限期治理。

综上，铜仁市国土资源局请求驳回公益诉讼人的诉讼请求。

3.一审认定的事实

1978年，贵州省人民政府批准成立贵州省铜仁地区梵净山自然保护区，为贵州省第一个自然保护区。1986年7月9日，国务院国发〔1986〕75号文件批准审定为贵州梵净山国家级自然保护区，同年，被接纳为世界人与生物圈保护区网成员，为中国第四个国际生物圈保护区。梵净山自然保护区山体庞大，层峦叠嶂，森林茂密，生物种类多样，为北纬30度线上极为罕见的生物多样性保护区域。1979年4月，贵州省设立贵州省铜仁地区梵净山自然保护区管理处，为县处级事业单位，由省林业厅和铜仁地区行政公署共同领导。2000年4月，更名为“贵州梵净山国家级自然保护区管理局”。2006年12月，铜仁地区编制委员会印发《贵州梵净山国家级自然保护区管理局机构编制方案》，规定梵净山管理局的职责范围为自然保护区保护、科学研究、自然资源合理开发利用实验示范、生态旅游管理及违法行为处罚，并设置森林公安分局办理破坏自然保护区生态环境刑事犯罪案件及治安案件等。2015年3月1日、2017年3月1日、2017年4月25日，贵州省林业厅出具林业行政处罚委托书，连续授权梵净山管理局在其辖区范围内对违反林业法律、法规、规章的行为以贵州省林业厅的名义实施行政处罚。

紫袍玉带石独产于梵净山区域，集中于江口县德旺乡坝梅村杨家屯-上堰沟一带，本案所涉矿区范围在梵净山自然保护区的实验区内。1990年代初期开始有零星开采，历经多家公司及乡镇组织小规模开采。2005年3月17日，紫玉公司分别向江口县人民政府、铜仁地区国土资源局申请开采紫袍玉带石，同年3月28日向江口县人民政府申请新建紫袍玉带石加工厂。

2005年6月23日，紫玉公司向江口县国土资源局申请每月开采25吨紫袍玉带石，6月30日，江口县国土资源局以江国土资字〔2005〕29号文件同意紫玉公司在上堰沟开采紫袍玉带石一个月。2005年7月25日，紫玉公司向江口县安全生产监督管理局（以下简称江口县安监局）、江口县国土资源局申请，称已将洞口整顿完毕，请求批准于2005年7月26日至8月26日开采一个月，两局签字同意其动工开采。

2005年8月5日，紫玉公司向梵净山管理局递交《关于开采紫袍玉带石资源的申请》，梵净山管理局于2005年8月26日在该申请书上签批“经与江口县政府协商，1.原则同意按程序申报原采矿坑口（杨家屯-上堰沟）的采矿手续，但生产规模严格控制在40立方米内，只能就地加工，不能原材料外运销售；2.依法完善相关法定手续后，方能投入建设和生产，并与闵孝管理总站签订相关协议，接受闵孝管理总站的监督管理；3.建设、生产过程中，必须协调好与地方的关系，处理好‘三废’”，并加盖梵净山管理局印章。

2005年8月22日，德旺土家族苗族乡政府与紫玉公司签订开采协议，同意紫玉公司办理开采手续，开采后，紫玉公司按原料400元/吨协调费、200元/吨税费交乡政府。2005年9月10日，紫玉公司向江口县国土资源局、安监局递交申请，称7月26日批准后，迟至8月25日才获得梵净山管理局同意，请求按两局7月22日校准的坑道继续开采，两局相关负责人签字同意继续开采。

2005年9月1日，紫玉公司委托贵州地矿103地质大队勘察制作相关矿山材料，103地质大队于当月作出杨家屯-上堰沟紫袍玉带石矿《矿山工程建设用地地质灾害危险性评估说明书》《矿床勘察地质报告》和《矿床开采利用方案》，探明杨家屯-上堰沟矿段紫袍玉带石储量3616立方米，矿层厚度65~90毫米；地址环境复杂程度中等，项目重要性一般，地质灾害危险性评估级别三级，现状地质灾害不发育，工程建设时和建设后的渣场引发、遭受切方边坡崩塌地质灾害可能性大、危险性大，地下采矿引发地面塌陷、滑坡、地裂缝灾害可能性大、危险性大，杨家屯矿段工业广场遭受后山危岩体崩塌灾害可能性大、危险性大；矿层薄，开采会产生大量荒料废渣（75%左右），对植被有破坏作用，对生态环境有一定影响，且位于自然保护区相对区，开采对保护区生态环境有影响。建议采取房柱式空场法开采，坑道掘进后玻璃矿层该层后用切割机对矿石需要进行切割，然后人工铁楔子顺矿层撬离去除紫袍玉带石，确保回采率80%，矿石损失率小于20%，控制开采规模，年产量40立方米；生产中产生的荒料废渣90%用于回填采空区，少量运出井外集中统一堆放，堆放处修筑渣坝，建有效可靠的挡墙、护栏等设施；控制放炮药量，严禁砍伐森林植被。

2005年11月2日，紫玉公司提交《划定矿区范围申请书》和《占用矿产资源储量登记书》。2005年11月8日，江口县国土资源局向铜仁地区国土资源局作出《说明》，称紫玉公司“申请要求划定的江口县杨家屯-上堰沟紫袍玉带石矿区原无矿权设置，属江口县矿产资源规划总规划开发区”。

2006年1月10日，江口县国土资源局向铜仁地区国土资源局报送江国土资呈〔2006〕1号《关于要求委托我局对江口县德旺乡坝梅村杨家屯–上堰沟紫袍玉带石采矿权进行挂牌出让的请示》并附挂牌出让工作方案，记载：矿区范围属梵净山自然保护区相对区范围，由杨家屯和上堰沟两个矿段组成，杨家屯矿段矿区面积0.136平方千米，上堰沟矿段矿区面积0.312平方千米。2006年1月23日，江口县国土资源局向梵净山管理局发出江国土资函〔2006〕1号《关于拟对德旺乡坝梅村杨家屯–上堰沟紫袍玉带石采矿权挂牌出让的函》。1月25日，梵净山管理局在函件右上角手签“该采矿点是历史原因形成，为了地方经济发展和规范采矿行为，同意40方/年的采矿水平，但采矿方式只能是洞采，并要求采矿方在开采前拟定地表植被恢复方案，自觉遵守不能到核心区活动的规定”，并加盖印章。2006年2月29日，铜仁地区国土资源局作出铜地国土资发〔2006〕22号对江口县国土资源局请示的批复，将杨家屯、上堰沟两个矿段设置为一个采矿权，同意并委托江口县国土资源局挂牌出让，要求采矿权挂牌初始价为45万元，竞得人须缴存地质环境治理备用金5万元，并签订恢复治理矿山地质环境承诺书。

2006年3月15日，江口县国土资源局作出采矿权挂牌出让公告，并于3月20日在《铜仁日报》发布，3月31日向紫玉公司发出《参加竞买通知书》。紫玉公司当日向江口县国土资源局递交竞买申请书，4月11日提交报价单，报价45万元。2006年4月13日，江口县国土资源局与紫玉公司签订采矿权挂牌出让成交确认书，确认成交价40万元，矿区面积0.448平方千米，开采深度990米至1165米标高，采矿权出让期限10年。2006年4月19日，紫玉公司向铜仁地区国土资源局递交报告，请求减免部分竞买价款或者分期付款。5月9日，江口县国土资源局在报告文本上签批“同意分两期支付，第一期2006年5月支付，第二期2007年12月支付，请地局审批”。2006年5月10日，江口县国土资源局与紫玉公司签订采矿权出让合同（编号〔2006〕002），价款为45万元，分两期支付。

2006年5月至2007年7月，紫玉公司分若干期交清采矿权出让价款和地质环境治理保证金。2006年5月12日，紫玉公司填写并向铜仁地区国土资源局提交采矿权申请登记书。2006年5月12日，紫玉公司制作《开发建设项目环境保护业务咨询服务登记表》，当日，江口县环境保护局签批“同意在此选址，开采期废石必须集中堆放并处理，开采期满应进行植被恢复。同意开采”，项目所在地规划分区栏勾选“其他”而没有勾选“自然保护区”。2006年6月18日，铜仁地区国土资源局向紫玉公司颁发采矿许可证，证号为5222000610002，矿山名称为“贵州铜仁紫玉旅游工艺品有限公司杨家屯–上堰沟玉带石矿”，开采矿种为玉石（紫袍玉带石），矿区面积0.0844平方千米，生产规模为40立方米/年，开采方式为地下开采，有效期限10年（2006年6月至2016年6月），并作出颁发采矿许可证通知书通知江口县人民政府。该采矿许可证逐年年审至2014年。

2006年8月，铜仁地区安监局作出铜地安监函〔2006〕91号《杨家屯-上堰沟玉带石矿安全预评价报告评审意见》，原则同意通过，并于2006年10月31日出具证明给江口县公安局，证明已同意紫玉公司进行矿山建设施工，请核批火攻物资。2007年1月8日，梵净山管理局向贵州省林业厅作出护管字〔2007〕03号《关于同意紫玉公司申办临时用地手续的报告》，认为紫玉公已完善了采矿证、安全生产、环保申报等手续，共有5个洞口，面积约3100平方米，地处保护区科学实验区，同意其依法按程序申报完善相关法定手续。2007年1月24日，梵净山管理局闵孝总站向紫玉公司发出《停止玉带石建设、生产一切活动的通知》，责令紫玉公司在没有依法完善相关法定手续以前停止一切玉带石建设、生产活动。当日，紫玉公司书面报告梵净山管理局、江口县国土资源局、公安局，称系当地村民冒充公司制造法定代表人委托书向公安申购炸材，非法进入矿区开采。

2007年3月23日，梵净山管理局与紫玉公司签订协议书，约定：梵净山管理局同意紫玉公司在进一步完善法定手续的过程中，在法定矿区的指定部分临时开展生产作业，年开采量为50吨；如因个别手续缺陷被相关部门制止时，必须遵守；紫玉公司按原材料每吨200元向梵净山管理局交纳管理费。2007年5月11日，紫玉公司与村民王某、汪某权、郑某黔、田某贵签订开采协议，将紫玉公司矿洞交由王某等自然人开采，约定开采一年，开采矿石全部卖给紫玉公司。2007年5月20日，紫玉公司向梵净山管理局闵孝总站签订责任状，保证服从管理，遵守环保、安全生产、爆炸物品管理等要求，遵守与梵净山管理局签订的协议。2007年11月10日，紫玉公司报请江口县安监局准予施工建设，理由为“以前矿山一直处于断断续续开采，紫玉公司停工整顿，已整顿完毕”。

2008年6月，江口县人民政府办公室会同县国土、环保、公安等部门对紫袍玉带石资源开发利用情况进行调研，查明：紫玉公司于2006年取得杨家屯-上堰沟紫袍玉带石采矿权，已有12个矿洞，公司委托4个周边村民进行开采，采用凿岩爆破空场采矿法，开采的紫袍玉带石成型材率不足20%，可利用率不足50%；存在塌顶、渗水、缺氧等现象，生态、地质环境破坏严重，安全隐患较大；不按照批准的设计方案进行施工，开采不分层、不分段，采富弃贫，采易弃难，没有矿上开采方案和环境保护措施，每开采一吨矿石产生十吨以上尾矿，全部覆盖在山间植被上，造成无法恢复的生态环境破坏。

2008年7月8日，紫玉公司与大河堰村民组签订土地租用合同，租用村民管理的集体林地10.31亩。2008年7月10日，江口县国土资源局德旺国土所向紫玉公司颁发临时场地使用证，准许紫玉公司临时用地6854平方米。2008年11月15日，江口县水利局向紫玉公司颁发〔2008〕水保字01号水土保持方案许可证，有效期10年。2008年12月2日，铜仁地区经济贸易局作出铜地经贸技改备案〔2008〕11号《技术改造投资项目备案确认书》，对紫玉公司杨家屯-上堰沟紫袍玉带石矿山技术改造项目备案，改造内容和建设规模为：采用金刚石穿珠绳锯定位开采，年产紫袍玉带石1200吨，建设期间为2008年5月至2009年5月。

2009年7月，铜仁地区林业局向铜仁地区行署报送《关于江口县紫袍玉带石开采涉及林地情况的调查报告》，认为紫玉公司在保护区内非法占用林地和采伐林木行为构成非法占用农用地、可能构成滥伐林木，建议责成梵净山管理局对紫玉公司在保护区内非法占用林地和采伐林木行为依法查处。铜仁地区国土资源局向行署报送《关于紫袍玉带石开发利用情况的报告》，称紫玉公司杨家屯-上堰沟紫袍玉矿山承包给当地村民组成的4个作业组凿岩爆破开采，造成资源极大浪费，开采秩序混乱，生产不正常，应当依法按程序吊销其采矿许可证，收回后重新以招标、拍卖、挂牌方式出让，受让方必须适用绳锯切割方式开采，无爆破落矿；铜仁地区安监局向行署报送《关于对贵州铜仁紫玉旅游工艺品有限公司杨家屯-上堰沟玉带石矿相关情况的报告》，认定紫玉公司不按开采方案设计进行矿山建设施工，施工单位不具备施工资质，违法组织生产，违反了《安全生产法》的相关规定，造成资源严重浪费、生态环境破坏，建议依法予以取缔。2009年7月9日，梵净山管理局向紫玉公司发出护管字〔2009〕49号责令完善林地占用手续的通知，责令紫玉公司尽快完善林地征占用手续，并对以前占用的林地进行恢复，在未完善相关法定手续前，禁止以任何理由、任何借口在保护区开展生产经营活动。铜仁地区行署党组于7月14日向铜仁地委报送《关于紫袍玉带石开发利用的请示》，拟成立联合调查组对紫玉公司开采行为进行全面调查，并以上述文件为附件。

2013年1月9日，紫玉公司与大河堰村民小组签订矿山开采协议，将其矿山2号洞转让给村民小组独立开采经营，期限三年（2012年12月16日至2015年12月16日）。2013年3月25日，铜仁市安监局作出铜安监函〔2013〕26号批复，同意紫玉公司提交的杨家屯-上堰沟玉带石矿山建设开采方案中的安全设施和安全专篇，同意紫玉公司建设地下矿山，建设工期为2013年3月25日至

2014年2月24日。2014年3月24日，铜仁市安监局作出铜安监函〔2014〕18号批复，同意紫玉公司矿山建设工期延长10个月至2015年3月24日。2013年6月19日，江口县在德旺乡坝梅村开展矿山安全检察，因利益争议以及紫玉公司损坏农灌沟渠等发生群体事件。2013年12月30日，江口县人民政府县长办公会议决定，紫玉公司损坏沟渠由紫玉公司修复或补偿，依法解除紫玉公司与村民组的矿山非法出售协议，同意德旺乡与紫玉公司关于从开采的玉带石原料市场价中提取25%的方案。

2014年5月9日，德旺乡政府与紫玉公司及村委、村民组会议协商，决定从紫玉公司开采的矿石原料市场价格中提取25%给当地村民等，由矿管办每天对开采出的矿石过秤计量登记造册。2014年9月13日，梵净山管理局闵孝总站向紫玉公司发出整改通知，认定紫玉公司从2006年6月投产以来，尚未完成相关行政审批手续，在上堰沟开采紫袍玉带石的采矿点存在下列问题：（1）没有生物多样性评估手续；（2）没有环境评估手续；（3）没有按规定完善林地占用手续；（4）存在安全隐患。要求紫玉公司于2014年10月以前完善相关手续并提出整改措施，书面报告整改结果。2014年9月26日，紫玉公司向梵净山管理局闵孝总站报送整改意见，称手续正在完善中，正在或即将采取安全整改措施。

2015年5月20日，铜仁市安监局函告铜仁市国土资源局，5月12日，经检查，紫玉公司杨家屯-上堰沟玉带石矿井下实际布置巷道所圈定的采矿区域在采高方面超出采矿许可证核定的开采矿高，涉嫌越界，已及时下达了责令整改的执法文书。2015年7月27日，紫玉公司向江口县国土资源局提出修改采矿许可标高申请，称实际标高与采矿许可证相差太远，且获得采矿许可证已近10年，受村民盗采及阻止等近8年，2014年6月才开始进场建设，部分矿洞资源已经采完，请求调整矿区标高，并延长采矿权8年。2016年3月10日，江口县国土资源局函告紫玉公司，要求修改调整杨家屯-上堰沟玉带石矿山开采标高和矿区范围需在采矿许可证到期30日前征得梵净山管理局及相关单位同意后，再报请办理延续手续。

2016年10月25日，江口县检察院向铜仁市国土局、梵净山管理局发出江检民（行）行政违监〔2016〕52222200020号检察建议，建议铜仁市国土资源局撤销紫玉公司持有的采矿许可证，建议梵净山管理局对紫玉公司作出处理。11月18日，江口县国土资源局函告紫玉公司，杨家屯-上堰沟采矿权范围在梵净山国家级自然保护区范围内，请在十五日内到梵净山管理局及相关单位并征得同意后再完善延续相关手续。11月22日，江口县国土资源局函告紫玉公司，根据检察建议精神，暂停办理杨家屯-上堰沟采矿权延续登记，请公司取得国务院授权的梵净山管理局等有关部门同意后，再研究办理，未取得新的采矿许可证前不得从事任何采矿活动。11月23日，铜仁市国土资源局回复江口县检察院，称采矿权设置合法，许可恰当，不应撤销，已暂停办理了采矿权延续登记。2016年11月5日，梵净山管理局向紫玉公司送达限期拆除通知书，要求在11月15日前停止在保护区内的活动，将所有设备撤出保护区。11月15日检查发现，紫玉公司仅拆除了两个矿洞的安全设备，其余未拆除。现场强制拆毁了部分物品和设备，并再次要求紫玉公司法定代表人抓紧拆除设备，否则将于11月30日强制捣毁，同时协调电力部门对矿区断电。2016年11月24日，梵净山管理局回复江口县检察院，告知了上述情况，表示洞口封闭尚需一定时间。2016年11月25日，梵净山管理局现场检查，发现紫玉公司地面设施仍未拆除，遂于12月22日下达强制拆除通知书，当日开始强制拆除并封闭洞口，至2017年1月18日，共封闭上堰沟开采洞口7个，新堰沟、杨家屯开采洞口18个，拆除板房、机房、木房、炸药库等，停止了供电，并于当日再次回复江口县检察院，告知了上述情况。

紫玉公司在取得采矿权之前，已经在矿区开展活动。取得采矿权后，于2007年将矿洞交给当地村民组织的开采小组开采。2007年、2008年、2009年均有资料显示紫玉公司采取炮采方式断续开采。2011—2016年间，梵净山管理局多次野外巡护，均发现紫玉公司矿区有不规范开采现象。2016年5月，梵净山管理局巡护调查，紫玉公司矿区分布有13个矿洞，生产后的废砂废石，堆放在周围沟谷中，目测形成长约200米、宽约90米、深约20米的三角形堆放带，存在安全隐患。采矿权期限逾期后的2016年8月至10月，梵净山管理局多次巡护，均发现紫玉公司1号矿洞有开采痕迹。

2017年2月14日，江口县检察院会同江口县公安局现场勘察，发现上堰沟矿区现场约有450米的大量紫色碎石顺河沟自东向西散放呈一条线状，碎石河沟长款不规则，宽处约25米，碎石堆放深度不详，方量不详，紫色碎石中可见零星紫袍玉带石。在紫色碎石散放线南面，由下至上见1~6号开采洞口，洞口已被水泥石块封闭，1~5号洞口有清水流出。临时办公室用房未完全拆除，拱形铁门上有“铜仁紫”字样，1、2号洞口有机器设备，未见开采碎石块。杨家屯矿区有9个已封闭洞口，1~7号洞口平台下顺沟见大量散放碎石，碎石沟长约80米，宽约10米，8、9号洞口附近见有开采碎石。2017年4月，法院召集各方当事人勘查现场，所见基本同上，碎石废渣堆放凌乱，压覆植被，被山水冲刷顺沟而下，绵延数百米。上堰沟6号洞口距保护区缓冲区边界约50米，上堰沟矿区有已封闭洞口9个。

2017年2月14日，铜仁市国土资源局委托贵州地矿103地质大队编制《紫玉公司杨家屯-上堰沟玉带石矿矿山地质环境治理恢复工程实施方案（闭坑）》，103地质大队于2017年6月编制完毕并经过评审，设计治理费用99.06万元。2017年7月14日，铜仁市国土资源局作出挂牌督办杨家屯-上堰沟玉带石矿开展地质环境治理恢复的通知并于次日送达紫玉公司，要求紫玉公司按上述治理方案开展矿山地质环境治理，限期两个月内完成，不予治理或未完成的，国土部门组织第三方治理，并依法追究其法律责任，责令紫玉公司承担治理方案编制费用6万元，治理完成并验收合格后，一次性退还已缴纳治理保证金25万元及利息。

另，2010年10月28日，梵净山管理局向铜仁地区国土资源局作出《在大河堰设置紫袍玉带石采矿权的征求意见函的回复》，告知拟设定采矿权的36个坐标拐点全部在自然保护区的科学实验区内，能否同意设置采矿权的权力不在梵净山管理局，需按程序向贵州省林业厅申报。2011年5月26日，梵净山管理局向铜仁地区国土资源局作出护管字〔2011〕54号文件，称拟设置的采矿权大多数涉及梵净山国家级自然保护区，按照国家法律法规规定，梵净山管理局无权同意设置采矿权，请报贵州省林业厅，并完成环境评价报告和生物多样性影响评价。

2011年10月，撤销铜仁地区，设立地级铜仁市。

4.一审判决结果

一审法院审理后认为，铜仁市国土资源局作为铜仁市人民政府地质矿产行政主管部门，依照《矿产资源法》《贵州省矿产资源管理条例》和铜仁市人民政府编制方案规定，主管铜仁市行政区划内矿产资源勘察、开采的监督管理工作，应当依法履行其权限范围内的矿业权设置、审批登记、矿山运营及停用后的治理等监督管理职责。铜仁地区国土资源局因行政区域名称变更而变更为铜仁市国土资源局，其权利义务由铜仁市国土资源局承继。梵净山管理局作为梵净山国家级自然保护区管理机构，应当在法律、行政法规授权及相应行政主管机关委托的权限范围内正确履行自然保护区管理职责。公益诉讼人江口县检察院作为法律监督机关，依照《全国人民代表大会常务委员会关于授权最高人民检察院在部分地区开展公益诉讼试点工作的决定》和《人民法院审理人民检察院提起公益诉讼案件试点工作实施办法》《中华人民共和国行政诉讼法》（以下简称《行政诉讼法》）的规定，其在履行职责过程中，发现行政机关以及法律、行政法规授权的组织的行为造成国家和社会公共利益受到侵害，提出检察建议而行政机关或组织拒不纠正违法行为或者不履行法定职责的，可以向人民法院提起行政公益诉讼。

本案的争议焦点是：（1）铜仁市国土资源局（原铜仁地区国土资源局）的采矿权许可行为是否合法？（2）梵净山管理局和铜仁市国土资源局对第三人紫玉公司在梵净山自然保护区内采矿各自应担负的监管职责以及是否正确履责？（3）环境修复监督管理职责由谁负担以及是否正确履责？

（1）关于铜仁市国土资源局采矿权许可行为合法性问题。第三人紫玉公司申请开采紫袍玉带石矿，年开采量40立方米，属于小型储量矿藏，且不属于矿产资源法规定的应由国家及省级地质矿产行政主管部门审批事项。按照《矿产资源法》第3条和《贵州省矿产资源管理条例》第16条第2款的规定，该采矿权申请属于铜仁市（原铜仁地区）国土资源局审批、登记、许可的权限范围。紫玉公司申请开采的杨家屯-上堰沟紫袍玉带石矿，位于梵净山国家级自然保护区的实验区范围内，依照《矿产资源法》第20条第（五）项非经国务院授权的有关主管部门同意，不得在国家划定的自然保护区、重要风景区、国家重点保护的不能移动的历史文物和名胜古迹所在地开采矿产资源的规定，铜仁地区国土资源局在梵净山国家级自然保护区设置采矿权，批准、许可矿山企业采矿，必须经国务院授权的有关行政主管部门同意。按照《自然保护区条例》第21条的规定，自然保护区管理施行行政主管部门管理和专门管理机构具体管理，梵净山自然保护区的行政主管部门应为国家或贵州省相应的行政主管部门，梵净山管理局是贵州省林业厅在自然保护区内设立的专门管理机构，负责自然保护区的具体管理工作，不是国务院授权的行政主管部门。本案中，梵净山管理局在紫玉公司的采矿申请上签字同意完善法定手续后建设和生产，在江口县国土资源局拟挂牌出让采矿权征求意见函上签字同意设置采矿权的行为，超越《自然保护区条例》的授权，其同意行为不能发生“国务院授权的有关主管部门同意”的效力。铜仁地区国土资源局作为采矿权设置、审批、登记、许可机关，在案涉采矿权设置、出让、登记、许可的过程中，没有正确区分行政主管部门和保护区管理机构的权限范围，错误将梵净山管理局这一管理机构理解为行政主管部门，向其征求意见并将其同意行为混同为行政主管部门同意，作出案涉采矿权设置、出让、登记并颁发采矿许可证的行为，违反《矿产资源法》第20条第（五）项的规定。按照《矿产资源开采登记管理办法》第5条“采矿权申请人申请办理采矿许可证时，应当向登记管理机关提交下列资料：……（五）开采矿产资源的环境影响评价报告”的规定，铜仁地区国土资源局向紫玉公司颁发采矿许可证之前，应当审查其是否提交了环境影响报告。

但紫玉公司申请办理采矿权登记许可时，仅提交了《环境保护业务咨询服务登记表》，并未提交环境影响评价报告，该服务登记表显然不具有环境影响评价报告的效力。综上，原铜仁地区国土资源局设置杨家屯-上堰沟紫袍玉带石采矿权并向紫玉公司颁发采矿许可证不满足法律、行政法规规定的许可条件，该许可行为违法。鉴于案涉采矿许可证许可的采矿期限已于2016年6月届满，第三人申请延续已被江口县国土资源局拒绝，撤销该许可已无实际意义，公益诉讼人请求判决确认颁发许可证行为违法，法院予以支持。被告铜仁市国土资源局所持梵净山管理局就是管理梵净山国家级自然保护区的行政主管机关，紫玉公司申请办理采矿许可证的办证要件齐全、资料符合要求的答辩理由不能成立，法院未予支持。关于被告铜仁市国土资源局所持公益诉讼人的起诉已超过诉讼失效，采矿许可证已期满失效，无需再进行合法性评价的答辩理由。我国行政法没有规定诉讼时效制度，仅规定了起诉期限制度，起诉期限制度也仅涉及行政相对人和利害关系人起诉。在公益诉讼中，因被诉行政行为导致侵害公共利益行为持续的，应当允许公益诉讼人在被诉行政行为得到纠正之前提起诉讼。本案所涉采矿许可证虽已期满失效，但该许可直接影响紫玉公司开采行为的法律责任和相关行政执法机关、管理机构监督管理行为的实施，行政许可是否合法，应当依法作出评价。对铜仁市国土资源局的该项答辩，法院未予支持。

（2）关于梵净山管理局和铜仁市国土资源局的监管职责及履责情况。依照《自然保护区条例》第21条、第22条、第34条、第35条的规定，梵净山管理局是梵净山国家级自然保护区行政主管部门设立的自然保护区管理机构，负责梵净山自然保护区的具体管理工作，其职责是依法同意管理自然保护区，依法采取保护措施，制止破坏自然保护区环境资源的行为，确保自然保护区生态环境完好、保护目标得以实现；对进入保护区从事各种活动的组织和个人的活动进行监督管理，发现违法活动的，依法制止并依照法律规定的权限范围作出或调查后报经行政主管部门作出处理。依照《矿产资源法》第11条、第45条的规定，铜仁市国土资源局主管铜仁市行政区域内矿产资源勘查、开采的监督管理工作，对买卖、出租、转让资源、破坏性开采、越界开采等行为，应当依法查处或者监督指导其下级国土资源部门依法查处。依照《矿产资源法》第29条、第32条、第40条、第42条、第44条的规定，紫玉公司作为矿山企业，应当按照其申报并获得许可的方式开采资源，遵守环境保护管理规定，不得越界开采、不得进行破坏性开采、不得买卖、出租或者以其他方式转让矿产资源。该案中，紫玉公司在取得采矿许可前，已进入矿区开展活动。取得采矿权后，未依法办理土地、林地使用、环境影响评价、安全生产许可等必须的行政许可手续，以及在生物多样性自然保护区从事生产经营活动必需的生物多样性影响评价，仅有安全生产监管行政主管部门准许建设，在不具备安全生产条件的情况下开采，并将矿洞坑口承包给当地村民开采、将部分矿洞转让给村民组经营。开采过程中，不按其申报的开采方式，而采取爆破方式开采，造成矿产资源严重浪费；不采取有效的环境保护措施，废渣碎石随意堆弃，压覆植被，严重破坏生态环境，并形成地质灾害隐患。在开采后期，还被查出涉嫌越界开采情形。对紫玉公司的上述行为，梵净山管理局和铜仁市国土资源局及其下级国土资源管理部门均有监督管理职责。梵净山管理局超越法律、法规授权范围同意在梵净山保护区的实验区设置采矿权，违反保护区设立宗旨，应予否定性评价。针对紫玉公司的行为，梵净山管理局发现后，虽多次向紫玉公司发出书面通知，责令停止开采、完善相关手续、责令整改等，但直至紫玉公司持有的采矿许可证超期，都没有采取实际措施予以制止，也没有依职权作出或者报请其主管行政部门或相关职能部门作出处理，反而与紫玉公司签订协议，按开采数量计量收取管理费为对价，准许紫玉公司在手续不完善的情况下开采矿产资源。梵净山管理局对紫玉公司的行为监管不到位，制止不力，不正确履行法定职责；其以计量收费为对价同意紫玉公司开采矿产资源的行为构成滥用职权。公益诉讼人发出检察建议后，梵净山管理局才采取实际措施，责令紫玉公司关闭并阻止强制封闭矿洞、拆除地面设施，让紫玉公司在自然保护区采矿破坏生态环境的行为不再继续，一定程度上保护了环境公共利益。铜仁市国土资源局于2009年向铜仁地区行署报告紫玉公司符合吊销采矿许可证的条件，2015年又受到安全生产行政主管部门函告紫玉公司涉嫌越界开采，其下级江口县国土资源局在2008年以后多次检查并参与综合执法，发现了紫玉公司资源浪费型开采、破坏环境资源、不符合安全生产条件生产、转让矿产资源等违法行为。但铜仁市国土资源局及其下级国土资源主管部门均未采取有效措施制止，也没有作出任何处理。相反，江口县国土资源局德旺国土所还超越职权向紫玉公司颁发场地临时许可证。铜仁市国土资源局的行为构成怠于履行法定职责。

（3）关于环境修复监督管理职责。按照环境资源破坏者担责原则，依照《中华人民共和国矿产资源法实施细则》第32条、第33条、第34条的规定，矿山企业不论何种原因停办、关闭矿山，均应当完成水土保持、土地复垦、环境治理等生态修复工作，或者交清土地复垦和环境治理所需的相关费用，由原批准采矿的主管部门会同有关部门审查监督。据此，紫玉公司杨家屯-上堰沟紫袍玉带石矿矿区环境修复治理责任应当由紫玉公司承担，铜仁市国土资源局应当履行监督管理职责，若紫玉公司治理不能或者拒不治理，铜仁市国土资源局应当自行或委托第三方治理，由紫玉公司承担治理费用。梵净山管理局作为梵净山国家级自然保护区管理机构，应当在管理权限范围内履行监督管理职责。对于紫玉公司矿山环境治理工程，铜仁市国土资源局应当会同梵净山管理局共同监督管理并验收。梵净山管理局在公益诉讼人发出检察建议后，已经采取措施关闭了矿山，铜仁市国土资源局在本案诉讼过程中已经制定环境治理方案并责成紫玉公司限期治理，均已履行了部分职责，还应当继续履行监督管理职责至治理完成并验收合格。公益诉讼人请求判令二被告责令紫玉公司采取补救措施并履行监督管理职责，法院予以支持。

第三人所持一直在建设，没有开采，造成环境资源破坏是私开滥采行为所致的理由，与本案查明的实施不符，法院未予采信。

综上，法院依照《行政诉讼法》第72条、第74条之规定，判决如下：（1）确认被告铜仁市国土资源局（原铜仁地区国土资源局）许可紫玉公司开采江口县杨家屯-上堰沟紫袍玉带石矿（采矿许可证号5222000610002）的行为违法；（2）确认铜仁市国土资源局和梵净山管理局在2016年10月25日之前对紫玉公司开采江口县杨家屯-上堰沟紫袍玉带石矿怠于履行监督管理法定职责的行为违法；（3）由铜仁市国土资源局对紫玉公司开采江口县杨家屯-上堰沟紫袍玉带石矿山环境修复治理工程履行监督管理职责至环境修复治理工程验收合格；由梵净山管理局对环境修复治理工程进行全程监督管理。

二、教学手册

（一）教学目标

本案例着重要求学生掌握以下几个方面的知识：（1）资源保护领域行政公益诉讼案件涉及的常见违法情形；（2）资源保护类行政公益诉讼案件的调查重点；（3）行政机关违法行使职权或者不作为的情形；（4）行政公益诉讼请求如何进行确定。

（二）教学内容

1.资源保护领域行政公益诉讼案件涉及的常见违法情形

资源保护领域的行政公益诉讼案件，主要指对资源保护负有监督管理职责的行政机关对破坏资源的事实违法行使职权或者不作为，致使国家利益或者社会公共利益受到侵害的案件。案件类型包括以下四种。

（1）土地资源类。主要表现为：违反土地利用总体规划擅自将农用地改为建设用地的；占用耕地建窑、建坟或者擅自在耕地上建房、挖砂、采石、采矿、取土或堆放固体物质的；未经批准非法占用土地新建建筑物和其他设施的。

（2）矿产资源类。主要表现为：未取得采矿许可证擅自采矿的；超越批准的矿区范围采矿的；采取破坏性的开采方法开采矿产资源的；未办理河道采砂许可证或不按照规定，擅自在河道管理范围内采砂的。

（3）林业资源类。主要表现为：盗伐森林或者其他林木的；非法进行开垦、采石、采砂、采土、采种、采脂和其他活动，致使森林、林木受到毁坏的；在幼林地和特种用途林内砍柴、放牧致使森林、林木受到毁坏的；拒不补种树木或者补种不符合国家有关规定的；未经县级以上人民政府林业主管部门审核同意，擅自改变林地用途的。

（4）草原资源类。主要表现为：未经批准或者采取欺骗手段骗取批准，非法使用草原的；未依法收取草原植被恢复费的情况下，违法批准临时占用草原的；非法开垦草原的；在荒漠、半荒漠和严重退化、沙化、盐碱化、石漠化、水土流失的草原，以及生态脆弱区的草原上采挖植物或者从事破坏草原植被的其他活动的；未经批准或者未按照规定的时间、区域和采挖方式在草原上进行采土、采砂、采石等活动的；擅自在草原上开展经营性旅游活动，破坏草原植被的；临时占用草原，占用期届满，未恢复植被的。

2.资源保护类行政公益诉讼案件的调查重点

（1）国家利益或社会公共利益受到侵害的事实，包括资源遭受破坏的过程、事实和程度。

可采取现场勘查、实地查看、拍摄现场照片、航拍等形式，以确定资源被破坏及恢复治理情况。造成破坏生态结果的案件通常采取鉴定、评估的方式确定生态遭受破坏的程度。对于耕地（特别是基本农田）、生态公益林、自然保护区、饮用水水源保护地、地质公园、湿地公园、水土流失重点防治区、国家级古树名木等资源，由于其本身就与国家利益和社会公共利益密切相关，可视具体情况确定是否委托鉴定、评估。

资源保护领域案件需要调取的证据主要包括：规划立项、用地审批、环境影响评价等文件，土地使用权证、林权证、林木采伐许可证、探采矿许可证、草原使用证等证书，原始地貌图，地籍档案，土地利用总体规划资料，现场勘查笔录，资源受损的调查报告、检测报告、评估报告等。

（2）负有监督管理职责的行政机关违法行使职权或不作为的事实。

一是土地管理。重点调查：对违反土地利用总体规划擅自将农用地改为建设用地的违法行为，未采取限期拆除新建的建筑物和其他设施，恢复土地原状等监管措施的；对占用耕地建窑、建坟或者擅自在耕地上建房、挖砂、采石、采矿、取土等违法行为，未采取责令限期改正、治理、罚款等监管措施的；对拒不履行土地复垦义务的违法行为，未采取责令限期改正、责令缴纳复垦费、罚款等监管措施的；对未经批准非法占用土地的违法行为，未采取责令退还非法占用的土地，限期拆除在非法占用的土地上新建的建筑物和其他设施，恢复土地原状等监管措施的。

二是矿产管理。重点调查：对未取得采矿许可证擅自采矿的，擅自开采国家规定实行保护性开采的特定矿种违法行为，未采取责令停止开采、赔偿损失，没收采出的矿产品和违法所得、罚款等监管措施的；对未办理河道采砂许可证或不按照规定，擅自在河道管理范围内采砂的违法行为，未采取要求责令其纠正违法行为、采取补救措施，并处警告、罚款、没收非法所得等监管措施的；对超越批准的矿区范围采矿的，未采取责令退回本矿区范围内开采、赔偿损失，没收越界开采的矿产品和违法所得、罚款等监管措施的；对采取破坏性的开采方法开采矿产资源的违法行为，未采取罚款、吊销采矿许可证等监管措施的；对当事人逾期未申请复议也未提起诉讼，又不履行处罚决定的情况，未及时申请人民法院强制执行的。

三是林业管理。重点调查：对滥伐、盗伐森林或者其他林木的违法行为，未采取要求依法赔偿损失、责令补种、罚款等监管措施的；对拒不补种树木或者补种不符合国家有关规定的行为，未采取代为补种等措施的；采取代为补种措施后，未就代为补种的费用向违法行为人追缴的；对擅自改变林地用途的违法行为，未采取要求责令限期恢复原状，并处罚款等监管措施的；对非法开垦、采石、采砂、采土、采种、采脂和其他活动，致使森林、林木受到毁坏的违法行为，未采取要求依法赔偿损失，责令停止违法行为，补种、罚款等监管措施的；对在幼林地和特种用途林内砍柴、放牧致使森林、林木受到毁坏的行为，未采取要求依法赔偿损失，责令停止违法行为，补种等监管职责的。

四是草原管理。重点调查：对未经批准或者采取欺骗手段骗取批准，非法使用草原的违法行为，未责令退还非法使用的草原，对违反草原保护、建设、利用规划擅自将草原改为建设用地的行为，未采取限期拆除在非法使用的草原上新建的建筑物和其他设施，恢复草原植被，并处罚款等监管措施的；对非法开垦草原的违法行为，未采取责令停止违法行为，限期恢复植被，没收非法财物和违法所得、罚款的监管措施的；对非法开垦草原追究刑事责任的过程中或追究刑事责任后，未依法采取责令停止违法行为、没收违法所得、限期恢复草原植被等监管措施的；对代为履行恢复措施后，未就代为恢复费用向违法行为人追偿的；对在荒漠、半荒漠和严重退化、沙化、盐碱化、石漠化、水土流失的草原，以及生态脆弱区的草原上采挖植物或者从事破坏草原植被的其他活动，未采取责令停止违法行为，没收非法财物和违法所得、罚款的监管措施的；对未经批准或者未按照规定的时间、区域和采挖方式在草原上进行采土、采砂、采石等活动的违法行为，未采取责令停止违法行为，限期恢复植被，没收非法财物和违法所得、罚款等监管措施的；对擅自在草原上开展经营性旅游活动，破坏草原植被的违法行为，未采取责令停止违法行为，限期恢复植被，没收违法所得，罚款等监管措施的；对在临时占用的草原上修建永久性建筑物、构筑物的违法行为，未采取责令限期拆除、依法强制拆除等监管措施的；对临时占用草原，占用期届满，用地单位不予恢复草原植被的行为，未责令限期恢复的，或对逾期不恢复的行为，未采取代为恢复等措施的。

3.行政机关违法行使职权或者不作为的情形

行政机关不依法履职的情形主要包括作为和不作为两种类型，其中不作为的行政违法行为又可以具体分为完全不履行职责和不完全履行职责两种情形。

（1）作为形式的行政违法，具体表现为行政机关在履行职责过程中，存在事实认定上的错误、程序违法或者滥用职权等违反规定的行为。例如，本案中的梵净山管理局是贵州省林业厅在自然保护区内设立的专门管理机构，负责自然保护区的具体管理工作，不是国务院授权的行政主管部门，不享有同意设置采矿权的权力，其在江口县国土资源局拟挂牌出让采矿权征求意见函上签字同意设置采矿权的行为，超越《自然保护区条例》的授权，属于作为形式的行政违法。铜仁市国土资源局作为采矿权设置、审批、登记、许可机关，在案涉采矿权设置、出让、登记、许可的过程中，没有正确区分行政主管部门和保护区管理机构的权限范围，错误将梵净山管理局这一管理机构理解为行政主管部门，向其征求意见并将其同意行为混同为行政主管部门同意，作出案涉采矿权设置、出让、登记并颁发采矿许可证的行为，也是属于作为形式的行政违法行为。

（2）完全不履行职责，表现为有监督管理职责的行政机关，对违法行为不立案调查，也没有采取任何措施予以纠正。对完全不履职的描述应当重点突出违法行为持续的时间长短。例如，某区检察院在履行职责中发现，该区某凉果厂等企业未经水务行政部门批准，建设在南溪河道管理范围内，应由该区水务局进行拆除，但至今未拆除。同时，上述企业未经环评，无排污许可证，无污水处理设施，长期向河道排污，该区环保局未对其进行处罚。其中某凉果厂自1987年建厂至2015年该区检察院发出诉前检察建议，该区环保局都未对其进行处罚。

（3）不完全履行职责，表现为行政机关对于应当履行的监管职责没有达到监管要求和实现监管目标。例如，本案中梵净山管理局针对紫玉公司的行为，在收到检察建议之前，虽多次向紫玉公司发出书面通知，责令停止开采、完善相关手续、责令整改等，但直至紫玉公司持有的采矿许可证超期，都没有采取实际措施予以制止，也没有依职权作出或者报请其主管行政部门或相关职能部门作出处理。上述行为符合不完全履行职责的特征，检察机关提起行政公益诉讼符合法律规定的条件和要求。

4.行政公益诉讼请求如何进行确定

在检察机关提起行政公益诉讼时，诉讼请求的确定十分重要，一方面要注意和检察建议内容保持一致；另一方面在确定诉讼请求时，要注意结合行政诉讼法进行分析。

一是撤销或者部分撤销违法行政行为。《行政诉讼法》第70条规定："行政行为有下列情形之一的，人民法院判决撤销或者部分撤销，并可以判决被告重新作出行政行为：（一）主要证据不足的；（二）适用法律、法规错误的；（三）违反法定程序的；（四）超越职权的；（五）滥用职权的；（六）明显不当的。"

二是履行法定职责。《行政诉讼法》第72条规定："人民法院经过审理，查明被告不履行法定职责的，判决被告在一定期限内履行。"主要针对不作为和不完全履行职责的情形。例如，确认县林业局在作出处罚决定后，未履行后续监督、管理、申请人民法院强制执行法定职责的行为违法；责令县林业局继续履行被毁林地生态修复工作的监督、管理法定职责。

三是确认行政行为违法。《行政诉讼法》第74条规定："行政行为有下列情形之一的，人民法院判决确认违法，但不撤销行政行为：（一）行政行为依法应当撤销，但撤销会给国家利益、社会公共利益造成重大损害的；（二）行政行为程序轻微违法，但对原告权利不产生实际影响的。行政行为有下列情形之一，不需要撤销或者判决履行的，人民法院判决确认违法：（一）行政行为违法，但不具有可撤销内容的；（二）被告改变原违法行政行为，原告仍要求确认原行政行为违法的；（三）被告不履行或者拖延履行法定职责，判决履行没有意义的。"

四是确认行政行为无效。根据《行政诉讼法》第75条的规定，行政行为有实施主体不具有行政主体资格或者没有依据等重大且明显的违法情形，原告申请确认行政行为无效的，人民法院判决确认无效。

（三）问题与思考

（1）紫袍玉带石未被列进《中华人民共和国矿产资源法实施细则》矿产资源分类细目内，是否属于矿产资源？应否受到《矿产资源法》的调整？

（2）本案中的紫玉公司如果向法院申请以第三人身份参加诉讼，应否准许？

（3）举例，如某区检察院控申部门接到举报线索，某村土地破坏严重，地下麻刚沙多年被非法采挖，无人监管。如果你是该院公益诉讼部门的承办检察官，应当如何确定调查思路并做好前期准备工作？

（四）法条链接

1.《中华人民共和国自然保护区条例》

第八条　国家对自然保护区实行综合管理与分部门管理相结合的管理体制。

国务院环境保护行政主管部门负责全国自然保护区的综合管理。

国务院林业、农业、地质矿产、水利、海洋等有关行政主管部门在各自的职责范围内，主管有关的自然保护区。

县级以上地方人民政府负责自然保护区管理的部门的设置和职责，由省、自治区、直辖市人民政府根据当地具体情况确定。

第十八条　自然保护区可以分为核心区、缓冲区合实验区。

自然保护区内保存完好的天然状态的生态系统以及珍稀、濒危动植物的集中分布地，应当划为核心区，禁止任何单位合个人进入；除依照本条例第二十七条的规定经批准外，也不允许进入从事科学研究活动。

核心区外围可以划定一定面积的缓冲区，只准进入从事科学研究观测活动。

缓冲区外围划为实验区，可以进入从事科学试验、教学实习、参观考察、旅游以及驯化、繁殖珍稀、濒危野生动植物等活动。

原批准建立自然保护区的人民政府认为必要时，可以在自然保护区的外围划定一定面积的外围保护地带。

第二十一条　国家级自然保护区，由其所在地的省、自治区、直辖市人民政府有关自然保护区行政主管部门或者国务院有关自然保护区行政主管部门管理。地方级自然保护区，由其所在地的县级以上地方人民政府有关自然保护区行政主管部门管理。

有关自然保护区行政主管部门应当在自然保护区内设立专门的管

理机构，配备专业技术人员，负责自然保护区的具体管理工作。

第二十二条 自然保护区管理机构的主要职责是：

（一）贯彻执行国家有关自然保护的法律、法规和方针、政策；

（二）制定自然保护区的各项管理制度，统一管理自然保护区；

（三）调查自然资源并建立档案，组织环境监测，保护自然保护区内的自然环境和自然资源；

（四）组织或者协助有关部门开展自然保护区的科学研究工作；

（五）进行自然保护的宣传教育；

（六）在不影响保护自然保护区的自然环境和自然资源的前提下，组织开展参观、旅游等活动。

第三十二条 在自然保护区的核心区和缓冲区内，不得建设任何生产设施。在自然保护区的实验区内，不得建设污染环境、破坏资源或者景观的生产设施；建设其他项目，其污染物排放不得超过国家和地方规定的污染物排放标准。在自然保护区的实验区内已经建成的设施，其污染物排放超过国家和地方规定的排放标准的，应当限期治理；造成损害的，必须采取补救措施。

在自然保护区的外围保护地带建设的项目，不得损害自然保护区内的环境质量；已造成损害的，应当限期治理。

限期治理决定由法律、法规规定的机关作出，被限期治理的企业事业单位必须按期完成治理任务。

第三十四条 违反本条例规定，有下列行为之一的单位和个人，由自然保护区管理机构责令其改正，并可以根据不同情节处以100元以上5000元以下的罚款：

（一）擅自移动或者破坏自然保护区界标的；

（二）未经批准进入自然保护区或者在自然保护区内不服从管理机构管理的；

（三）经批准在自然保护区的缓冲区内从事科学研究、教学实习和标本采集的单位和个人，不向自然保护区管理机构提交活动成果副本的。

第三十五条 违反本条例规定，在自然保护区进行砍伐、放牧、狩猎、捕捞、采药、开垦、烧荒、开矿、采石、挖沙等活动的单位和个人，除可以依照有关法律、行政法规规定给予处罚的以外，由县级以上人民政府有关自然保护区行政主管部门或者其授权的自然保护区管理机构没收违法所得，责令停止违法行为，限期恢复原状或者采取其他补救措施；对自然保护区造成破坏的，可以处以300元以上1万元以下的罚款。

第三十八条 违反本条例规定，给自然保护区造成损失的，由县级以上人民政府有关自然保护区行政主管部门责令赔偿损失。

2.《中华人民共和国矿产资源法》

第六条 除按下列规定可以转让外，探矿权、采矿权不得转让：

（一）探矿权人有权在划定的勘查作业区内进行规定的勘查作业，有权优先取得勘查作业区内矿产资源的采矿权。探矿权人在完成规定的最低勘查投入后，经依法批准，可以将探矿权转让他人。

（二）已取得采矿权的矿山企业，因企业合并、分立，与他人合资、合作经营，或者因企业资产出售以及有其他变更企业资产产权的情形而需要变更采矿权主体的，经依法批准可以将采矿权转让他人采矿。

前款规定的具体办法和实施步骤由国务院规定。

禁止将探矿权、采矿权倒卖牟利。

第十一条 国务院地质矿产主管部门主管全国矿产资源勘查、开采的监督管理工作。国务院有关主管部门协助国务院地质矿产主管部门进行矿产资源勘查、开采的监督管理工作。

省、自治区、直辖市人民政府地质矿产主管部门主管本行政区域内矿产资源勘查、开采的监督管理工作。省、自治区、直辖市人民政府有关主管部门协助同级地质矿产主管部门进行矿产资源勘查、开采的监督管理工作。

第十六条 开采下列矿产资源的，由国务院地质矿产主管部门审批，并颁发采矿许可证：

（一）国家规划矿区和对国民经济具有重要价值的矿区内的矿产资源；

（二）前项规定区域以外可供开采的矿产储量规模在大型以上的矿产资源；

（三）国家规定实行保护性开采的特定矿种；

（四）领海及中国管辖的其他海域的矿产资源；

（五）国务院规定的其他矿产资源。

开采石油、天然气、放射性矿产等特定矿种的，可以由国务院授权的有关主管部门审批，并颁发采矿许可证。

开采第一款、第二款规定以外的矿产资源，其可供开采的矿产的储量规模为中型的，由省、自治区、直辖市人民政府地质矿产主管部门审批和颁发采矿许可证。

开采第一款、第二款和第三款规定以外的矿产资源的管理办法，由省、自治区、直辖市人民代表大会常务委员会依法制定。

依照第三款、第四款的规定审批和颁发采矿许可证的，由省、自治区、直辖市人民政府地质矿产主管部门汇总向国务院地质矿产主管部门备案。

矿产储量规模的大型、中型的划分标准，由国务院矿产储量审批机构规定。

第二十条　非经国务院授权的有关主管部门同意，不得在下列地区开采矿产资源：

（一）港口、机场、国防工程设施圈定地区以内；

（二）重要工业区、大型水利工程设施、城镇市政工程设施附近一定距离以内；

（三）铁路、重要公路两侧一定距离以内；

（四）重要河流、堤坝两侧一定距离以内；

（五）国家划定的自然保护区、重要风景区，国家重点保护的不能移动的历史文物和名胜古迹所在地；

（六）国家规定不得开采矿产资源的其他地区。

第二十一条　关闭矿山，必须提出矿山闭坑报告及有关采掘工程、不安全隐患、土地复垦利用、环境保护的资料，并按照国家规定报请审查批准。

第二十九条　开采矿产资源，必须采取合理的开采顺序、开采方法和选矿工艺。矿山企业的开采回采率、采矿贫化率和选矿回收率应当达到设计要求。

第四十二条　买卖、出租或者以其他形式转让矿产资源的，没收违法所得，处以罚款。

违反本法第六条的规定将探矿权、采矿权倒卖牟利的，吊销勘查许可证、采矿许可证，没收违法所得，处以罚款。

第四十四条　违反本法规定，采取破坏性的开采方法开采矿产资源的，处以罚款，可以吊销采矿许可证；造成矿产资源严重破坏的，依照刑法有关规定对直接责任人员追究刑事责任。

第四十五条 本法第三十九条、第四十条、第四十二条规定的行政处罚，由县级以上人民政府负责地质矿产管理工作的部门按照国务院地质矿产主管部门规定的权限决定。第四十三条规定的行政处罚，由县级以上人民政府工商行政管理部门决定。

第四十四条规定的行政处罚，由省、自治区、直辖市人民政府地质矿产主管部门决定。给予吊销勘查许可证或者采矿许可证处罚的，须由原发证机关决定。

依照第三十九条、第四十条、第四十二条、第四十四条规定应当给予行政处罚而不给予行政处罚的，上级人民政府地质矿产主管部门有权责令改正或者直接给予行政处罚。

3.《中华人民共和国矿产资源法实施细则》

第三十二条 采矿权人在采矿许可证有效期满或者在有效期内，停办矿山而矿产资源尚未采完的，必须采取措施将资源保持在能够继续开采的状态，并事先完成下列工作：

（一）编制矿山开采现状报告及实测图件；

（二）按照有关规定报销所消耗的储量；

（三）按照原设计实际完成相应的有关劳动安全、水土保持、土地复垦和环境保护工作，或者缴清土地复垦和环境保护的有关费用。

采矿权人停办矿山的申请，须经原批准开办矿山的主管部门批准、原颁发采矿许可证的机关验收合格后，方可办理有关证、照注销手续。

第三十三条 矿山企业关闭矿山，应当按照下列程序办理审批手续：

（一）开采活动结束的前一年，向原批准开办矿山的主管部门提出关闭矿山申请，并提交闭坑地质报告；

（二）闭坑地质报告经原批准开办矿山的主管部门审核同意后，报地质矿产主管部门会同矿产储量审批机构批准；

（三）闭坑地质报告批准后，采矿权人应当编写关闭矿山报告，报请原批准开办矿山的主管部门会同同级地质矿产主管部门和有关主管部门按照有关行业规定批准。

第三十四条 关闭矿山报告批准后，矿山企业应当完成下列工作：

（一）按照国家有关规定将地质、测量、采矿资料整理归档，并汇交闭坑地质报告、关闭矿山报告及其他有关资料；

（二）按照批准的关闭矿山报告，完成有关劳动安全、水土保持、土地复垦和环境保护工作，或者缴清土地复垦和环境保护的有关费用。

矿山企业凭关闭矿山报告批准文件和有关部门对完成上述工作提供的证明，报请原颁发采矿许可证的机关办理采矿许可证注销手续。

4.《矿产资源开采登记管理办法》

第五条 采矿权申请人申请办理采矿许可证时，应当向登记管理机关提交下列资料：

（一）申请登记书和矿区范围图；

（二）采矿权申请人资质条件的证明；

（三）矿产资源开发利用方案；

（四）依法设立矿山企业的批准文件；

（五）开采矿产资源的环境影响评价报告；

（六）国务院地质矿产主管部门规定提交的其他资料。

申请开采国家规划矿区或者对国民经济具有重要价值的矿区内的矿产资源和国家实行保护性开采的特定矿种的，还应当提交国务院有关主管部门的批准文件。

申请开采石油、天然气的，还应当提交国务院批准设立石油公司或者同意进行石油、天然气开采的批准文件以及采矿企业法人资格证明。

5.《占用征用林地审核审批管理办法》

第三条 用地单位需要占用、征收、征用林地或者需要临时占用林地的，应当向县级人民政府林业主管部门提出占用或者征收、征用林地申请；需要占用或者临时占用国务院确定的国家所有的重点林区（以下简称重点林区）的林地，应当向国务院林业主管部门或者其委托的单位提出占用林地申请。

6.《占用征用林地审核审批管理规范》

（三）其他证明材料

1.占用征收征用保护区范围内林地的，要提交有关保护区行政主管部门同意项目建设的证明材料。其中，占用征用国家级自然保护区、森林公园、风景名胜区林地的，要提交国务院有关行政主管部门同意的意见；占用征用省级自然保护区、森林公园、风景名胜区林地的，要提交省级有关行政主管部门同意的意见。

2.西部地区除关系国民经济全局和长远发展、对国家安全有重要影响的重大项目或有特殊规定的项目外，企业利用自有资金或国内银行贷款投资于国家非限制类产业的项目，需要政府平衡建设、经营条件的，要有项目建议书批复和符合本条对项目规定的证明材料。

7.《国家林业局关于依法加强征占用林地审核审批管理的通知》

二、坚决纠正对违法占用林地不依法处罚就补办手续的做法。对已经发生的违法占用林地建设项目，一经发现，应立即责令建设单位停工，依法追究有关责任者的责任，各级林业主管部门不能也无权做出“不做违规用地对待”的决定；确需征占用林地的，应当在依法进行行政处罚和追究相关责任人的责任后，依法补办占用林地审核审批手续；对因违法审批，越权审批等违法行政行为，造成森林资源严重破坏的，要依法追究审批机关和相关责任人的责任，对于违反党纪政纪的，要按照有关规定给予党纪政纪处分，构成犯罪的，要依法追究刑事责任。

注释

1.北大法宝.检例第32号：贵州省锦屏县人民检察院诉锦屏县环保局行政公益诉讼案[EB/OL].（2016-12-29）[2021-12--08].http://gfggi66f6a8ad06ba47d9sukou5vpxfw5q6no6.fbch.oca.swupl.edu.cn/gac/f4b18d978bc0d1c7650c90d708a57a1dff11722d67a529e4bdfb.html?keyword=%E9%94%A6%E5%B1%8F%E5%8E%BF%E7%8E%AF%E4%BF%9D%E5%B1%80%20.

2.最高人民检察院第八检察厅.行政公益诉讼典型案例实务指引——生态环境资源保护领域（上册）[M].北京：中国检察出版社，2019:407-408.

3.于鲁平.环境行政公益诉讼起诉主体研究[M].北京：法律出版社，2020:33-34.

4.曹和平，尚永昕.中国构建环境行政公益诉讼制度的障碍与对策[J].南京社会科学，2009.

5.贵州省遵义市中级人民法院行政判决书（〔2017〕黔03行终291号）。

第七章 消费领域行政公益诉讼

专题十五 食品安全类行政公益诉讼

知识要点（1）行政公益诉讼是公益诉讼的一种，同时也是行政诉讼的一种诉讼类型。行政公益诉讼具有与一般行政诉讼类型相区别的特征，两者主要在诉讼请求、第三人设置、举证责任分配、撤诉条件、法律效果等方面存在不同。（2）行政公益诉讼与民事公益诉讼在受案范围、管辖主体、监督对象、诉前程序、进入诉讼程序的条件、管辖法院、诉讼请求、诉讼权利义务、调解范围以及撤诉后果等方面有所区别。（3）《最高人民法院、最高人民检察院关于检察公益诉讼案件适用法律若干问题的解释》第6条规定了检察机关办理公益诉讼调查收集证据材料的权力，《人民检察院公益诉讼办案规则》第35条对检察机关行使调查权的方式予以了明确规定。（4）行政公益诉讼案件类型主要包括生态环境和资源保护、食品药品安全、国有财产保护、国有土地使用权出让等领域，不同领域涉及的违法情形各有不同。其中，食品药品常见安全问题主要有餐饮行业卫生不达标、无证经营；生产销售毒奶粉、死猪肉、僵尸肉、地沟油等；危害居民饮用水安全；生产销售不合格药品、过期药品等情形。（5）检察机关提起行政公益诉讼的前提条件是必须以检察建议的方式督促负有监督职责的行政机关履职。

典型案例十六
北京市海淀区人民检察院督促海淀区食品药品监督管理局依法履职案[1]

一、案例材料

（一）基本案情

北京市海淀区人民检察院在开展食品安全专项监督工作中发现，住所地位于海淀区的“百度外卖”“美团”“百度糯米”三家网络餐饮服务第三方平台提供者（网络订餐平台）和经营地位于海淀区的部分入网餐饮服务提供者（线上商户）违反食品安全和网络餐饮相关法律规定，存在食品安全违法行为。主要表现为：上述三家平台上的部分入网餐饮服务提供者存在无食品经营许可、无实体经营门店、超范围经营、违反公示规定等违法情形。“美团”“百度外卖”“百度糯米”作为网络餐饮服务第三方平台提供者，存在未尽到对入网餐饮服务提供者信息予以审查、公示、更新以及对入网餐饮服务提供者经营行为进行检查、监测等义务，致使多家入网餐饮服务提供者违反规定从事餐饮外卖活动。北京市海淀区食品药品监督管理局未依法履行监管职责，致使社会公共利益存在被侵害的危险。

（二）检察建议

2018年3月16日，北京市海淀区人民检察院针对海淀区食品药品监督管理局未依法履行对网络餐饮服务第三方平台提供者及入网餐饮服务提供者的违法行为进行监管的职责，依法向海淀区食品药品监督管理局提出检察建议书（京海检行建〔2018〕1号、京海检行建〔2018〕2号）。要求该局依法履行法定职责，及时对相关网络餐饮服务第三方平台提供者未尽法定义务的违法行为、相关入网餐饮服务提供者的违法行为进行查处；加大执法力度，对辖区内入网餐饮服务提供者进行排查，及时发现，及时查处，规范网络餐饮服务经营行为；加强网络餐饮服务食品安全监督管理，督促网络餐饮服务第三方平台提供者履行法定义务，发现问题及时查处，保障辖区内网络餐饮食品安全。

（三）行政机关履职情况

2018年5月14日，北京市海淀区人民检察院受到海淀区食品药品监督管理局落实该院公益诉讼案件检察建议的回函“京海食药监〔2018〕28号”和“京海食药监〔2018〕29号”。回函中指出，该局收到检察建议书后，迅速组织核查处置工作，并组织开展了为期两个月的网络餐饮食品安全专项整治工作。共发放整改意见书67份，查处各种违法行为67件，进一步强化了对网络餐饮的监管，网络餐饮食品安全状况得到了较大提升。主要整改情况：一是召开专题部署会，对检察建议书涉及的问题进行逐条梳理和研究，要求各食药所在一周内完成检察建议书涉及的18家次线上商户的违法行为的处置工作和三家网络订餐平台的违法行为的处置工作。二是约谈网络订餐平台，加强整改。3月19日，北京市海淀区食品药品监督管理局约谈“美团”“百度外卖”和“百度糯米”三家网络订餐平台的负责人，要求三家网络订餐平台切实履行食品安全主体责任，在一周内对检察建议书涉及的18家次线上商户存在的问题进行核实、整改；并要求三家网络订餐平台开展全面自查自纠，对线上商户涉嫌存在的无实体经营门店、超范围经营等违法行为进行全面排查、整改，切实履行好主体责任。截至5月11日，三家网络订餐平台完成对检察建议书涉及的18家次线上商户的核实，采取了更新食品经营许可证信息、下线等整改措施。共下线问题商户3218家，规范各种信息公示问题5203家。并提交各自网络订餐平台的整改报告。三是集中开展线上线下核查处置工作。针对检察建议书提出的问题，实际立案14件，其中网络订餐平台未落实主体责任的违法行为5件，未按规定公示食品经营许可证7件，无证经营1件，网络超范围经营1件。同时，完成全部上线总商户16 256家的初查工作，线下核查企业2865户次，移交平台下线383家次，整改115家次。

二、教学手册

（一）教学目标

本案例着重要求学生掌握以下四个方面的知识：（1）行政公益诉讼的特征及其与一般行政诉讼的区别；（2）行政公益诉讼与民事公益诉讼的区别；（3）检察机关办理公益诉讼案件的调查方式；（4）本案的调查重点及开展调查核实工作的方式。

（二）教学内容

1.行政公益诉讼的特征及其与一般行政诉讼的区别

（1）行政公益诉讼的特征。

行政公益诉讼是公益诉讼的一种，同时也是行政诉讼的一种诉讼类型。同其他行政诉讼类型相比，行政公益诉讼具有以下几方面的特征：①起诉人往往是与被诉行政行为无直接利害关系的人。②诉讼的对象是公共权力部门即行政机关或其他公共性机构实际侵害公共利益或公共秩序或有侵害之可能的公权力行为，包括作为和不作为、具体行政行为和抽象行政行为。③诉讼的目的是维护公共利益和对受损害公共利益、公共秩序的补救和修复，而不是出于对主体的惩罚。④诉讼的功能具有明显的预防性质。⑤判决的效力未必仅限于诉讼当事人。[2]

（2）行政公益诉讼与一般行政诉讼的区别。

行政公益诉讼与一般行政诉讼存在诉讼请求、第三人设置、举证责任分配、撤诉条件、法律效果等方面的不同。①诉讼请求不同。行政公益诉讼主要有确认违法和判令依法履行公益监管职责两类诉讼请求，一般行政诉讼则有撤销之诉、确认之诉、变更之诉、赔偿之诉、履行之诉等。两者相比较而言，行政公益诉讼既是督促之诉，也是协同之诉，但不是追责之诉。检察机关发现行政机关有不履行监管职责的违法行为，可以进行监督，但是不能干涉行政机关行政权的具体履行。②第三人设置不同。一般行政诉讼和民事诉讼中都可以有第三人，但行政公益诉讼中不能有第三人。首先，就诉讼性质而言，行政公益诉讼是“官告官”，并非针对第三人的私权。其次，第三人作为行政相对人，一般有自己的法益请求，法院如果直接判决支持，行政机关就无法作出行政处罚，会导致司法权直接取代了行政机关的首次处理权，违背法理。再者，从程序角度出发，双方当事人均无争议的情况下，陪同第三人参加二审的行为非常不具有经济性。③举证责任分配不同。一般行政诉讼实行举证责任倒置，行政公益诉讼中，检察机关应当先举证，初步证明被告行政机关行为的违法性，被告行政机关也要举证证明行政行为的合法性，双方均负有举证责任。④撤诉条件不同。一般行政诉讼中，原告撤诉是诉权的处分。在行政公益诉讼中，检察机关不能随便撤诉，如果被告已经纠正了违法行为或者依法全面履行了职责，或者人民检察院的诉讼请求全部得到实现，则可以撤诉。具体从以下三个方面进行把握：一是从行为要件上看，违法行为是否得到有效制止，违法行为是否仍在持续；二是从结果要件上看，受损公益是否得到有效恢复；三是从职权要件上看，在前面两者均未达到的情况下，行政机关是否穷尽了行政手段。⑤法律效果不同。一般行政诉讼是“一事一诉”，行政公益诉讼则是针对某一类问题，容易形成类案效应。[3]

2.行政公益诉讼与民事公益诉讼的区别

行政公益诉讼与民事公益诉讼主要存在的区别如表1所示。

表1 行政公益诉讼与民事公益诉讼的区别

类别	行政公益诉讼	民事公益诉讼
受案范围	生态环境和资源保护、食品药品安全、国有财产保护、国有土地使用权出让等领域负有监督管理职责的行政机关违法行使职权或者不作为致使国家利益或者社会公共利益受到侵害的	破坏生态环境和资源保护、食品药品安全领域、侵害众多消费者合法权益等损害社会公共利益的行为
管辖主体	一般由违法行使职权或者不作为的行政机关所在地的基层人民检察院管辖	一般由侵权行为地或者被告住所地（分、州）人民检察院管辖
监督对象	生态环境和资源保护、食品药品安全、国有财产保护、国有土地使用权出让等领域负有监督管理职责的行政机关和法律、法规、规章授权的组织	在生态环境和资源保护、食品药品安全领域等实施损害社会公共利益行为的公民、法人或者其他组织
诉前程序	应当先向相关行政机关提出检察建议，督促其依法履行职责	应当依法公告，告知法律规定的机关和有关组织提起民事公益诉讼
进入诉讼程序的条件	经过诉前程序，行政机关没有纠正违法行为或者没有依法全面履职、国家利益或者社会公共利益持续处于受侵害的，检察机关依法提起行政公益诉讼	经过诉前程序，法律规定的机关和有关组织没有提起民事公益诉讼，社会公共利益仍持续处于受侵害状态的，检察机关可以提起民事公益诉讼
管辖法院	第一审案件一般由被诉行政机关所在地基层人民法院管辖	第一审案件一般由侵权行为地或者被告住所地的中级人民法院管辖
诉讼请求	撤销或者部分撤销违法行政行为，在一定期限内履行法定职责，确认行政行为违法或者无效等	停止侵害、排除妨碍、消除危险、恢复原状、赔偿损失、赔礼道歉等
诉讼权利义务	检察机关依照行政诉讼法享有相应的诉讼权利，履行相应的诉讼义务	检察机关依照民事诉讼法享有相应的诉讼权利，履行相应的诉讼义务
调解范围	行政公益诉讼案件不适用调解	适用民事诉讼法中关于调解的规定
撤诉后果	在行政公益诉讼案件审理过程中，被告纠正违法行为或者依法履行职责而使人民检察院的诉讼请求全部实现，人民检察院撤回起诉的，人民法院应当裁定准许	在民事公益诉讼案件审理过程中，检察机关诉讼请求全部实现而撤回起诉的，人民法院应予准许

3.检察机关办理公益诉讼案件的调查方式

根据《人民检察院公益诉讼办案规则》第35条的规定，人民检察院办理公益诉讼案件，可以采取以下方式开展调查和收集证据：（1）查阅、调取、复制有关执法、诉讼卷宗材料等；（2）讯问行政机关工作人员、违法行为人以及行政相对人、利害关系人、证人等；（3）向有关单位和个人收集书证、无证、视听资料、电子数据等证据；（4）咨询专业人员、相关部门或者行业协会等对专门问题的意见；（5）委托鉴定、评估、审计、检验、检测、翻译；（6）勘验物证、现场；（7）其他必要的调查方式。人民检察院开展调查和收集证据不得采取限制人身自由或者查封、扣押、冻结财产等强制性措施。

4.本案的调查重点及开展调查核实工作的方式

以下将以本案为例说明类似的行政公益诉讼案件应如何确定调查重点，及开展调查核实工作。

（1）本案的调查重点可以确定为如下三个方面：一是入网餐饮服务提供者是否存在违法行为；二是网络餐饮服务第三方平台提供者“美团”“百度糯米”“百度外卖”是否存在违法行为；三是北京市海淀区食品药品监督管理局是否存在未依法正确履行监管职责的事实。

（2）开展本案调查核实工作的步骤可分为如下三个阶段：一是通过网络进行大范围搜索，确定所在地在海淀区的网络餐饮服务第三方平台提供者，同时全面搜集涉及网络食品安全的相关法律法规，对照相关法律法规全面梳理可能存在的违法情形，确定有监督管理职责的行政机关；二是重点对住所地在海淀区的“美团”“百度外卖”“百度糯米”三家网络餐饮服务第三方平台提供者的违法行为搜索、筛查，并通过在手机客户端定位海淀重点区域，对网上公示的入网餐饮服务提供者的食品经营许可证进行筛查，确定涉嫌违法的商家；三是对存在食品安全违法行为的可疑商家进行现场调查取证，同时做好证据固定工作。[4]

（三）问题与思考

（1）检察建议的功能是什么？

（2）如果你是本案的承办检察官，将如何开展法律检索？

（3）本案中网络餐饮服务第三方平台提供者和入网餐饮服务提供者可能涉及哪些违法行为？

（四）法条链接

1.《中华人民共和国食品安全法》

第一百二十二条　违反本法规定，未取得食品生产经营许可从事食品生产经营活动，或者未取得食品添加剂生产许可从事食品添加剂生产活动的，由县级以上人民政府食品药品监督管理部门没收违法所得和违法生产经营的食品、食品添加剂以及用于违法生产经营的工具、设备、原料等物品；违法生产经营的食品、食品添加剂货值金额不足一万元的，并处五万元以上十万元以下罚款；货值金额一万元以上的，并处货值金额十倍以上二十倍以下罚款。

第一百三十一条　违反本法规定，网络食品交易第三方平台提供者未对入网食品经营者进行实名登记、审查许可证，或者未履行报告、停止网络交易平台服务等义务的，由县级以上人民政府食品药品监督管理部门责令改正，没收违法所得，并处五万元以上二十万元以下罚款；造成严重后果的，责令停业，直至由原发证部门吊销许可证；使消费者的合法权益受到损害的，应当与食品经营者承担连带责任。

2.《网络食品安全违法行为查处办法》

第十六条　入网食品生产经营者应当依法取得许可，入网食品生产者应当按照许可的类别范围销售食品，入网食品经营者应当按照许可的经营项目范围从事食品经营。法律、法规规定不需要取得食品生产经营许可的除外。

第二十一条　对网络食品交易第三方平台提供者食品安全违法行为的查处，由网络食品交易第三方平台提供者所在地县级以上地方市场监督管理部门管辖。

第二十一条　对入网食品生产经营者食品安全违法行为的查处，由入网食品生产经营者所在地或者生产经营场所所在地县级以上地方市场监督管理部门管辖；对应当取得食品生产经营许可而没有取得许可的违法行为的查处，由入网食品生产经营者所在地、实际生产经营地县级以上地方市场监督管理部门管辖。

第三十八条　违反本办法第十六条规定，入网食品生产经营者未依法取得食品生产经营许可的，或者入网食品生产者超过许可的类别范围销售食品、入网食品经营者超过许可的经营项目范围从事食品经营的，依照食品安全法第一百二十二条的规定处罚。

3.《网络餐饮服务食品安全监督管理办法》

第三条 县级以上地方市场监督管理部门负责本行政区域内网络餐饮服务食品安全监督管理工作。

第四条 入网餐饮服务提供者应当具有实体经营门店并依法取得食品经营许可证，并按照食品经营许可证载明的主体业态、经营项目从事经营活动，不得超范围经营。

第八条 网络餐饮服务第三方平台提供者应当对入网餐饮服务提供者的食品经营许可证进行审查，登记入网餐饮服务提供者的名称、地址、法定代表人或者负责人及联系方式等信息，保证入网餐饮服务提供者食品经营许可证载明的经营场所等许可信息真实。

第九条 网络餐饮服务第三方平台提供者和入网餐饮服务提供者应当在餐饮服务经营活动主页面公示餐饮服务提供者的食品经营许可证。食品经营许可等信息发生变更的，应当及时更新。

第十条 网络餐饮服务第三方平台提供者和入网餐饮服务提供者应当在网上公示餐饮服务提供者的名称、地质、量化分级信息，公示的信息应当真实。

第十六条 网络餐饮服务第三方平台提供者应当对入网餐饮服务提供者的经营行为进行抽查和监测。

网络餐饮服务第三方平台提供者发现入网餐饮服务提供者存在违法行为的，应当及时制止并立即报告入网餐饮服务提供者所在地县级市场监督管理部门；发现严重违法行为的，应当立即停止提供网络交易平台服务。

第二十三条 县级以上地方市场监督管理部门应当加强对网络餐饮服务食品安全的监督检查，发现网络餐饮服务第三方平台提供者和入网餐饮服务提供者存在违法行为的，依法进行查处。

第二十七条 违反本办法第四条规定，入网餐饮服务提供者不具备实体经营门店，未依法取得食品经营许可证的，由县级以上地方市场监督管理部门依照食品安全法第一百二十二条的规定处罚。

第三十一条 违反本办法第八条第一款规定，网络餐饮服务第三方平台提供者未对入网餐饮服务提供者的食品经营许可证进行审查，未登记入网餐饮服务提供者的名称、地址、法定代表人或者负责人及联系方式等信息，或者入网餐饮服务提供者食品经营许可证载明的经营场所等许可信息不真实的，由县级以上地方市场监督管理部门依照食品安全法第一百三十一条的规定处罚。

第三十二条 违反本办法第九条、第十条、第十一条规定，网络餐饮服务第三方平台提供者和入网餐饮服务提供者未按要求进行信息公示和更新的，由县级以上地方市场监督管理部门责令改正，给予警告；拒不改正的，处5000元以上3万元以下罚款。

第三十七条 违反本办法第十六条第一款规定，网络餐饮服务第三方平台提供者未对入网餐饮服务提供者的经营行为进行抽查和监测的，由县级以上地方市场监督管理部门责令改正，给予警告；拒不改正的，处5000元以上3万元以下罚款。

违反本办法第十六条第二款规定，网络餐饮服务第三方平台提供者发现入网餐饮服务提供者存在违法行为，未及时制止并立即报告入网餐饮服务提供者所在地县级市场监督管理部门的，或者发现入网餐饮服务提供者存在严重违法行为，未立即停止提供网络交易平台服务的，由县级以上地方市场监督管理部门依照食品安全法第一百三十一条的规定处罚。

4.《食品经营许可管理办法》

第四条 食品经营许可实行一地一证原则，即食品经营者在一个经营场所从事食品经营活动，应当取得一个食品经营许可证。

专题十六 药品安全类行政公益诉讼

知识要点（1）目前，我国行政公益诉讼案件类型主要包括生态环境和资源保护、食品药品安全、国有财产保护、国有土地使用权出让等领域。（2）诉前程序是检察公益诉讼最具个性化的程序性规定。（3）人民检察院在履行职责中发现生态环境和资源保护、食品药品安全、国有财产保护、国有土地使用权出让等领域负有监督管理职责的行政机关违法行使职权或者不作为，致使国家利益或者社会公共利益受到损害的，应当向行政机关提出检察建议，督促其履行职责。

典型案例十七

湖北省松滋市人民检察院督促保护零售药品安全行政公益诉讼案[5]

在食品药品安全领域诉前程序案件中，行政公益诉讼诉前程序案件的数量远高于民事公益诉讼案件量；而在诉讼程序案件中，刑事附带民事公益诉讼的案件量占比最高，民事公益诉讼案件量次之，行政公益诉讼案件量最少。检察机关认为造成上述情形的原因在于大部分行政争议案件都能在行政公益诉讼诉前程序中得到解决，但将近几年的数据进行比较后可知，食品药品安全领域行政公益诉讼案件数量与行政公益诉讼诉前程序案件数量不成比例（详见表2），有必要选取典型的食品药品行政公益诉讼起诉案件予以进一步分析。[6]

表2 2017—2019年食品药品安全领域诉前案件量与起诉案件量

年份	案件类型				
	诉前案件		起诉案件		
	民事	行政	民事	行政	刑附民
2017	32	419	8	0	7
2018	555	37 371	46	9	790
2019	953	23 364	87	16	735

一、案例材料

（一）案件背景

湖北省松滋市某药店经营者黄某于2017年通过微信向他人购买无随货同行单的“波立维”“可定”“拜新同”“阿司匹林”等药品，金额4万余元。上述药品除已被公安机关扣押的130盒拜阿司匹灵（阿司匹林肠溶片）外，其他药品均无存货，且无购销记录。2018年7月23日，松滋市公安局对黄某销售假药案立案侦查。同月27日，松滋市食品药品监督管理局对该药店涉嫌销售假药立案调查。经鉴定，涉案“阿司匹林肠溶片”为假药。

（二）调查和督促履职

2019年1月28日，松滋市人民检察院收到举报线索后对本案立案调查。经查，松滋市市场监督管理局立案后一直未对该药店作出行政处理决定，该药店一直正常营业。2019年4月4日，该检察院向松滋市市场监督管理局发出检察建议，督促该局对药店的药品违法行为依法履行管理和监督职责。

2019年5月5日，松滋市市场监督管理局向该药店下达行政处罚决定书，认定其从不具有药品经营资格的企业购进药品并销售假药，违反了《中华人民共和国药品管理法》（2015）（以下简称《药品管理法》）第34条和第48条，责令其改正违法行为，并作出停业整顿六个月的行政处罚。同年5月6日，该药店向松滋市市场监督管理局申请注销注册登记。5月7日，黄某将药店转让给他人，由他人在该门店另行办理手续成立新的药店。5月9日，松滋市市场监督管理局准予原药店注销注册登记。

（三）诉讼过程

在对检察建议的跟进监督过程中，松滋市人民检察院认为松滋市市场监督管理局作出的行政处罚存在错误。（1）对违法事实认定不全面。该药店除了违反《药品管理法》（2015）第34条和第48条外，还违反了《药品管理法》（2015）第17条、第18条，即未建立并执行进货检查验收制度，验明药品合格证明和其他标识，也没有真实完整的购销记录；（2）行政处罚适用法律不全面，行政机关并未对违法行为人予以警告、没收违法所得和并处罚款。对于情节严重的，还应考虑吊销药品经营许可证，并对责任人员实施禁业限制。松滋市人民检察院于2019年10月30日向松滋市人民法院提起行政公益诉讼，请求判令松滋市市场监督管理局依照药品管理法等法律规定履行监督管理职责。

2019年12月6日，松滋市人民法院公开开庭审理，双方就行政相对人被刑事立案后行政机关是否应继续履行监管职责、行政相对人的行为是否因存在牵连和法条竞合而适用“从一重处罚”、行政相对人注销登记后行政机关能否继续履行监管职责等展开质证和论辩。法院审理后作出一审判决支持检察机关的全部诉讼请求，认为行政相对人被刑事立案后，行政机关仍应当履行行政监管职责；行政机关在检察建议督促后，仍未对药品违法行为全面履行监管职责，且作出的行政处罚适用法律错误；原药店注销后，行政机关还应当追究危害药品安全个人的行政法律责任。一审判决生效后，行政机关撤销了之前作出的行政处罚决定，重新作出了行政处罚，并吊销了原药店的药品经营许可证。

（四）典型意义

推动药品安全“最严谨的标准、最严格的监管、最严厉的处罚、最严肃的问责”要求的落实落地，是检察机关重要的职责使命。本案中，检察机关通过检察建议及提起行政公益诉讼的方式，督促行政机关依法全面适用《药品管理法》，加大对药品违法行为的处罚力度，确保药品安全领域“处罚到人”制度的落实，防止违法行为人通过注销工商登记等方式逃避责任追究。本案明确行政相对人被刑事立案后，行政机关仍然应该继续履行监管职责，作出责令停产停业、暂扣或者吊销许可证等与刑罚措施不同种类、性质的行政处罚或命令，有效制止实施药品违法行为的药店继续经营等违法行为。

二、教学手册

（一）教学目标

本案例着重要求学生掌握以下两个方面的知识：（1）行政公益诉讼案件类型及其具体内容；（2）行政公益诉讼诉前程序的特征及其与诉讼程序的关系。

（二）教学内容

1.行政公益诉讼案件类型及其具体内容

《中华人民共和国行政诉讼法》第25条第4款规定，人民检察院在履行职责中发现生态环境和资源保护、食品药品安全、国有财产保护、国有土地使用权出让等领域负有监督管理职责的行政机关违法行使职权或者不作为，致使国家利益或者社会公共利益受到侵害的，应当向行政机关提出检察建议，督促其依法履行职责。行政机关不依法履行职责的，人民检察院依法向人民法院提起诉讼。因此，行政公益诉讼案件类型主要包括生态环境和资源保护、食品药品安全、国有财产保护、国有土地使用权出让等领域。具体而言，又可细分为以下内容。

（1）破坏生态环境的情形。破坏生态环境包括污染环境和破坏生态两类，前者指大气、水、土壤、固体废物污染等；后者指水土流失、土地沙漠化、土地盐碱化、生物多样性减少等。如违规排放生活污水、工业废水；违规处理生活、生产垃圾；违规排放废气、废渣等。

（2）破坏生态资源的情形。生态资源具体包括土地资源、矿产资源、林业资源、草原资源。破坏生态资源主要指的是擅自将农用地改变为建设用地；擅自挖砂、采石、采矿、取土；超越矿区范围采矿；盗伐林木；非法开垦、采石、采土造成林木受到损害；非法使用、开垦草原等。

（3）危害食品药品安全的情形。如餐饮行业卫生不达标、无证经营；生产销售毒奶粉、死猪肉、僵尸肉、地沟油等；危害居民饮用水安全；生产销售不合格药品、过期药品等。

（4）国有财产流失的情形。国有财产包含国家出资的企业所支配的国有财产和行政事业单位占有、使用的各种国有经济资源；税收、行政收费、罚没收入；财政补贴、社会保障类财产；国有房屋租赁费用、国有股份的分红等。国有财产流失的主要情形有违反相关规定和公平交易原则，低价转让企业产权、上市公司股权和资产；未按规定收取国有资产转让价款；虚报冒领或骗取国家专项补贴等。

（5）国有土地使用权出让违法情形。国有土地使用权出让领域的公益诉讼案件常见类型包括国有土地使用权出让收入流失、土地闲置、违法使用土地、违法审批许可等。具体包括行政机关违法低价出让土地使用权；土地使用者未按照出让合同约定足额支付土地使用权出让金，行政机关未依法处理；土地使用者以出让方式取得土地使用权后，超过出让合同约定的动工开发日期满一年未动工开发；土地使用者未经批准擅自改变合同约定的土地用途、容积率等土地使用条件，行政机关未依法处理；土地使用者在未缴清土地使用权出让金情况下，行政机关违法办理国有建设用地使用权登记等。

（6）其他情形。《中华人民共和国英雄烈士保护法》第25条规定："对侵害英雄烈士的姓名、肖像、名誉、荣誉的行为，英雄烈士的近亲属可以依法向人民法院提起诉讼。英雄烈士没有近亲属或者近亲属不提起诉讼的，检察机关依法对侵害英雄烈士的姓名、肖像、名誉、荣誉，损害社会公共利益的行为向人民法院提起诉讼。负责英雄烈士保护工作的部门和其他有关部门在履行职责过程中发现第一款规定的行为，需要检察机关提起诉讼的，应当向检察机关报告。"由此可知，如果负责英雄烈士保护工作的部门和其他有关部门未履行职责的，检察机关可以提起行政公益诉讼。

2.行政公益诉讼诉前程序的特征及其与诉讼程序的关系

诉前程序是检察公益诉讼最具个性化的程序性规定，其具有如下特征：（1）从适用范围看，适用诉前程序的行政公益诉讼案件是特定的；（2）从案件来源看，适用诉前程序的行政公益诉讼案件来源于检察机关履行职责中的发现；（3）从约束力看，诉前程序是检察机关提起公益诉讼必经的前置程序；（4）从内容看，诉前程序主要是督促行政机关履行职责；（5）从形式看，诉前程序的主要形式是提出检察建议；（6）从功能看，诉前程序是检察机关解决公益受损问题的重要方式。[7]

《最高人民法院、最高人民检察院关于检察公益诉讼案件适用法律若干问题的解释》（以下简称《检察公益诉讼解释》）第21条规定："人民检察院在履行职责中发现生态环境和资源保护、食品药品安全、国有财产保护、国有土地使用权出让等领域负有监督管理职责的行政机关违法行使职权或者不作为，致使国家利益或者社会公共利益受到损害的，应当向行政机关提出检察建议，督促其履行职责。行政机关应当在收到检察建议书之日起两个月内依法履行职责，并书面回复人民检察院。出现国家利益或者社会公共利益损害继续扩大等紧急情形的，行政机关应当在十五日内书面恢复。行政机关不依法履行职责的，人民检察院依法向人民法院提起诉讼。”根据上述规定，可以认为检察机关通过履行公益诉讼职能对行政机关开展监督分为两个阶段。第一个阶段是履行诉前程序，对发现行政机关存在违法行为或没有依法履行职责的，检察机关应当先向行政机关发出诉前检察建议，督促其依法履行职责。诉前程序是检察机关提起公益诉讼的必经环节，体现了诉讼谦抑性的价值取向，目的在于节约司法资源成本、提高行政执法效率。第二个阶段是提起诉讼程序，对于检察建议回复期满后，行政机关未纠正违法行为或未依法全面履行职责，国家利益或社会公共利益仍处于受侵害状态的，检察机关将依法提起行政公益诉讼。

《检察公益诉讼解释》第5条第2款规定：“基层人民检察院提起的第一审行政公益诉讼案件，由被诉行政机关所在地基层人民法院管辖。”根据该规定，实务中认为诉前程序与提起诉讼均应由同一检察机关负责，而不应由不同检察机关分别进行。但也有观点认为行政公益诉讼的诉前程序具有相对独立性，与行政公益诉讼程序可以相对分离，主要有以下三点理由：一是诉前程序是检察机关自主决定的程序，本身并不受制于诉讼级别管辖的规定。二是诉前程序由上级检察机关提出，有利于排除干扰，强化监督效果。三是诉前程序与诉讼程序分别由不同级别的检察机关提出，也是检察一体化原则的体现。

三、问题与思考

1.试论述食品药品安全监管行为与食品药品市场监管行为的区别。[8]

2.本案中行政机关“未能完全履责”的标准应当如何把握，试从形式和实质合法性的角度展开分析。

3.检察机关在办理食品药品行政公益诉讼案件时，应当如何处理与刑事司法程序的关系？

4.人民法院审理行政公益诉讼和民事公益诉讼案件时，审判合议庭的组成应当符合什么条件？法律依据是什么？

四、法条链接

1.《中华人民共和国药品管理法》（2015）

第十七条　药品经营企业购进药品，必须建立并执行进货检查验收制度，验明药品合格证明和其他标识；不符合规定要求的，不得购进。

第十八条　药品经营企业购销药品，必须有真实完整的购销记录。购销记录必须注明药品的通用名称、剂型、规格、批号、有效期、生产厂商、购（销）货单位、购（销）货数量、购销价格、购（销）货日期及国务院药品监督管理部门规定的其他内容。

第三十四条　药品生产企业、药品经营企业、医疗机构必须从具有药品生产、经营资格的企业购进药品；但是，购进没有实施批准文号管理的中药材除外。

第四十八条　禁止生产（包括配制，下同）、销售假药。

有下列情形之一的，为假药：

（一）药品所含成份与国家药品标准规定的成份不符的；

（二）以非药品冒充药品或者以他种药品冒充此种药品的。

有下列情形之一的药品，按假药论处：

（一）国务院药品监督管理部门规定禁止使用的；

（二）依照本法必须批准而未经批准生产、进口，或者依照本法必须检验而未经检验即销售的；

（三）变质的；

（四）被污染的；

（五）使用依照本法必须取得批准文号而未取得批准文号的原料药生产的；

（六）所标明的适应症或者功能主治超出规定范围的。

2.《人民检察院公益诉讼办案规则》

第六十七条　人民检察院经过对行政公益诉讼案件线索进行评估，认为同时存在以下情形的，应当立案：

（一）国家利益或者社会公共利益受到侵害；

（二）生态环境和资源保护、食品药品安全、国有财产保护、国有土地使用权出让、未成年人保护等领域对保护国家利益或者社会公共利益负有监督管理职责的行政机关可能违法行使职权或者不作为。

第七十五条　经调查，人民检察院认为行政机关不依法履行职责，致使国家利益或者社会公共利益受到侵害的，应当报检察长决定向行政机关提出检察建议，并于《检察建议书》送达之日起五日内向上一级人民检察院备案。

《检察建议书》应当包括以下内容：

（一）行政机关的名称；

（二）案件来源；

（三）国家利益或者社会公共利益受到侵害的事实；

（四）认定行政机关不依法履行职责的事实和理由；

（五）提出检察建议的法律依据；

（六）建议的具体内容；

（七）行政机关整改期限；

（八）其他需要说明的事项。

《检察建议书》的建议内容应当与可能提起的行政公益诉讼请求相衔接。

第七十六条　人民检察院决定提出检察建议的，应当在三日内将《检察建议书》送达行政机关。

行政机关拒绝签收的，应当在送达回证上记录，把《检察建议书》留在其住所地，并可以采用拍照、录像等方式记录送达过程。

人民检察院可以采取宣告方式向行政机关送达《检察建议书》，必要时，可以邀请人大代表、政协委员、人民监督员等参加。

第七十七条　提出检察建议后，人民检察院应当对行政机关履行职责的情况和国家利益或者社会公共利益受到侵害的情况跟进调查，收集相关证据材料。

第七十八条　行政机关在法律、司法解释规定的整改期限内已依法作出行政决定或者制定整改方案，但因突发事件等客观原因不能全部整改到位，且没有怠于履行监督管理职责情形的，人民检察院可以中止审查。

中止审查的，应当经检察长批准，制作《中止审查决定书》，并报送上一级人民检察院备案。中止审查的原因消除后，应当恢复审查并制作《恢复审查决定书》。

第七十九条　经过跟进调查，检察官应当制作《审查终结报告》，区分情况提出以下处理意见：

（一）终结案件；

（二）提起行政公益诉讼；

（三）移送其他人民检察院处理。

注释

1.最高人民检察院第八检察厅.行政公益诉讼典型案例实务指引（食品药品安全·国有财产保护·国有土地使用权出让等领域）[M].北京：中国检察出版社，2019:3-4.

2.黄学贤，王太高.行政公益诉讼研究[M].北京：中国政法大学出版社，2008：42-47.

3.张雪樵.检察公益诉讼比较研究[M]//周洪波，刘辉等.公益诉讼检察实务培训讲义.北京：法律出版社，2020：7-10.

4.最高人民检察院第八检察厅.行政公益诉讼典型案例实务指引（食品药品安全·国有财产保护·国有土地使用权出让等领域）[M].北京：中国检察出版社，2019：5.

5.中华人民共和国最高人民检察院.最高检发布“3·15”食品药品安全消费者权益保护检察公益诉讼典型案例督促整治直播食品交易违法违规行为半年办理网络食品违法类公益诉讼1887件[EB/OL].（2011-03-15）[2021-07-29].https：//www.spp.gov.cn/xwfbh/wsfbt/202103/t20210315_512526.shtml#1.

6.刘艺.我国食药安全类行政公益诉讼制度实践与理论反思[J].南京工业大学学报，2021（3）：1-15.

7.最高人民检察院民事行政检察厅.检察机关提起公益诉讼实践与探索[M].北京：中国检察出版社，2017：109-110.

8.推荐阅读：杨建顺.拓展检察行政公益诉讼范围和路径的积极探索——赤壁市人民检察院诉赤壁市水利局怠于履行饮用水安全监管职责案评析[J].中国法律评论，2020（5）：140-147；冀玮.市场监管中的“安全”监管与“秩序”监管——以食品安全为例[J].中国行政管理，2020（10）：14-20.

第八章

其他领域行政公益诉讼

专题十七 国有财产类行政公益诉讼

知识要点（1）行政公益诉讼是一种客观诉讼，是“为了维持客观的法秩序或者保护公共的利益”的诉讼。（2）检察机关基于法定诉讼担当获得了行政公益诉讼诉权，也确定了其在行政公益诉讼领域作为唯一起诉主体的法律地位。（3）我国行使行政职能的机构和组织较为复杂。《中华人民共和国地方各级人民代表大会和地方各级人民政府组织法》、国务院和地方政府的机构设置和编制管理条例等规定了我国的行政机关有政府职能部门、派出机关、派出机构、内设机构、直属机构、分支机构等。另外，行使行政职能的还有法律法规规章授权或行政机关委托的其他机构、组织。掌握对行政机关行政职能的梳理步骤和方法是提起行政公益诉讼案件的关键。（4）国有财产指的是法律规定的国家所有的财产。国有财产保护领域的行政公益诉讼案件，主要指对国有财产负有监督管理职责的行政机关违法行使职权或者不作为，致使国家利益受到侵害的案件。掌握不同类型的国有财产，有助于发现该类型行政公益诉讼线索。

典型案例十八
福建省南平市光泽县人民检察院诉光泽县农业机械管理总站不依法履职公益诉讼案[1]

一、案例材料

（一）案件背景[2]

福建省南平市光泽县人民检察院（以下简称光泽县检察院）在办理光泽县农业机械管理总站（以下简称光泽县农机站）工作人员章某梅、李某秀玩忽职守罪一案的过程中，发现光泽县农机站在2012年审核光泽县兴农菇业专业合作社（以下简称兴农合作社）申请的国家农机补贴过程中，严重不负责任，未认真履行职责，对不符合补贴条件的兴农合作社和福州绿欣农林机械有限公司（以下简称绿欣公司）套取国家补贴资金的行为予以认可，造成国家经济损失105.668万元。2015年9月30日，光泽县人民法院〔2015〕光刑初字第38号刑事判决书对上述事实予以认定。

2015年10月10日，光泽县检察院向光泽县农机站发出检察建议书，要求光泽县农机站采取措施，会同光泽县财政局收回兴农合作社套取的补贴资金，并取消其今后享受补贴资金的资格，挽回国家损失。2015年11月18日，光泽县农机站回函称："无法对申报者提出违法方面的司法起诉和追缴程序。如果认定套取资金等违法行为属实，也只能通过司法程序予以追缴，光泽县农机站无资格和权力收回已发放的补贴资金。"光泽县农机站虽有回函，但仍不履行依法撤销已发放给兴农合作社的农机购置补贴指标确认通知书并收回被套取补贴资金，取消兴农合作社今后享受补贴资金的资格等职责，致使国家和社会公共利益仍处于受侵害的状态。

（二）诉讼过程

2016年6月24日，光泽县检察院以光泽县农机站为被告向南平市建阳区人民法院提起行政公益诉讼，南平市建阳区人民法院于10月10日开庭并当庭宣判。

1.诉讼请求

公益诉讼人请求法院判令：（1）被告光泽县农机站依法履行撤销其作出的农机购置补贴指标确认通知书（编号分别为35072312001573、35072312001574、35072312001624）的法定职责；（2）被告光泽县农机站依法履行收回被兴农合作社套取的农机补贴资金105.668万元，取消兴农合作社今后享受农机补贴资格的法定职责。

2.双方意见

（1）公益诉讼人光泽县检察院的诉称。

公益诉讼人在履行职责中发现，被告光泽县农机站在2012年审核国家农机补贴过程中，对不符合补贴条件的兴农合作社和绿欣公司套取国家补贴资金的行为予以认可，造成国家经济损失105.668万元。光泽县人民法院〔2015〕光刑初字第38号刑事判决书对上述事实予以认定。2015年10月10日，公益诉讼人向光泽县农机站发出检察建议书，要求其采取措施，会同光泽县财政局收回兴农合作社套取的补贴资金，并取消该合作社今后享受补贴资金的资格，挽回国家损失。公益诉讼人认为，光泽县农机站作为国家农机补贴法定监督管理机构，没有认真贯彻落实中央强农惠农富农政策，在对兴农合作社的国家农机补贴申请过程中不依法履行职责，违反了农机补贴程序规定，导致国家补贴资金被套取105.668万元，属行政违法行为。经过公益诉讼人督促后，光泽县农机站明知该项补贴资金的发放存在错误，仍未依法撤销兴农合作社的农机购置补贴指标确认通知书，收回被兴农合作社套取的补贴资金，并取消兴农合作社农机补贴资金的资格，致使国家利益仍处于受侵害状态，属于行政不作为。

（2）被告光泽县农机站的辩称。

①审核通过兴农合作社的国家农机补贴申请不存在行为违法情况。光泽县农机站在审核兴农合作社申请国家农机购置补贴过程中，兴农合作社符合申请农机补贴的主体身份，在验收工作中主要对照供货表与铭牌、型号、面积、数量等进行验收，上述验收情况与供货表一致，按照相关规定即可验收通过；农机购置补贴涉及县、市、省三级农机、财政部门，申请国家农机补贴需要层层上报，光泽县农机站仅参与其中一个环节且无过错。

②兴农合作社申请补贴属实，补贴资金也用于购买食用菌生产设备，主要用于发展农业生产，并未出现数量不符而导致补贴资金用于其他生产方面的行为，光泽县农机站通过兴农合作社申请农机购置补贴的审核并没有造成国家经济损失。

③光泽县农机站无资格和权力收回已发放的补贴资金，就此已向县级农机购置领导小组和省农机局提出取消兴农合作社补贴资格的建议。

④兴农合作社申请国家农机补贴，由经销商绿欣公司提供虚假的《经销企业供货表》及相应的发票等申报材料，申报总造价为352.822万元的大棚钢构和制冷设备。绿欣公司收到105.668万元补贴资金后，占有了虚开增值税税款46.1554万元和管理费5.9549万元，兴农合作社实际得款53.5577万元。公益诉

讼人所认定的105.668万元，与事实不符。

3.一审法院查明的事实

一审法院经审理查明，生效的光泽县人民法院〔2015〕光刑初字第38号刑事判决书认定，2012年被告光泽县农机站在办理案外人兴农合作社申请国家农机补贴过程中，未依照程序履行职责，审核通过了兴农合作社不符合补贴条件的国家农机补贴申请，与第三人光泽县财政局共同作出三份农机购置补贴指标确认通知书（编号分别为35072312001573、35072312001574、35072312001624），导致国家补贴资金被套取105.668万元。公益诉讼人于2015年10月10日以光检发建〔2015〕5号检察建议书要求光泽县农机站依法会同财政部门收回兴农合作社套取的补贴资金，并取消其今后享受补贴资金的资格，挽回国家损失。同日，公益诉讼人又以光检法建〔2015〕6号检察建议书建议第三人光泽县财政局采取措施，挽回国家损失。被告光泽县农机局于2015年11月18日作出《光泽县农机管理总站关于对检察建议的反馈》，称“无资格和权力收回已发放的补贴资金，取消购机者今后享受补贴资金需待接到省农机局的通知后办理”。第三人光泽县财政局于2015年10月23日向公益诉讼人回函，称“将督促光泽县农机站收回兴农合作社享受的补贴资金，挽回国家损失”。因相关被套取资金至今尚未被收回，公益诉讼人于2016年6月27日根据《全国人民代表大会常务委员会关于授权最高人民检察院在部分地区开展公益诉讼试点工作的决定》及《人民检察院提起公益诉讼试点工作实施办法》第41条的规定提起行政公益诉讼。

4.一审判决结果

一审法院审理后认为，根据《农业机械购置补贴专项资金使用管理暂行办法》第2条、《福建省农业机械购置补贴专项资金使用管理规定（试行）》第2条的规定，农机管理部门具体负责补贴专项的组织实施和管理，被告光泽县农机站作为县级农机管理部门依法负有在其辖区内实施和管理农机补贴的法定职责。被告在审核兴农合作社申请国家农机补贴过程中未按福建省农机购置补贴程序要求依法严格履行职责，导致国家补贴资金被套取105.668万元，该事实由已经生效的〔2015〕光刑初字第38号刑事判决确认。因此，被告关于审核通过兴农合作社申请国家农机补贴不存在行政违法，没有造成国家损失的答辩意见，与事实不符，法院未予采纳。《福建省农业机械购置补贴专项资金使用管理规定（试行）》第18条规定：“……对弄虚作假套取补贴资金的购机者，一经发现，由县级农机管理部门会同当地财政部门收回机具资金，并取消今后享受补贴资金的资格。”被告明知相关补贴资金发放存在错误，却未积极采取措施撤销农机购置补贴指标确认通知书，收回被套取的资金，属行政不作为。经公益诉讼人提出检察建议后，仍不履行前述法定职责。公益诉讼人据此提起行政诉讼，要求被告依法履行撤销农机购置补贴指标确认通知书，收回被套取的农机补贴资金105.668万元，取消兴农合作社今后享受农机补贴资格的职责，事实清楚，于法有据，法院予以支持。被告提出无资格和权力收回已经发放的补贴资金，取消兴农合作社享受补贴资金的资格的答辩意见，不符合法律规定，法院未予采纳。

《农业机械购置补贴专项资金使用管理暂行办法》第2条、《福建省农业机械购置补贴专项资金使用管理规定（试行）》第2条同时规定，农机补贴专项由财政部门和农业部门共同组织实施，财政部门负责落实补贴资金预算，及时拨付补贴资金，对资金的分配使用进行监督检查。本案中，光泽县财政局既是涉诉农机购置补贴指标确认通知书的共同作出机关，也是《福建省农业机械购置补贴专项资金使用管理规定（试行）》第18条规定的收回资金的会同机关，应为共同被告。因公益诉讼人以光泽县财政局已表示愿意配合履职为由，不同意追加被告，法院根据《最高人民法院关于执行〈中华人民共和国行政诉讼法〉若干问题的解释》第23条第2款的规定，通知光泽县财政局以第三人的身份参加诉讼，光泽县财政局应于判决生效后积极协助被告，履行相关法定职责。综上，被告光泽县农机站因未严格依法履行职责，导致国家农机补贴资金被非法套取，造成国家损失，经公益诉讼人提出检察建议后，仍拒不履行相关法定职责，挽回国家损失，事实清楚，于法有据，法院予以支持。据此，依照《中华人民共和国行政诉讼法》（以下简称《行政诉讼法》）第72条的规定，判决如下：（1）被告光泽县农机站应于本判决生效后六十日内履行撤销其作出的农机购置补贴指标确认通知书（编号分别为35072312001573、35072312001574、35072312001624）的法定职责；（2）被告光泽县农机站应于判决生效后六十日内履行收回被套取的农机补贴资金105.668万元，取消兴农合作社今后享受农机补贴资格的法定职责。

二、教学手册

（一）教学目标

本案例着重要求学生掌握以下七个方面的知识：（1）行政公益诉讼的性质；（2）检察机关在行政公益诉讼中的诉讼地位；（3）行政机关行政职能的梳理和确定；（4）光泽县农机站是否为适格的被告主体；（5）本案被告职责

范围的确定；（6）被告光泽县农机站是否存在行政违法情形；（7）国有财产的范围。

（二）教学内容

1.行政公益诉讼的性质

行政公益诉讼是一种客观诉讼。主观诉讼与客观诉讼是大陆法系国家比较盛行的一种对行政诉讼进行分类的方式。其分类依据在于诉讼的提起是否直接关涉起诉人自身利益：主观诉讼是指以维护起诉人自身利益为直接目的的诉讼，如《日本行政案件诉讼法》所规定的抗告诉讼、当事人诉讼。客观诉讼则是“为了维持客观的法秩序或者保护公共的利益”[3] 的诉讼，如日本的民众诉讼和机关诉讼、法国的越权之诉、德国的“利他型团体诉讼”。《日本行政案件诉讼法》第5条规定，民众诉讼是指请求纠正国家或公共团体机关的不合法行为的诉讼，是不以选举人资格以及其他涉及个人利益为条件而提起的诉讼。《日本行政案件诉讼法》第6条规定，机关诉讼是指关于国家或公共团体机关相互之间权限存在与否及有关权限行使纷争的诉讼。法国的越权之诉，其目的在于纠正违法的行政行为，维护良好的行政秩序。这种诉讼既可以发生在同一行政主体的内部机关之间，也可以发生在不同的行政主体之间。[4] 2002年，德国最新修订的《德国联邦自然环境保护法》中规定，经主管机关认可的环保团体，符合法定条件者，即依法直接取得提起行政诉讼的诉讼权能，既不以该团体主观权益受侵害为要件，也无须经其社员授权而取得。[5]

2.检察机关在行政公益诉讼中的诉讼地位

《行政诉讼法》第25条规定：“行政行为的相对人以及其他与行政行为有利害关系的公民、法人或者其他组织，有权提起诉讼。有权提起诉讼的公民死亡，其近亲属可以提起诉讼。有权提起诉讼的法人或者其他组织终止，承受其权利的法人或者其他组织可以提起诉讼。人民检察院在履行职责中发现生态环境和资源保护、食品药品安全、国有财产保护、国有土地使用权出让等领域负有监督管理职责的行政机关违法行使职权或者不作为，致使国家利益或者社会公共利益受到侵害的，应当向行政机关提出检察建议，督促其依法履行职责。行政机关不依法履行职责的，人民检察院依法向人民法院提起诉讼。”《最高人民法院、最高人民检察院关于检察公益诉讼案件适用法律若干问题的解释》第4条规定：“人民检察院以公益诉讼起诉人身份提起公益诉讼，依照民事诉讼法、行政诉讼法享有相应的诉讼权利，履行相应的诉讼义务，但法律、司法解释另有规定的除外。”检察机关基于法定诉讼担当获得了行政公益诉讼诉权，也确定了其在行政公益诉讼领域作为唯一起诉主体的法律地位。之所以作出上述规定，主要原因在与我国政治体制中检察机关的制度定位，即检察机关作为宪法规定的法律监督机关，肩负着在全国范围内确保法律统一正确实施的职责和使命。检察机关公益代表的定位，是在新时代检察机关作为法律监督机关的宪法定位基础上产生的新的职责和使命，是为了解决实践中公共利益遭受侵害比较严重的问题。检察机关代表国家运用检察建议和诉讼的方式，与刑事公诉职能的产生相似。

检察机关提起公益诉讼这一新的职能，在权力属性上应当归属于法律监督职能，提起公益诉讼是检察机关履行法律监督职权的一种方式和手段，同时也进一步丰富了检察监督职能的外延。

3.行政机关行政职能的梳理和确定

检察机关提起行政公益诉讼主要是督促行政机关依法行政，如何准确定位监督对象、查清其职能范围是提起有效行政公益诉讼的前提条件。

对行政职能进行梳理可以参考以下步骤和方法。一是初步审查拟监督的行政机关是否具有独立的执法资格。如果是政府职能部门或派出机关，当然具有独立的执法主体资格。政府派出机关是指由县级以上地方人民政府经有权机关批准，在一定区域内设立的行政机关。主要有行政公署、区公所和街道办事处三种类型，均是独立的行政主体，能够以自己的名义行使职权、实施行政行为，独立承担行政责任；如果是派出机构、内设机构，以及接受授权的机构、组织，则要审查有没有法律法规规章的授权。例如公安派出所，根据《中华人民共和国治安管理处罚法》第91条的规定，警告、五百元以下的罚款可以由公安派出所决定，其职能是有法律的明确授权的，因此，公安派出所可以称为行政公益诉讼的监督对象；如果是接受委托行使行政职能的机构和组织，则由委托的行政机关承担相应职责。二是要准确审查行政机关是否具有相应的职能。在确定行政机关后，要审查其本应具有的行政职能是否因某种客观原因而发生变化，如是否存在保护行政相对人利益的情形。三是要细致审查行政机关所具有的各项法定职能。四是要全面审查是否与其他行政机关存在交叉职能。只要负有监督职责的行政机关存在不依法完全履职的，都应当督促其依法行政，同时要根据实际情况加以甄别，做到权责相当，避免检察机关产生选择性监督或机械监督的问题。五是要及时审查是否存在行政机关职能调整的情形。

4.光泽县农机站是否为适格的被告主体

《行政诉讼法》第2条规定："公民、法人或者其他组织认为行政机关和行政机关工作人员的行政行为侵犯其合法权益，有权依照本法向人民法院提起诉讼。前款所称行政行为，包括法律、法规、规章授权的组织作出的行政行为。”《农业机械购置补贴专项资金使用管理暂行办法》第2条第3款规定：“农机管理部门的主要职责是具体负责补贴专项的组织实施和管理，包括编制实施方案、制定补贴机具目录和组织开展购机申请、审核、登记、公示等。”第17条中规定：“各级农机主管部门应建立和落实工作责任制，加强对资金使用情况的管理和检查，自觉接受财政、审计部门的监督。”《福建省农业机械购置补贴专项资金使用管理规定（试行）》也作了同样规定。综上，光泽县农机站依法具有具体负责农业机械购置补贴专项资金的组织实施、管理和检查的职责，是行政公益诉讼中适格的被告主体。

5.本案被告职责范围的确定

根据《农业部进一步加强农机购置补贴政策实施监督管理工作的意见》《农业部2012年农业机械购置补贴实施方案指导意见》《福建省农业机械购置补贴专项资金使用管理规定（试行）》等相关规定，对弄虚作假套取补贴资金的购机者，一经发现，由县级农机管理部门会同当地财政部门收回补贴资金，并取消今后享受补贴资金的资格，非法侵占的补贴资金也应足额退回财政部门。因此，光泽县农机站对发现弄虚作假套取补贴资金的，还负有撤销已作出的农机购置补贴指标确认通知书，作出催收函，收回已发放的国家补贴资金，并取消其农机补贴资格的职责。另外，根据《行政诉讼法》第34条的规定，被告对作出的行政行为负有举证责任，应当提供作出该行政行为的证据和所依据的规范性文件。被告不提供或者无正当理由逾期提供证据，视为没有相应证据。被告光泽县农机站未向法庭提供无法收回被套取的农机补贴资金及取消兴农合作社今后享受农机补贴资金资格的法律依据。

6.被告光泽县农机站是否存在行政违法情形

首先，光泽县人民法院在〔2015〕光刑初字第38号刑事判决书中认定，光泽县农机站存在以下行政违法行为：（1）未按要求操作到大棚建造现场拍摄空地照片，从而未发现大棚和保鲜设备在指标确认书发出前就已经实际安装好的情况；（2）兴农合作社与建造安装企业签订安装合同和质量安全责任承诺书的日期均是在指标确认书下发之前即“先建后报”，光泽县农机站对此未予以发现并验收通过；（3）未发现施工图纸的大棚安装型号与指标确认书所列型号不符；（4）未按要求对大棚面积实际丈量即按报送面积验收通过；（5）验收现场实际安装的保鲜设备与供货表不一致，不是供货表所列生产企业的产品，也不是国家及省级推广目录中的农机产品，光泽县农机站却予以验收通过。其次，判决书还认定，光泽县农机站在农机补贴工作中严重不负责任，未严格履行职责，造成国家经济损失105.668万元。光泽县农机站应对国家补贴款的错误发放承担失职责任。因此，被告光泽县农机站审核通过兴农合作社的国家农机补贴申请，属于行政违法行为。

7.国有财产的范围

根据《中华人民共和国民法典》第二分编第5章第246条至第259条的规定，国有财产指的是法律规定的国家所有的财产，并且采取了列举的方式对国有财产予以具体规定。国有财产保护领域的行政公益诉讼案件，主要指对国有财产负有监督管理职责的行政机关违法行使职权或者不作为，致使国家利益受到侵害的案件。根据《检察机关行政公益诉讼案件办案指南（试行）》的规定，国有财产包括经营性国有财产、行政事业性国有财产、税收类国有财产、费用类国有财产、财政补贴类国有财产、社会保障类国有财产等。国有财产包括国家所有的各种财产、物资、债权和其他权益，具体包括以下几个方面。

（1）依据宪法和法律规定取得的应属于国家所有的财产。具体包括：一是经营性国有财产，主要指的是国家出资的企业所支配的国有财产；二是行政事业性国有财产，指的是由行政事业单位占有、使用的，在法律上确认为国家所有、能以货币计量的各种经济资源的总和，包括国家拨给行政事业单位的资产，行政事业单位按照国家政策规定运用国有资产组织收入形成的资产，以及接受捐赠和其他经法律确认为国家所有的资产。

（2）基于国家行政权力行使而取得的应属于国家所有的财产。具体包括：一是税收类国有财产，指的是税务机关或海关通过行使征税权所取得国有财产；二是费用类国有财产，指有关行政主体根据法律、法规、规章或者是政府的行政命令等，就特定的基础设施或者公共服务等收取费用而形成的国有财产。费与税不同，不具有强制性、无偿性和固定性。费是建立在有偿原则的基础上的，较之于税收而言，是一种不稳定的或是不规范的国有财产，并且强调专款专用。费用主要包括行政管理类收费、资源补偿类收费、鉴定类收费、培训类收费、其他类收费等种类。

（3）国家因政策扶持和社会保障等支出的各项资金。具体包括：一是财政补贴类国有财产，多指企业或个人在符合相关标准的前提下，从政府无偿取得的货币性财产或非货币型财产，但不包括政府作为企业所有者投入的资本。财政补贴主要为财政贴息、研究开发补贴、政策性补贴等。其类型多样，如燃油补贴、农机补贴、万村千乡市场工程补贴、病害猪无害化处理补贴、公共租赁住房专项补贴、林业贷款中央财政贴息、国家深松整地作业补贴、退耕还林补助资金、淘汰落后产能中央奖励资金、危房改造补贴、草原生态奖励补助资金、畜禽国家补贴等；二是社会保障类国有财产，指国家通过收入再分配，保证无收入、低收入以及遭受各种意外灾害的公民能够维持生存，保障劳动者在年老、失业、患病、工伤、生育时的基本生活不受影响而支出的国有财产。此处的社会保障类国有财产不包括征缴社会保险费用而形成的国有财产，征缴社会保险费用形成的国有财产可纳入前述费用征收类国有财产。具体可分为社会保险、社会救济、社会福利、优抚安置等。

（4）由国家已有资产的收益所形成的应属于国家所有的财产。如国有房屋出租收取的租赁费用、国有资产入股的分红等。

（5）其他类型国有财产。

（三）问题与思考

（1）罚没类财产是否属于国有财产公益诉讼案件范围？例如，A县交警大队对超速行驶的货车驾驶员李某给予2000元的罚款，但李某一直未予缴纳，A县交警大队亦未强制执行。本案是否可以提起国有财产保护类行政公益诉讼？

（2）无强制执行权的行政机关逾期未申请人民法院强制执行，在没有其他行政手段的情况下，检察机关能否要求其履行申请强制执行职责？例如，B县财政局对虚报补贴的乙企业依据《财政违法行为处罚处分条例》的规定处以20万元的罚款，但乙企业逾期未予缴纳，如财政局未申请强制执行，检察机关能否提起行政公益诉讼？

（3）检察机关提起行政公益诉讼时行使调查权的边界如何把握？例如，C县检察院在办理案件中发现C县水利局没有没收违法所得，检察机关调查认定违法所得数额为12万元，并要求水利局没收12万元。检察机关的上述调查行为是否合法？

（4）D县违规制定招商引资政策，造成300万元损失，县领导已经被追究刑事责任，但支付给乙公司的300万元优惠资金未予追回。检察机关能否监督行政机关追回该300万元国有财产损失？

（5）针对光泽县农机站未按时履行生效裁判文书的行为，撰写一份督促行政机关执行法院判决的检察建议书。

（四）法条链接

1.《中华人民共和国民法典》

第二百四十六条　法律规定属于国家所有的财产，属于国家所有即全民所有。

国有财产由国务院代表国家行使所有权。法律另有规定的，依照其规定。

第二百五十四条 国防资产属于国家所有。

铁路、公路、电力设施、电信设施和油气管道等基础设施，依照法律规定为国家所有的，属于国家所有。

第二百五十五条 国家机关对其直接支配的不动产和动产，享有占有、使用以及依照法律和国务院的有关规定处分的权利。

第二百五十六条 国家举办的事业单位对其直接支配的不动产和动产，享有占有、使用以及依照法律和国务院的有关规定收益、处分的权利。

第二百五十七条 国家出资的企业，由国务院、地方人民政府依照法律、行政法规规定分别代表国家履行出资人职责，享有出资人权益。

第二百五十八条 国家所有的财产受法律保护，禁止任何组织或者个人侵占、哄抢、私分、截留、破坏。

第二百五十九条 履行国有财产管理、监督职责的机构及其工作人员，应当依法加强对国有财产的管理、监督，促进国有财产保值增值，防止国有财产损失；滥用职权，玩忽职守，造成国有财产损失的，应当依法承担法律责任。

违反国有财产管理规定，在企业改制、合并分立、关联交易等过程中，低价转让、合谋私分、擅自担保或者以其他方式造成国有财产损失的，应当依法承担法律责任。

2.《福建省农业机械购置补贴专项资金使用管理规定（试行）》

第二条 农机补贴专项由省财政厅和省农业厅共同组织实施。各级农机主管理部门和财政部门应根据职责分工，加强协调，密切配合。

第十八条 合同期内擅自转卖补贴机具或弄虚作假套取补贴资金的购机者，一经发现，由县级农机管理部门会同当地财政部门收回机具资金，并取消今后享受补贴资金的资格。

专题十八 国有土地使用权类行政公益诉讼

知识要点（1）“成交确认书”属于行政协议，而不是民事合同。（2）国有土地使用权出让环节可能存在的违法履职或怠于履职情形包括违法违规出让或划拨土地、违反国家宏观调控政策供地、供后监管不到位等。（3）国家征收土地闲置费的目的是规范土地市场行为，防止相关权利人因自身的原因导致所取得的土地长期未开发，从而促进节约集约用地。但也要区分是因政府原因或不可抗力造成土地闲置，还是因企业原因造成土地闲置。不同的原因导致土地闲置所对应的处理方式也不同。（4）国有土地使用权出让领域行政公益诉讼案件，主要是指在国有土地供应、土地使用权出让收入征收、出让土地使用监管等环节负有监督管理职责的行政机关违法履行职权或者不作为，造成国家利益或者社会公共利益受到侵害的案件。常见类型有国有土地使用权出让收入流失、土地闲置、违法使用土地、违法审批许可等类型。

典型案例十九
陕西省汉中市西乡县人民检察院诉西乡县国土资源局不作为公益诉讼案[6]

一、案例材料

（一）案件背景[7]

2016年10月，陕西省汉中市西乡县人民检察院（以下简称西乡县检察院）在走访西乡县国土资源局（以下简称西乡县国土局）过程中，了解到西乡学府花园房地产开发有限公司（以下简称学府花园公司）存在欠缴土地出让金问题，即立案开展调查。经调查查明：2014年6月4日，学府花园公司通过挂牌方式竞得位于西乡县城关镇樱花三路东侧102.04亩国有建设用地使用权，总成交价款为4908万元，当日签订了国有建设用地使用权成交确认书，约定了付清全部成交价款时间及签订《国有土地使用权出让合同》时间，并约定违约责任。至2015年3月20日，学府花园公司共支付土地出让金1963万元，长期拖欠土地出让金2945万元，并在未付清全部土地出让金的情况下，违法占用其中97.62亩土地进行施工建设。2016年12月初，西乡县检察院针对检察建议回复情况跟进调查时，又查明，2015年7月31日，西乡县国土局与学府花园公司签订国有建设用地使用权出让合同，约定由西乡县国土局将该宗102.04亩出让地块中的30.9亩土地出让给学府花园公司，成交价款1486.256万元。该成交价款从已交出让金1963万元中折抵，西乡县国土局为学府花园公司就该30.9亩土地开具了土地使用权出让金专用票据，并为该30.9亩土地单独办理了国有土地使用权证。2016年11月9日，西乡县检察院向西乡县国土局发出诉前检察建议书，建议其依法履行行政监管职责，确保国有土地资源得到有效保护。

（二）诉讼过程

2016年12月27日，西乡县检察院将西乡县国土局起诉至西乡县人民法院，西乡县人民法院于2017年6月23日公开开庭审理。

1.诉讼请求

公益诉讼人请求法院判令：（1）确认被告西乡县国土局对学府花园公司非法占用土地不依法履行监管职责的行为违法；（2）责令被告西乡县国土局对学府花园公司非法占用土地的行为依法履行监管职责，切实保护国有土地资源。

2.双方意见

（1）公益诉讼人西乡县检察院的诉称。

2014年6月4日，学府花园公司在缴纳了3000万元竞买保证金后，以挂牌方式竞得位于西乡县城关镇樱花三路东侧102.04亩国有建设用地使用权，总成交价款4908万元。同日，西乡县国土局与学府花园公司签订了国有建设用地使用权成交确认书，约定：学府花园公司保证于2014年7月4日前付清全部成交价款及佣金，付清全部成交款项后十日内与西乡县国土局签订《国有土地使用权出让合同》。不按时付清全部成交价款视为违约，并按成交总价的20%向西乡县国土局支付违约金，西乡县国土局有权对挂牌宗地再次出让，再次出让的价款低于挂牌成交价款的，低于部分由学府花园公司赔偿。2015年3月20日，学府花园公司为该宗地缴纳了970万元的土地使用权出让金，加上竞买保证金余款993万元（另2007万元保证金已支付其他竞买土地价款），共计支付1963万元，拖欠2945万元。2015年7月31日，西乡县国土局与学府花园公司签订国有建设用地使用权合同，双方约定将该宗102.04亩出让地块中的30.9亩出让给学府花园公司，成交价款为1486.256万元。同年7月29日，西乡县国土局就该30.9亩土地开具了土地使用权出让金专用票据并从学府花园公司已缴纳的出让金中折抵。同年8月14日，西乡县国土局为该30.9亩土地单独办理了国有土地使用权证。西乡县检察院于2016年11月9日向西乡县国土局发出检察建议书，建议其依法履行监管职责。2016年11月30日，西乡县国土局作出回复称，学府花园公司欠缴土地使用权出让金2945万元情况属实，因供地时没有达到“净地”条件，未按时交付土地，导致政府违约在先，故未对学府花园公司进行违约处罚；该宗地除30.9亩拆迁安置区动工建设外，其余71.14亩因价款未缴清，故未受理欠缴价款宗地的确权登记发证工作。西乡县检察院认为，西乡县国土局作为本行政区域内的土地行政主管部门，具有对违反土地管理法律法规的行为进行监督检查的职责，对于学府花园公司未全部缴清土地使用权出让金而非法占有97.62亩国有建设用地的行为，西乡县国土局应当依照法律规定履行监管职责，同时依法追究学府花园公司未按成交确认书的约定按期缴纳土地出让金的违约责任。但西乡县国土局未依法履行职责，又违法为该地块中的30.9亩土地单独办理土地使用权证书，造成该宗土地被非法占用，致使国家和社会公共利益受到侵害。

（2）被告西乡县国土局的辩称。

①学府花园建设是西乡县重点招商引资项目，县委县政府对此非常重视，考虑上述因素，被告对学府花园公司未缴清土地出让金即占有土地的行为未及时查处违法，事出有因。同时，被告先后多次发出催缴通知书，要求学府花园公司缴清土地出让金，被告一直在积极履职。

②被告给学府花园公司办理30.9亩国有土地使用权证，是经西乡县人民政府审批（西政土批〔2015〕12号），也符合《土地登记办法》规定，并不违反法律规定。

③被告已对学府花园公司违法用地立案查处，已纠正了不依法履职行为。

3.一审法院查明的事实

一审法院经审理查明：学府花园公司于2013年11月26日成立，经营房地产开发、投资等。2014年6月4日，被告县国土局将位于西乡县城北街道办事处樱花三路东侧102.04亩国有建设用地使用权，以挂牌方式出让给学府花园公司，出让价款4908万元。同日，双方签订了国有建设用地使用权成交确认书，约定：学府花园公司保证于2014年7月4日以前付清全部成交价款及佣金，付清全部成交款项后十日内与西乡县国土局签订《国有土地使用权出让合同》。不按时付清全部成交价款视为违约，并按成交总价的20%向县国土局支付违约金，西乡县国土局有权对挂牌宗地再次出让，再次出让的价款低于本次挂牌成交价款的，低于部分由学府花园公司赔偿。2015年7月29日，西乡县人民政府对学府花园公司竞买102.04亩土地作出批复（西政土批〔2015〕12号），确认挂牌出让有效，并决定同意将其中的30.9亩作为拆迁安置住宅用地先行办理出让手续，出让价款等各事宜按成交确认书中的条款执行。同日，西乡县国土局就该30.9亩土地开具了土地使用权出让金专用票据，收款金额1486.256万元，改款系从学府花园公司已缴纳的出让金中折抵。2015年7月31日，西乡县国土局与学府花园公司签订国有建设用地使用权出让合同，双方约定将该宗102.04亩出让地块中的30.9亩出让给学府花园公司，成交价款为1486.256万元。同年8月14日，西乡县国土局为该30.9亩土地单独办理了国有土地使用权证。此后，西乡县国土局多次向学府花园公司发出催款通知，要求其缴纳欠缴土地出让金2945万元，学府花园公司一直未缴清欠款。学府花园公司挂牌竞买该宗102.04亩土地后，在其中的97.62亩土地上进行房屋开发建设。西乡县检察院于2016年11月9日向西乡县国土局发出检察建议书，建议其依法履行监管职责。同年11月30日，西乡县国土局作出回复称，学府花园公司欠缴土地使用权出让金2945万元情况属实，因供地时没有达到“净地”条件，未按时交付土地，导致政府违约在先，故未对学府花园公司进行违约处罚；该宗地除30.9亩拆迁安置区动工建设外，其余71.14亩因价款未缴清，故未受理欠缴价款宗地的确权登记发证工作。2016年12月20日，西乡县国土局对学府花园公司非法占地行为立案查处，于2017年2月10日作出西国土资罚字〔2017〕4号行政处罚决定书，责令学府花园公司退还非法占用70.21亩国有建设用地，没收地上建筑物和其他设施，并处罚款702 103元。学府花园公司收到处罚决定书后于2017年3月21日向西乡县人民政府申请行政复议，西乡县人民政府于2017年5月17日作出西复决字〔2017〕第05号行政复议决定书，决定维持西国土资罚字〔2017〕4号行政处罚决定。学府花园公司至法院审理时仍未履行该处罚决定书确定的义务。

4.一审判决结果

一审法院审理后认为，《中华人民共和国土地管理法》（2004）（以下简称《土地管理法》）第66条规定，县级以上人民政府土地行政主管部门对违反土地管理法律、法规的行为进行监督检查。被告县国土局作为土地行政主管部门，具有对违反土地管理法律、法规的行为进行管理和监督的职责。该法第76条规定，未经批准或者采取欺骗手段骗取批准，非法占用土地的，由县级以上人民政府土地行政主管部门责令退还非法占用的土地，对违反土地利用总体规划擅自将农用地改为建设用地的，限期拆除在非法占用的土地上新建的建筑物和其他设施，恢复土地原状，对符合土地利用总体规划的，没收在非法占用的土地上新建的建筑物和其他设施，可以并处罚款；对非法占用土地单位的直接负责的主管人员和其他直接责任人员，依法给予行政处分；构成犯罪的，依法追究刑事责任。超过批准的数量占用土地，多占的土地以非法占用土地论处。被告西乡县国土局对学府花园公司未全部缴清土地使用权出让金和未经用地审批而非法占用国有建设用地的行为，应当依照法律、法规规定履行监督管理职责，但其未依法全面履行监管职责，且将挂牌出让的102.04亩地块中的30.9亩土地按出让价款缴纳比例分割单独办理土地使用权证书，违反了《招标拍卖挂牌出让国有建设用地使用权规定》（国土资源部令第39号）第23条的规定，造成国有土地被非法占用，致使国家和社会公共利益受到侵害。被告西乡县国土局在庭审陈述中承认对学府花园公司非法占用土地修建房屋未及时制止和立案查处以及工作中存在失误的事实。被告西乡县国土局虽然在收到检察建议书后，对学府花园公司非法占用国有建设用地70.21亩的行为作出了行政处罚，但学府花园公司尚未履行该行政处罚决定，被告西乡县国土局仍负有继续依法履行监管的职责。故，公益诉讼人西乡县检察院诉请确认被告西乡县国土局对学府花园公司非法占用土地不依法履行监管职责的行为违法及判令其继续依法履行监管职责的理由成立，应予以支持。被告西乡县国土局提交的证据不能证明其依法正确履行了监管职责，其辩解意见，法院未予采纳。依照《行政诉讼法》第72条、第74条第2款第（一）项的规定，判决：（1）确认西乡县国土局对学府花园公司非法占地行为未依法履行监管职责的行为违法；（2）责令被告西乡县国土局继续依法履行监管职责。

二、教学手册

（一）教学目标

本案例着重要求学生掌握以下几个方面的知识：（1）西乡县国土局对学府花园公司未缴清土地出让金而非法占用土地的行为是否负有监管职责；（2）西乡县国土局为学府花园公司竞买地块中的30.9亩地单独办理国有土地使用权证是否属于违法行政行为；（3）成交确认书的法律性质；（4）国有土地使用权出让环节可能存在的违法履职或怠于履职情形；（5）土地闲置原因的类型划分及对应的处理措施；（6）国有土地使用权出让领域的案件范围。

（二）教学内容

1.西乡县国土局是否负有相应的监管职责

依据《土地管理法》第67条第1款，《国土资源行政处罚办法》（国土资源部令第60号）第2条、第11条第1款、第12条，《招标拍卖挂牌出让国有建设用地使用权规定》（国土资源部令第39号）第20条第3款、第23条第2款，《关于加强房地产用地供应和监管有关问题的通知》（国土资发〔2010〕34号）的相关规定，本案被告西乡县国土局作为地方土地行政主管部门，具有对本县土地违法行为进行监督检查的职责，针对学府花园公司未缴清土地出让金而非法占用97.62亩国有建设用地的行为，既未依照成交确认书的约定，追究学府花园公司的违约责任，也未严格依照上述规定履行在十个工作日内予以立案、责令停止违法行为并终止供地的职责，明显属于未依法履行行政监管职责。

2.单独办证行为是否属于违法行政行为

根据《招标拍卖挂牌出让国有建设用地使用权规定》（国土资源部令第39号）第23条第2款“未按出让合同约定缴清全部土地出让价款的，不得发放国有建设用地使用权证书，也不得按出让价款缴纳比例分割发放国有建设用地使用权证书”的规定，凡是土地出让，必须以宗地为单位，按宗地拟定出让方案，按宗地组织出让，按宗地签订出让合同，按宗地办理土地使用证，且只有在缴清出让宗地全部出让金后，才可以办理土地使用证。国土资源部令第39号属于行政规章，违反行政规章的行为也属于违法行政行为。现行行政法律规范不允许在未缴清出让金的情况下将整块宗地再分割为若干宗地，分割发放土地使用证。在本案中，被告在学府花园公司未缴清全部出让金的情况下，就其中30.9亩土地开具了土地出让金专用票据并从学府花园公司已缴出让金中予以折抵，按出让金缴纳比例为该地块中的30.9亩土地分割办理了国有土地使用权证，已经违反了上述行政规章的规定。被告为出让宗地中的30.9亩先行办理土地出让手续的行为，尽管有政府同意办理的批复，但不能改变其违法履职的事实本质。

3.成交确认书的法律性质

首先，最高人民法院行政审判庭于2010年12月21日作出的〔2010〕行他字第191号答复意见，明确了土地行政主管部门通过拍卖出让国有建设用地使用权，与竞得人签署成交确认书的行为，属于具体行政行为。其次，《最高人民法院关于适用〈中华人民共和国行政诉讼法〉若干问题的解释》第11条规定：“行政机关为实现公共利益或者行政管理目标，在法定职责范围内，与公民、法人或者其他组织协商订立的具有行政法上权利义务内容的协议，属于行政诉讼法第十二条第一款第十一项规定的行政协议。”[8] 在本案中，被告作为政府管理部门，根据法律规定的权限行使出让国有土地使用权的职权，且该职权在拍卖过程中进行了实际运用，经挂牌拍卖，学府花园公司以4908万元的成交价竞得102.04亩国有建设用地使用权，被告与学府花园公司签订成交确认书，是对挂牌交易结果的确认，同时也明确了出让宗地的位置、大小、出让价款、缴款期限以及违约责任等重要内容，成交确认书的签订，对双方产生了直接的法律后果，产生法律上的拘束力，因此成交确认书属于行政协议，而不是民事合同。《招标拍卖挂牌出让国有建设用地使用权规定》（国土资源部令第39号）第20条规定，成交确认书具有法律效力。出让人改变竞得结果，或者竞得人放弃竞得宗地，应当依法承担责任。本案中，学府花园公司未按成交确认书的约定缴清全部出让金，应当视为放弃竞得宗地，但该公司又实际占用出让宗地进行房产开发建设。被告对学府花园公司未缴清出让金，又实际占用土地的行为，既未进行违约处罚，也未根据相关土地管理行政法律规范的规定，依法采取有效的监管措施，造成国有土地被违法占用，属于行政违法不作为。

国土管理部门只能通过提起民事诉讼解决其与受让人之间的行政纠纷，是最高人民法院受行政机关不能成为自己行政行为的行政诉讼原告、行政相对人不能成为行政诉讼被告的法律规制，为了畅通行政纠纷处理渠道，不得已作出的制度安排。国土管理部门怠于行使成交确认书的相关权力，在性质上属于怠于履行国土管理职责。不能因为成交确认书产生的纠纷需要通过民事诉讼程序解决，而否定检察机关向国土管理部门提出行政公益诉讼诉前检察建议的合法性。

4.国有土地使用权出让环节可能存在的违法履职或怠于履职情形

国有土地使用权出让环节可能存在的违法履职或怠于履职情形，主要有以下三个方面的内容：（1）违法违规出让或划拨土地。主要有为权属来源不合法的土地办理供地或登记手续；违反招拍挂规定违规出让土地；在地上建（构）筑物未拆除的情况下“毛地”出让土地；违规设置土地出让竞买条件定向招拍挂；低于国家规定的最低标准出让土地；违反工业项目建设用地控制指标出让土地；擅自改变单独选址项目用途供地等。（2）违反国家宏观调控政策供地。违反《禁止用地项目目录》或《限制用地项目目录》向占用耕地的主题公园、汽车城、家具城、公墓等项目供地；违反国家投资管理规定和产业政策向钢铁等产能过剩行业项目用地供地。土地出让收支管理不规范主要存在以下问题：违规批准减免、返还、缓交土地出让收入；土地出让金逾期未征收到位；未按土地出让合同约定收取违约金或滞纳金；违反土地出让“收支两条线”管理规定，由园区管委会、乡政府等收取土地出让收入；未按合同约定期限及时足额缴纳出让金的用地单位和个人违规办理国有土地使用权证或分割发证等。（3）供后监管不到位。例如，闲置土地原因认定不准确，违规为闲置土地多次办理延长动工开发期限；未履行调查、认定等程序直接与用地单位或个人签订土地出让合同补充协议；未按规定收缴闲置费或无偿收回；未通过门户网站等方式公开闲置土地处置信息；未如实向上级部门报送闲置土地信息等。

5.土地闲置原因的类型划分及对应的处理措施

国家征收土地闲置费的目的是规范土地市场行为，防止相关权利人因自身原因导致所取得的土地长期未开发，从而达到促进节约集约用地的目的。但是对于确实因客观原因导致无法开发土地的情况，国土资源主管部门应当进行调查核实，区分不同的情况予以相应的处理。

根据《闲置土地处置办法》第8条和第14条的表述，可推知土地闲置包括两种原因，一种是属于政府、政府有关部门的行为造成动工开发延迟的情形，另一种则是非因政府原因造成土地闲置的情形。并且《闲置土地处置办法》在第12条和第13条以及第14条相应规定了不同原因导致土地闲置所对应的处理方式。具体而言，分述如下：

一是因政府原因或不可抗力造成土地闲置。情形一：政府未依照约定履行拆迁安置、前期开发、及时交地等义务造成土地闲置的，政府应积极主动解决问题，与国有建设用地使用权人签订补充协议，重新约定净地标准，明确造成闲置的政府及有关部门责任并依法处理后，方可采取协议有偿收回的方式处置；情形二：政府修改规划或规划建设条件、军事管制、文物保护、不可抗力造成土地闲置的，由市、县自然资源部门与国有建设用地使用权人就收回范围、补偿标准、收回方式等进行协商，协商一致后拟定协议有偿收回的闲置土地处置方案，报本级人民政府批准后实施。有偿收回的补偿金额（主要是使用权人利益）不低于国有建设用地使用权人取得土地的成本，综合考虑其合理的直接损失，参考市场价格，由双方共同协商确定。

二是因企业原因造成土地闲置。情形一：未动工开发时间超过一年（含一年）且不满两年的，征缴土地闲置费。市、县自然资源部门报经本级人民政府批准后，作出《征缴土地闲置费决定书》。国有建设用地使用权人在收到《征缴土地闲置费决定书》的三十日内，缴纳土地闲置费。土地闲置费=土地出让或划拨价款×20%（涉及有无足额缴纳的问题）；情形二：未动工开发时间超过两年（含两年）的，无偿收回土地使用权。市、县自然资源部门报经有批准权的人民政府批准后，作出《收回国有建设用地使用权决定书》，无偿收回国有建设用地使用权。国有建设用地使用权人在收到《收回国有建设用地使用权决定书》的三十日内，办理国有建设用地使用权注销登记，交回土地权利证书。

6.国有土地使用权出让领域的案件范围

国有土地使用权出让领域行政公益诉讼案件，主要是指在国有土地供应、土地使用权出让收入征收、出让土地使用监管等环节负有监督管理职责的行政机关违法履行职权或者不作为，造成国家利益或者社会公共利益受到侵害的案件。常见类型有以下四种。

（1）国有土地使用权出让收入流失类。行政机关违法低价出让土地使用权；行政机关应以招标、拍卖、挂牌和协议等出让方式供地，违法以划拨方式供地的；行政机关违法以土地换项目、先征后返、补贴等形式变相减免土地使用权出让金；土地使用者未按照出让合同约定足额支付土地使用权出让金，行政机关未依法处理；土地成交后，土地使用者既不在规定时间内签订出让合同，也不足额支付土地使用权出让金，行政机关未依法处理；土地使用者转让划拨土地使用权应当缴纳土地使用权出让金而不缴纳，行政机关未依法处理；土地使用者改变出让合同约定的土地用途、容积率等土地使用条件应当补缴土地使用权出让金而不补缴，行政机关未依法处理；其他与土地使用权出让或变更有关收入流失的情形。

（2）土地闲置类。土地使用者以出让方式依法取得土地使用权后，超过出让合同约定的动工开发日期满一年未动工开发，或者已动工开发但开发建设用地面积、投资额占比达不到法定要求并且中止开发建设满一年，造成土地闲置的，行政机关不依法采取处置措施。

（3）违法使用土地类。土地使用者未经批准擅自改变合同约定的土地用途、容积率等土地使用条件，行政机关未依法处理；土地使用者在未依法足额支付土地使用权出让金、土地尚未交付，或者未获得相关部门审批、许可的情况下，即擅自使用土地，行政机关未依法处理；土地使用者存在其他违法使用土地行为，行政机关未依法处理的情形。

（4）违法审批许可类。如在土地使用者未缴清土地使用权出让金情况下，行政机关违法办理国有建设用地使用权登记等。

（三）问题与思考

（1）西乡县国土资源局在行政公益诉讼中已经对学府花园公司违法用地立案查处并作出处罚决定，检察机关是否应当撤回起诉?

（2）政府批复行为是否符合《中华人民共和国城镇国有土地使用权出让和转让暂行条例》第10条的规定?

（3）如果你是学府花园公司的法律顾问，在政府违约前提下，其受到行政处罚后应如何主张合法权益。

（四）法条链接

1.《中华人民共和国土地管理法》

第五十五条 以出让等有偿使用方式取得国有土地使用权的建设单位，按照国务院规定的标准和办法，缴纳土地使用权出让金等土地有偿使用费和其他费用后，方可使用土地。

第六十七条 县级以上人民政府土地行政主管部门对违反土地行政管理法律、法规的行为进行监督检查。

第七十七条 未经批准或者采取欺骗手段骗取批准，非法占用土地的，由县级以上人民政府自然资源主管部门责令退还非法占用的土地，对违反土地利用总体规划擅自将农用地改为建设用地的，限期拆除在非法占用的土地上新建的建筑物和其他设施，恢复土地原状，对符合土地利用总体规划的，没收在非法占用的土地上新建的建筑物和其他设施，可以并处罚款；对非法占用土地单位的直接负责的主管人员和其他直接责任人员，依法给予行政处分；构成犯罪的，依法追究刑事责任。

2.《国土资源行政处罚办法》

第二条 县级以上国土资源主管部门依照法定职权和程序，对自然人、法人或者其他组织违反国土资源管理法律法规的行为实施行政处罚，适用本办法。

第十一条 国土资源主管部门发现自然人、法人或者其他组织行为涉嫌违法的，应当及时核查。对正在实施的违法行为，应当依法及时下达《责令停止违法行为通知书》予以制止。

第十二条 符合下列条件的，国土资源主管部门应当在十个工作日内予以立案：

（一）有明确的行为人；

（二）有违反国土资源管理法律法规的事实；

（三）依照国土资源管理法律法规应当追究法律责任；

（四）属于本部门管辖；

（五）违法行为没有超过追诉时效。

3.《招标拍卖挂牌出让国有建设用地使用权规定》

第二十条 中标通知书或者成交确认书对出让人和中标人或者竞得人具有法律效力。出让人改变竞得结果，或者中标人、竞得人放弃中标宗地、竞得宗地的，应当依法承担责任。

第二十三条　未按出让合同约定缴清全部土地出让价款的，不得发放国有建设用地使用权证书，也不得按出让价款缴纳比例分割发放国有建设用地使用权证书。

4.《中华人民共和国城镇国有土地使用权出让和转让暂行条例》

第十六条　土地使用者在支付全部土地使用权出让金后，应当依照规定办理登记，领取土地使用证，取得土地使用权。

注释

1.福建省南平市建阳区人民法院行政判决书（〔2016〕闽0703行初20号）。

2.中国法院网.福建光泽县农机管理总站不依法履职被提起行政公益诉讼[EB/OL].（2016-07-01）[2021-12-10].https://www.chinacourt.org/article/detail/2016/07/id/2002146.shtml.

3.于安.行政诉讼的公益诉讼和客观诉讼问题[J].法学，2001（5）：17.

4.王名扬.法国行政诉讼法[M].北京：中国政法大学出版社，1988：676-681.

5.彭凤至.论行政诉讼之团体诉讼[M]//当代公法新论（下）.台北：元照出版有限公司，2002：115-116.

6.陕西省西乡县人民法院行政判决书（〔2017〕陕0724行初1号）。

7.最高人民检察院第八检察厅.行政公益诉讼典型案例实务指引（食品药品安全·国有财产保护·国有土地使用权出让等领域）[M].北京：中国检察出版社，2019:306-307.

8.虽然《最高人民法院关于适用〈中华人民共和国行政诉讼法〉若干问题的解释》已经因《最高人民法院关于适用〈中华人民共和国行政诉讼法〉解释》施行而废止，但其有关行政协议的定义仍然得到了理论界、实务界的认可。其后的法律及司法解释并未再对行政协议进行定义。